© Autonomia Literária, 2022.
© BASTANI, Aaron, 2018.

Este livro foi publicado originalmente sob o título de *Fully Automated Luxury Communism*, pela Verso Books.

Coordenação editorial
Cauê Seignemartin Ameni, Hugo Albuquerque, Manuela Beloni
Tradução: Everton Lourenço, Giuliana Almada e Melanie Castro Boehmer
Revisão: Letícia Bergamini
Capa: Rodrigo Côrrea/studiocisma
Diagramação: Manuela Beloni

Conselho editorial
Carlos Sávio Gomes (UFF-RJ), Edemilson Paraná (UFC/UNB), Esther Dweck (UFRJ), Jean Tible (USP), Leda Paulani (USP), Luiz Gonzaga de Mello Belluzzo (Unicamp-Facamp), Michel Lowy (CNRS, França) e Pedro Rossi (Unicamp) e Victor Marques (UFABC).

Dados Internacionais de Catalogação na Publicação (CIP)
(eDOC BRASIL, Belo Horizonte/MG)

B324c   Bastani, Aaron.
          Comunismo de luxo totalmente automatizado / Aaron Bastani; tradutor Everton Lourenço. – São Paulo, SP: Autonomia Literária, 2023.
          14 x 21 cm

          Título original: Fully Automated Luxury Communism
          ISBN 978-65-87233-93-2

          1. Desenvolvimento econômico. 2. Inovações tecnológicas – Aspectos econômicos. 3. Segurança energética. 4. Civilização moderna. I. Lourenço, Everton. II. Título.
                                                                      CDD 330.9001

Elaborado por Maurício Amormino Júnior – CRB6/2422

Autonomia Literária
Rua Conselheiro Ramalho, 945
CEP: 01325-001 São Paulo – SP
autonomialiteraria.com.br

AGRADECIMENTOS

Agradeço especialmente a Leo Hollis, meu editor na Verso. Sua voz congênere, mas crítica, tornou este livro infinitamente melhor do que poderia ter sido. Obrigado também ao restante da equipe da Verso, que ajudou a tornar o *Comunismo de luxo* uma realidade, pelo menos na mídia impressa. Seu trabalho para levar ideias radicais a um público tão amplo quanto possível é inestimável. Que continue assim por muito tempo.

Gostaria de estender meus agradecimentos a toda a equipe da Novara Media. Há cinco anos começamos uma estranha jornada que teve uma guinada interessante. Sou particularmente grato a James Butler e Ash Sarkar, cujo ceticismo inicial tornou os argumentos que se seguem muito mais robustos.

Agradeço também a Andrew Chadwick por me dar o espaço para encontrar minha própria voz enquanto escrevia meu doutorado. Acima de tudo, você demonstrou a importância da prosa concisa e da argumentação acessível – duas coisas que me faltavam antes de trabalharmos juntos.

Finalmente, estou em dívida com as muitas pessoas que lutaram por um arranjo político que me proporcionou saúde gratuita e educação barata. Sem vocês eu não estaria vivo, muito menos escreveria um livro. Não há maior fonte de inspiração para as lutas que temos pela frente do que as suas realizações, que, embora no passado, mantêm seu brilho no presente.

O homem é uma criatura de natureza variada, multiforme e em constante mutação.
Giovanni Pico della Mirandola

Nos tempos difíceis, não abandonei a cidade; nos bons tempos, eu não tinha interesses privados; nos tempos de desespero, eu não tinha medo de nada.
Cardinal de Retz

INTRODUÇÃO
SEIS PERSONAGENS À PROCURA DE UM FUTURO

A vida é cheia de infinitos absurdos, os quais, descaradamente, nem ao menos têm necessidade de parecer verossímeis, porque são verdadeiros.
Luigi Pirandello

Yang

Yang é operária numa fábrica em Zhengzhou, cidade da província chinesa de Henan. Nascida em uma vila no oeste da China, sua vida profissional tem correspondido à transformação do seu país na oficina do mundo. Ela chegou na cidade há uma década e, desde então, conseguiu ter uma vida decente. Mesmo que seu trabalho seja exaustivo – são comuns os turnos de 11 a 13 horas por dia – Yang se considera sortuda. Ela é financeiramente independente e ganha o bastante para enviar dinheiro para seus pais.

Como muitos de seus amigos e colegas de trabalho, Yang é filha única. Isso significa que embora se sinta feliz no chão de fábrica, ela anda cada vez mais preocupada com a saúde de seus pais idosos – em breve, cuidar deles será sua responsabilidade. Entre essa preocupação e a natureza transitória da vida na cidade, Yang vê suas próprias chances de começar uma família como algo remoto. Seus deveres estão em outro lugar e, eventualmente, ela terá de voltar para casa.

No entanto, junto dessa perspectiva (que ela espera ainda estar distante), outra ansiedade passou a perturbá-la recentemente. Algo que seria impensável quando ela – na época, uma adolescente recém-chegada das províncias – recebeu seu primeiro salário, tantos anos atrás: o sumiço dos empregos. Apesar de os ganhos de Yang estarem aumentando a cada ano desde que ela chegou à cidade – coisa que poucas pessoas da sua idade poderiam dizer na Europa ou na América do Norte –, o encarregado anda fazendo piadas constantes sobre como os robôs vão tomar seu emprego. Yang normalmente só o ignora, mas os sindicalistas clandestinos que atuam no seu local de trabalho andam dizendo coisas parecidas. De acordo com eles, seus salários já não são competitivos porque os estrangeiros em outros continentes acabaram se acostumando a ganhar menos do que antigamente. Embora os sindicalistas achem muito pequenas as chances da China perder a sua proeminência industrial, isso inevitavelmente significará que alguns empregos irão para o exterior, enquanto outros serão automatizados. É óbvio que muitos empregos permanecerão na China – sempre haverá trabalho –, mas suas condições não serão as mesmas. Yang até leu na internet que a empresa onde ela trabalha, a Foxconn, começou a construir fábricas nos Estados Unidos.

Chris

Em 2015, a ratificação do SPACE Act [Lei do Espaço] pelo presidente Obama foi um momento histórico, pelo menos para Chris Blumenthal. Essa legislação, embora tenha atraído pouca cobertura pela imprensa, reconhecia o direito das empresas privadas de obter lucros no espaço. O capitalismo estadunidense alcançava uma nova fronteira.

O dia de hoje marca o aniversário desse evento, e Blumenthal não poderia estar mais feliz. Sozinho em seu apartamento, ele assiste a um foguete Falcon Heavy pousando em algum lugar no meio do Oceano Atlântico. Sua aterrissagem bem-sucedida não só torna muito provável uma missão tripulada a Marte, como também dá continuidade a um íntegro recorde, em matéria de segurança, de três anos para a SpaceX, a empresa que o construiu. A indústria espacial privada, por tanto tempo dependente de contratos governamentais e dos bolsos cheios de alguns poucos industriais, não é mais ficção científica. Em breve, foguetes como esse serão tão familiares quanto um Boeing 737.

Depois de assistir à transmissão do pouso pelo Twitter, Blumenthal – um dos primeiros investidores em uma empresa de mineração de asteroides – a compartilha em um grupo de WhatsApp com indivíduos de ideias semelhantes, entre eles um treinador da NBA muito bem pago e um diretor de Hollywood. Junto do link, Blumenthal escreve – meio ironicamente – "ME MOSTREM O DINHEIRO".

Uma resposta surge de imediato. Blumenthal não conhece a pessoa intimamente, mas presume que ela assistiu à mesma transmissão: "Não há dinheiro suficiente no mundo para onde isso está indo". Blumenthal não sabe disso, mas assim como ele, todos os outros membros do grupo assistirão à aterrissagem, embora nem todos em tempo real. Alguns estarão em casa, outros jantando com clientes, amigos e familiares. Um estará deitado na cama com sua pessoa amada. Onde quer que estejam, todos irão ver a história se desenrolar na mesma tela OLED na palma da mão. A tendência tecnológica que lhes permite fazer isso – câmeras cada vez mais baratas e com resolução continuamente crescente – também permitiu que o pouso do foguete sem piloto fosse totalmente automatizado.

Enquanto Blumenthal confere o placar do basquete, Sandra – uma velha amiga e advogada em Manhattan – entra na conversa: "Nosso problema é que há material demais. Vai ser tão fácil que todo mundo vai enfiar um foguete na bunda para ser o próximo a chegar lá."

Ninguém responde, embora os outros estejam cientes de que um repentino excesso de oferta de minerais significará uma queda brusca nos preços. Por enquanto isso não importa, e nem vai importar por mais uma década, pelo menos – isso porque esse pequeno grupo de pessoas estará na frente da fila quando a mineração de asteroides se tornar a indústria de crescimento mais rápida na história. Não vai durar muito, evidentemente, mas hoje em dia quase tudo é assim.

Léia

Léia digita o código e abre a porta para iniciar o turno da manhã. Ela caminha em direção ao sistema de som, pluga o conector de áudio no telefone e pressiona o ícone do Spotify. Escolhe a *playlist* "Descobertas da Semana" – uma série de músicas com curadoria de um algoritmo preditivo – antes de ligar os vários dispositivos do bar: a máquina de lavar louça, a cafeteira, as luzes, o ar-condicionado.

Embora o Sol só tenha estado visível no céu por algumas horas, as necessidades energéticas do estabelecimento são atendidas pela energia solar – desde o roteador wi-fi até o circuito fechado de televisão (CFTV) e os refrigeradores na cozinha. Uma parte da energia é gerada por painéis fotovoltaicos (PV) instalados no telhado do bar, mas a maior parte vem de uma fazenda solar de 13 megawatts a vários quilômetros de distância. Na ilha havaiana de Kauai, onde Léia nasceu, é assim que a eletricidade é gerada.

Enquanto ela começa a limpar as mesas, a segunda faixa da *playlist* diminui de volume e some. A irmã de Léia, Kai – que atualmente estuda na Califórnia – está enviando uma mensagem para ela.

Já se tornou um hábito nos turnos de fim de semana de Léia: Kai envia fotos de si mesma em alguma festa para o grupo no

Facebook que ambas compartilham com inúmeros membros da família que vivem em diferentes fusos horários. Na legenda da foto, tirada na fronteira entre os Estados Unidos e o México alguns momentos antes, estão as palavras "que saudade de vocês".

Enquanto isso, assim como Leia, a fazenda solar – com seus 55 mil painéis de silício, três técnicos e dois guardas de segurança – está começando o seu dia de trabalho. A SolarCity, que construiu e agora aluga o local à cooperativa energética da ilha, está confiante em que a manutenção de projetos semelhantes em breve seja totalmente automatizada. Leia ainda não sabe, mas um destino semelhante aguarda seu pai, um desenvolvedor de software, uma década à frente.

A comunicação global instantânea, bem como a transição local de substituição dos combustíveis fósseis, passa despercebidas para a adolescente. Para ela, ambas são só características triviais de um mundo que já está dado. Com o gradual desaparecimento da profissão de seu pai não será diferente.

Peter

Dirigindo-se à plateia de um grande evento industrial em San Antonio, Peter está entusiasmado. Prestes a completar sessenta anos, tem a energia de um homem muito mais jovem – resultado, principalmente, de injeções regulares de hormônio de crescimento humano. Hoje em dia ele se orgulha de duas coisas: o time de beisebol do qual é dono e as declarações cada vez mais otimistas que faz sobre o futuro da tecnologia.

Sua expertise e legitimidade nessa área vêm do fato de Peter ter fundado uma empresa posteriormente adquirida por um dos gigantes digitais na virada do século; hoje ele está dando uma palestra como favor a um amigo. Peter rapidamente muda a conversa para seu assunto preferido: inteligência artificial e futuro dos empregos:

— A primeira empresa de dois trilhões de dólares será a Amazon, sem dúvida. Bezos não será o primeiro trilionário, mas ele se sairá bem. Quem virá depois? A SpaceX? Acho que não, faz 70 anos que temos essa tecnologia e em breve todo mundo fará o mesmo... Mas boa sorte para o Elon. O primeiro trilionário virá da criação de inteligência artificial (IA). Imagina só... será como se você estivesse fazendo contabilidade na Inglaterra vitoriana e de repente um rival tivesse um laptop com um processador *quad-core* – te varrem do mapa! E quanto aos empregos? Depois que essa tecnologia estiver estabelecida, a maioria das pessoas – e não me alegro em dizer isso – será supérflua... desnecessária.

Peter divide o palco com Anya, uma jovem CEO sueca:

— Permita-me dizer, Peter, que concordo: a inteligência artificial muda muitas coisas — acrescenta Anya. — Ela desafia a maneira como entendemos o valor, o trabalho e até o capitalismo. Na verdade, imagino que, no futuro, as classes mais baixas dos cidadãos não terão habilidades inferiores ou menos comercializáveis, apenas terão menos acesso à IA pessoal. Como podemos ter um mercado de trabalho justo quando isso acontece? Não creio que isso seja possível.

— Estou te falando — Peter interrompe, seu tom quase ignorando a presença do grande público — o primeiro imbecil que construir uma IA fica trilionário.

Ele relaxa de volta em sua cadeira antes de acrescentar melancolicamente o que soa como um monólogo interno:

— Ou ele fica trilionário ou é um idiota.

Federica

Federica sabia que tinha esquecido alguma coisa – prometera ao sobrinho uma camiseta do seu time de futebol no seu aniversário, mas não comprou. Agora ela estava fazendo algo do qual não sentia falta: comprar um presente nas lojas da Oxford Circus, no centro de Londres.

Assim que entra na loja, Federica desliza a mão em frente ao rosto. O gesto ativa uma tela em sua retina e invoca seu assistente digital pessoal, Alex, cuja voz substitui seu podcast favorito em seu fone de ouvido bluetooth.

— Olá, Fede. Em que posso ajudar?

— Ei, Alex — ela responde. — Onde posso encontrar uma camisa do Arsenal para o Tom por aqui?

Alex, uma inteligência artificial de capacidade média, desenvolvida por uma das principais gigantes da tecnologia, responde quase imediatamente:

— Eles têm o tamanho do Tom em estoque, então você não precisará esperar pela impressão. Primeiro andar, à direita, mais para o fundo. Eu te mostro.

Um mapa surge em frente ao olho esquerdo de Federica – não que ela consiga dizer em qual isso acontece. Alex continua:

— Tom disse várias vezes sobre como prefere a de listras pretas e douradas. Podemos levá-la?

— Com certeza, Alex! Ótimo, você é meu salva-vidas. — Olhando as linhas de roupas de exercícios para homens adultos, Federica se lembra de outra coisa. — Alex, como anda a dieta do George? — George é seu companheiro.

— Não muito bem — Alex responde. — Mas acho que ele preferiria que isso fosse discutido entre vocês dois.

Federica não pôde deixar de sorrir. Os assistentes digitais pessoais nem sempre foram tão "emocionalmente inteligentes".

Ao encontrar a camisa, ela a coloca em sua bolsa e logo se dirige à saída da loja. Enquanto isso, outra figura aparece na tela – ou melhor, na sua frente.

— Já tem tudo de que precisa hoje, senhora Antonietta? Como foi a experiência com o agasalho que comprou em feve-

reiro? Temos algo semelhante para o inverno. Gostaria que eu enviasse ao Alex para você dar uma olhada?
— Sim, por favor, seria maravilhoso — diz Federica. — Não quero me atrasar.

Ela sai da loja, e a etiqueta de identificação por radiofrequência (RFID) na camisa é debitada automaticamente de sua conta. Nenhum ser humano foi empregado em produção, armazenamento, distribuição e venda do item. Na verdade, a loja poderia entregar a camisa via drone para o sobrinho de Federica mais tarde naquele dia; mas ela preferia lhe dar pessoalmente – à moda antiga. Afinal, é um presente de aniversário de sua tia favorita.

Doug

Doug sabia que isso acabaria acontecendo, mas rezava para que não acontecesse. Ele só queria levar seu cachorro para dar uma volta, e agora o animal seria sacrificado.
— Senhor, vou ter de levá-lo.
— Por quê? — pergunta Doug. — Eu tenho uma licença para ele. O que fiz de errado?
— É um item falsificado. Se há uma licença, ela foi forjada. Ou o senhor está portando bens modificados ilegalmente... ou foi o senhor mesmo quem o modificou.

Doug havia comprado o cachorro – um salsichinha que ele chamou de Espaguete – de um criador que tinha uma certa reputação por lidar com animais aprimorados. Assumiu o risco porque não queria um cachorro que pudesse perder o uso das pernas traseiras depois de poucos anos. Ele já teve um pug no passado que, por mais amado que fosse, mal conseguia respirar à noite. Se fosse para ter outro animal tão cheio de problemas novamente – seu apartamento era pequeno demais até para um cachorro de porte médio –, ele nem se daria ao trabalho.

— Fala sério. Nós cruzamos esses animais até eles ficarem ferrados, nós os deixamos desse jeito, e agora você vem me dizer que é ilegal consertá-los?

— Então, o senhor está ciente das modificações? — pergunta o policial, guardando o rastreador genético e começando a digitar em seu tablet.

— Não, eu não estava ciente, e você não vai conseguir provar algo que não aconteceu... Só acho tudo isso um absurdo sem sentido. Escanear animais, vegetais e pessoas em busca de "Frankensteins"... isso é ridículo pra caralho.

— É a lei, senhor. Se não tivéssemos essas regras, onde estaria o incentivo para as pessoas criarem soluções? Elas poderiam simplesmente fazer o que quisessem.

— Ou curar o que quisessem — Doug murmurou.

O policial permaneceu completamente indiferente.

— Agora, senhor, por favor, vou precisar do seu nome, endereço e de uma foto da sua retina... Fique parado, não vai levar mais que um instante.

Todos os relatos acima são fictícios e, não obstante, são baseados em fatos – suposições razoáveis sobre nosso futuro provável. Em 2015, Barack Obama, então presidente dos Estados Unidos, assinou o SPACE Act; menos de dois anos depois, Kauai, a quarta maior ilha do Havaí, finalizou um acordo com a SolarCity, permitindo que a ilha atenda a todas as suas necessidades elétricas a partir de energia solar; na mesma época, o empresário de tecnologia Mark Cuban declarou que o primeiro trilionário do mundo surgiria na área da inteligência artificial.

Enquanto isso, em Seattle, a Amazon testava sua primeira loja sem caixas de pagamento, usando uma tecnologia que permite que os clientes "simplesmente saiam"; quase simultaneamente, o CEO da Foxconn, Terry Gou, anunciou a construção de uma grande instalação da empresa em Wisconsin, nos Estados Unidos. A quase 1.300 quilômetros ao sul, no estado do Mississippi, David Ishee, criador de cães e *biohacker*, teve negada pelo FDA[1] a permissão para modificar o genoma dos cachorros que ele cria, a fim de eliminar uma condição específica, embora comum. Sua resposta? Dizer que pode acabar fazendo isso de qualquer maneira, como um ato de desobediência civil. Um ano após a decisão do FDA, em fevereiro de 2018, a SpaceX supervisionava o sucesso da operação de lançamento, reentrada e aterrissagem de seu foguete Falcon Heavy – o antecessor do propulsor BFR, que a empresa pretende implantar em suas missões tripuladas para Marte na década de 2020.

Todos esses eventos compartilham um certo senso de futuro. Energia renovável, mineração de asteroides, foguetes que podem ser usados diversas vezes e até mesmo voar para Marte, líderes empresariais discutindo abertamente as implicações da IA, entusiastas do faça-você-mesmo mergulhando na engenharia genética de baixo custo. E, ainda assim, esse futuro já está aqui. O fato é que não é o mundo do amanhã que é complexo demais para se elaborar uma política significativa, e sim o de hoje.

Na tentativa de construir uma política progressista que seja apropriada às realidades presentes, isso representa um problema, porque, embora esses eventos possam parecer saídos da ficção científica, eles podem também dar a sensação de que são inevitáveis. Em certo sentido, é como se o futuro já estivesse escrito e que, apesar de toda a falação sobre uma revolução tecnológica iminente, uma transformação tão vertiginosa estivesse vinculada a uma visão de mundo estática, onde nada muda de verdade.

---

[1] FDA é a agência governamental estadunidense que regula a segurança de alimentos, medicamentos farmacêuticos, vacinas etc. Seu equivalente brasileiro é a Anvisa. (N.T.)

Mas, e se tudo pudesse mudar? E se, mais do que simplesmente dar conta dos grandes desafios do nosso tempo – das mudanças climáticas à desigualdade, passando pelo envelhecimento da população – fôssemos muito além deles, deixando para trás os problemas atuais, assim como fizemos anteriormente com os grandes predadores e com a maior parte das doenças? E se, em vez de nos mantermos sem o senso de um futuro diferente, decidíssemos que na verdade a História ainda nem começou?

*

Já enfrentamos mudanças tão importantes quanto essas que agora nos confrontam duas vezes anteriormente. A primeira ocorreu há cerca de 12 mil anos, quando o *Homo sapiens*, nosso ancestral, começou a se envolver com a agricultura pela primeira vez. Ela consistiu na domesticação de animais e plantas, com a compreensão prática de como por meio do cruzamento, características biológicas poderiam ser incluídas ou removidas das espécies. Não demorou muito para que tivéssemos plantações, animais trabalhando e uma relativa abundância de alimentos. Isso, por sua vez, criou o excedente social necessário para a transição à sociedade sedentária e, com ela, às cidades, à escrita e cultura. Em suma, a vida nunca mais seria a mesma. Essa transformação marcou o fim de uma coisa – centenas de milênios de "pré-história" humana – e o início de outra.

Essa foi a Primeira Ruptura.

Depois disso, por milhares de anos as coisas não mudaram muito. Sim, houve progresso, conforme civilizações emergiam e impérios realizavam suas conquistas, mas, fundamentalmente, as mesmas fontes de luz, energia e calor estavam disponíveis 5 mil ou 500 anos atrás. A expectativa de vida dependia mais da geografia, do status social e da guerra do que da tecnologia e, até os últimos séculos, o "trabalho" da maioria das pessoas envolvia agricultura de subsistência.

Então, por volta da metade do século XVIII, uma nova transformação teve início. O motor a vapor – junto com o carvão – se tornou a espinha dorsal da Revolução Industrial e da primeira era das máquinas. Fora necessária toda a história registrada para que a população humana mundial chegasse a um bilhão; agora, entretanto, levaria pouco mais de um século para que ela duplicasse novamente. Novas perspectivas de abundância surgiram, com expectativa de vida prolongada, alfabetização quase universal e o aumento da produção de praticamente tudo. Em meados do século XIX, estava nítido que uma vez mais algo tão sísmico havia acontecido e que, para o bem ou para o mal, não haveria volta. Essa foi a Segunda Ruptura.

A conjuntura presente oferece um rompimento tão significativo quanto esses dois momentos anteriores. Assim como a Segunda Ruptura, ela oferecerá uma relativa libertação da escassez em áreas vitais – energia, trabalho cognitivo e informação, em vez de apenas força mecânico, como na Revolução Industrial; assim como a Primeira Ruptura, sinalizará uma descontinuidade com toda a História anterior, anunciando mais um começo do que um destino.

Mas essa Terceira Ruptura – hoje em suas primeiras décadas – ainda está aberta à disputa e suas consequências permanecem incertas. Embora as suas forças subjacentes já estejam presentes – como será destacado nos próximos capítulos –, uma política apropriada a ela ainda permanece um enigma. É importante ressaltar que as possibilidades são tantas que colocam em questão algumas das premissas básicas sobre nosso sistema social e econômico. Assim, longe de estarmos diante de uma escolha entre mudança e inércia, um mundo dramaticamente diferente do nosso tanto é inevitável quanto está ao alcance de nossas mãos – a questão fundamental é esta: ele será criado segundo os interesses de quem?

✽

O que se segue é um resumo do mundo onde essa transformação começou a se desenrolar, apresentando o espectro das crises – ecológica, econômica e social – juntamente com a potencial abundância de uma alternativa emergente. A partir daí, propõe-se a possibilidade de divisar um mapa político com base nos desafios que enfrentamos e nas ferramentas latentes à nossa disposição. Esse mapa é o Comunismo de Luxo Totalmente Automatizado (CLTA).[2]

Rumo ao reino da especulação, partiremos do mundo como ele é, ou melhor, do mundo como está se tornando. Examinaremos tecnologias aparentemente díspares – em automação, energia, recursos, alimentação e saúde – antes de concluirmos que os fundamentos estão convergindo para uma sociedade para além da escassez e do trabalho. Não há nenhuma certeza sobre onde essas tecnologias irão parar, nem sobre a quem servirão os benefícios que elas trarão; é possível discernir, entretanto, que uma disposição pode ser extraída a partir delas – quem dera elas fossem combinadas a um projeto político de solidariedade coletiva e felicidade individual!

É por isso que o Comunismo de Luxo Totalmente Automatizado é uma questão política e não um futuro inevitável. Para tanto, é necessária uma estratégia para a nossa era, que ao mesmo tempo esculpa novas visões para a utopia, delineando o mundo como poderia ser e um ponto por onde podemos começar.

Pois bem. Comecemos pelo final – ou por aquilo que se pensava ser o final – com a estranha morte do futuro.

---

[2] Outras traduções da expressão "*Fully Automated Luxury Communism*" para o português já foram utilizadas, como "Comunismo Luxuriante Totalmente Automatizado", "Comunismo Luxuriante Plenamente Automatizado" e "Comunismo de Abundância Inteiramente Automatizado". Optamos por manter "Comunismo de Luxo Totalmente Automatizado" por parecer a versão mais estabelecida na língua portuguesa, e por manter a tradução próxima da versão em espanhol, "*Comunismo de Lujo Totalmente Automatizado*". (N.T.)

PARTE I
CAOS SOB O CÉU

1. A GRANDE DESORDEM

— *Como você foi à falência?* — *perguntou Bill.*
— *De duas maneiras* — *respondeu Mike.*
— *Gradualmente e, depois, de repente.*
Ernest Hemingway, *O Sol Também Se Levanta*

No verão de 1989, conforme ficava claro que os Estados Unidos e seus aliados haviam vencido a Guerra Fria, Francis Fukuyama escreveu um ensaio intitulado "O Fim da História?" para a revista *National Interest*.

Apesar de simples, sua proposta central era provocativa – o acadêmico pouco conhecido afirmava que o colapso da União Soviética teria uma importância maior do que simplesmente marcar o fim de uma rivalidade militar: "O que podemos estar testemunhando não é apenas o fim da Guerra Fria, ou a passagem de um período específico da história do pós-guerra, mas o fim da História como tal: isto é, o ponto final da evolução ideológica da humanidade e a universalização da democracia liberal ocidental como a forma final de governo humano".

A alegação de Fukuyama era de que, embora os relógios seguissem contando as horas e os anos continuassem a passar, nenhuma ideia nova surgiria, ou pelo menos nenhuma capaz de desafiar o *status quo*. Para fazer essa afirmação extraordinária, ele fazia referência às autoridades improváveis de Karl Marx e Georg Wilhelm Friedrich Hegel. De maneiras diferentes, ambos haviam defendido que a História seguiria rumo a um destino. Agora, com o fim da Guerra Fria, eles estavam certos – só que em vez do Estado prussiano ou da queda do capitalismo, o crepúsculo da ideologia seriam Big Macs e Coca-Cola. Fukuyama rapidamente se tornou uma superestrela intelectual, transformando o ensaio em seu primeiro livro, *O fim da História e o último homem*, publicado em 1992, no qual oferecia uma explicação mais extensa de sua hipótese central de três anos antes, descrevendo como a História seria conduzida principalmente por ideias em constante competição umas com as outras. Como resultado, na década de 1990, a democracia liberal (e, por extensão, o capitalismo de mercado) reinava solenemente, porque não havia restado nenhuma alternativa viável. Embora em certo sentido fosse verdade – a União Soviética tinha acabado de se desintegrar –, essa hipótese não conseguia compreender como os desafios mais graves tendem a surgir mais de contradições internas, ou de choques externos imprevistos, do que da falta de consentimento.

Para o autor, o fim da História sinalizava um mundo definido pelo cálculo econômico e por "infindáveis soluções de problemas técnicos, preocupações ambientais e pela satisfação de sofisticadas demandas dos consumidores". E, no entanto, o momento atual, definido por desafios como o aumento da temperatura, o desemprego tecnológico, a desigualdade de renda e o envelhecimento da sociedade – para citar apenas alguns –, coloca questões que vão além da mera competência técnica. Se as palavras de Fukuyama eram ingênuas em 1992, na década seguinte à crise financeira de 2008 elas se tornaram categoricamente ridículas. De fato, ele admitiu isso em um livro que publicou sobre identidade em 2018.

Porém, o que está em jogo é maior do que simplesmente se estar certo ou errado em uma questão de minúcias acadêmicas: pior do que a credulidade ingênua, ou a confusão de um breve momento com a permanência histórica, é o fato de que muitos no poder ainda enxergam a hipótese de Fukuyama como sacrossanta. Três décadas após o final da Guerra Fria, o legado de seu trabalho representa um "senso comum" político que ativamente obstrui o caminho, nos impedindo de abordar os grandes desafios que enfrentamos. Afinal, por que seria necessária uma ação decisiva – especialmente se ela minar os interesses dos negócios e do lucro – se nada muda de verdade?

Três décadas mais tarde, o pensamento triunfalista de Fukuyama (mesmo que hoje ele próprio o tenha renunciado, de certa forma) ainda é importante. Isso porque, desde então, ele infundiu uma política folclórica mais ampla que entendeu o fim da Guerra Fria como significando não apenas a supremacia do capitalismo de mercado, mas também o inevitável definhamento e desaparecimento dos Estados-nação autônomos.

Nesse mundo raso, lotado e conectado, tudo estaria sujeito a mudanças cada vez mais aceleradas – tudo, exceto as regras do jogo. Na verdade, muitos já nem sequer as consideravam regras, mas a própria realidade em si, com propostas de sistemas políticos alternativos sendo vistas como fúteis ou incompreensíveis. Aqui, o capitalismo liberal passou de um projeto contingente para um princípio da realidade. Bem-vindo ao mundo do realismo capitalista – onde o mapa é o território e nada importa de verdade.

Realismo capitalista

O realismo capitalista é mais bem resumido por uma única frase: "É mais fácil imaginar o fim do mundo do que o fim do capitalismo".[3]

Para Mark Fisher – o teórico britânico que cunhou o termo – esse bordão captura a essência de nossa era, com o capitalismo visto não apenas como o único "sistema político e econômi-

---

[3] Essa frase é atribuída a Fredric Jameson e Slavoj Žižek, embora o próprio Jameson não seja explícito quanto à sua origem.

co viável", mas também como um sistema no qual é "impossível sequer imaginar uma alternativa coerente". No fim das contas, como você poderia criar uma alternativa à própria realidade? Voltando-se para o filme *Filhos da Esperança*, de 2006, Fisher investiga sua normalidade surreal como uma distopia adequada à nossa época, projetando um mundo que "se parece mais com uma extrapolação ou exacerbação da nossa própria realidade do que com uma alternativa a ela. Neste mundo, tal como no nosso, o ultra-autoritarismo e o capital não são de modo algum incompatíveis: campos de concentração e franquias de cafeterias famosas coexistem lado a lado."

Essa noção condiz com o pensamento de Alain Badiou, que escreve sobre como:

> Vivemos em uma contradição [...] na qual toda a existência [...] nos é apresentada como ideal. Para justificar seu conservadorismo, os partidários da ordem estabelecida não conseguem realmente dizer que ela corresponde ao ideal ou que é maravilhosa. Então, em vez disso, eles decidiram dizer que todo o resto é horrível, [...] "nossa democracia não é perfeita, mas é melhor do que ditaduras sangrentas"; "o capitalismo é injusto, mas não é criminoso como o stalinismo"; "deixamos milhões de africanos morrerem de Aids, mas não fazemos declarações nacionalistas e racistas como Milosevic".

Como o realismo capitalista não tem um futuro melhor para oferecer – especialmente ao longo da última década –, sua lógica padrão é um antiutopismo. Salários baixos, queda no número de pessoas donas de suas próprias casas e um planeta em aquecimento podem ser ruins, com certeza, mas pelo menos temos iPhones. E, sim, talvez você não consiga ter acesso às coisas que seus pais consideravam garantidas, como um lar a um preço acessível ou um ensino superior gratuito, mas ainda assim você deveria ser grato – pelo menos não estamos no século XVI.

Com o passar do tempo, esse argumento, apesar de sedutor nos primeiros anos do século XXI, tem se revelado um evidente absurdo. O realismo capitalista, um mundo onde nada muda de verdade, está dando lugar a um momento histórico definido pela crise – um momento no qual, a menos que uma vez mais transformemos a nossa compreensão sobre o futuro, prevalecerão os piores demônios dos séculos passados.

Crise à solta

Dizer que a época atual é marcada pela crise beira o clichê. Habitual e familiar, essa crise difere das distopias de George Orwell ou de Aldous Huxley, do inferno nas pinturas de Bosch ou dos últimos dias da Terra como narrados no *Apocalipse*. Ela não parece a Europa durante a Peste, nem com a Ásia Central quando enfrentou o avanço galopante da Horda Dourada. Pelo contrário: habitamos um mundo em queda livre e, ainda assim, seguimos todos como meros espectadores.

Alguns aspectos de tudo isso, como a crise migratória europeia, possuem ampla cobertura midiática e divulgação. Nesse caso, pessoas deslocadas pela guerra e pelo colapso social imigram, muitas vezes encontrando hostilidade como resposta. Embora para as gerações anteriores o Muro de Berlim representasse o totem da divisão, 235 pessoas morreram tentando cruzá-lo. Compare esse número com as 3.770 almas que morreram ou desapareceram no Mediterrâneo tentando chegar à costa europeia somente em 2015. E se, na condição de imigrante sem documentos, você tiver sorte o bastante para conseguir atravessar em segurança o Mediterrâneo, a fronteira entre os EUA e o México ou as cercas e florestas entre a Hungria e a Bulgária, seus problemas estarão apenas começando.

Existem, evidentemente, outras expressões do nosso mundo doentio que são igualmente profundas, mesmo que menos imediatamente óbvias. Uma delas é a crise da saúde mental: o suicídio é o principal assassino de homens britânicos com menos de cinquenta anos, e a depressão deverá ser a principal causa da carga global de doenças até 2030.

Outras ainda são mais difíceis de se personalizar, permanecendo incompreensíveis em uma escala humana. Um exemplo é a crise do Estado, à medida que a capacidade de ação reflui em direção ao mercado, e uma economia cada vez mais globalizada mina a capacidade de ação decisiva das nações. Esse processo de integração ao mercado e ao capital – no qual as mercadorias fluem mais perfeitamente do que nunca – está totalmente em desacordo com a experiência das pessoas deslocadas e dos imigrantes clandestinos, enquanto estes enfrentam muros, vigilância e fronteiras cada vez mais protegidas.

À medida que o Estado abre caminho para o mercado, uma nebulosa sensação de perda o acompanha, conforme uma crise de representação esvazia as instituições democráticas de autoridade, e os cidadãos passam a vê-las como pouco mais do que canais para os interesses das elites corruptas. Isso consolida as tendências da globalização, ao passo que os antigos repositórios de prestação de contas – os governos nacionais –, ainda que imperfeitos, perdem o consentimento daqueles a quem representam. Naqueles que supostamente foram os bons tempos, algo deu muito errado – mas permanecera apenas como uma tendência subjacente.

2008: o retorno da história

Quase duas décadas após a falsa profecia de Fukuyama, essa tendência mudou de maneira decisiva: uma crise bancária, uma crise de dívida, uma crise de déficit fiscal – tudo culminando na imposição da austeridade, da Grécia à Califórnia. Em paralelo, houve a guerra na Geórgia, o florescimento da Primavera Árabe, a revolta na Ucrânia, a insurreição – e depois, a sangrenta guerra civil – na Síria. Em outros lugares, os conflitos de baixa intensidade no Iraque e no Afeganistão se agravaram e logo receberam a companhia de confrontos igualmente nebulosos na Líbia e no Iêmen. No início de 2014, a Federação Russa incluiu um novo território pela primeira vez, ao anexar a Crimeia após um referendo local. Alguns meses depois, em uma área equivalente à do Reino Unido e que abrange parte da Síria e do Iraque, insurgentes declararam um califado: o Estado Islâmico.

Apesar disso tudo, foram os eventos na Europa Ocidental, um dos corações do realismo capitalista, que se mostraram mais surpreendentes: depois de 2010, um ciclo de protestos e revoltas na Inglaterra se intensificou; 4 anos mais tarde, foi seguido por um referendo sobre a independência escocesa, que fracassou – mas por uma margem surpreendentemente pequena. Mesmo esse evento foi ofuscado, no entanto, quando em 2016 a Grã-Bretanha votou para deixar a União Europeia, tornando-se o primeiro Estado-membro em sua história a fazê-lo.

Embora o Brexit tenha sido o momento político mais importante da Europa por uma geração, logo foi superado pelos eventos do outro lado do Atlântico, quando, poucos meses depois, Donald Trump foi eleito o quadragésimo quinto presidente dos EUA. Menos de uma década após o colapso do Lehman Brothers em 2008, agora era inegável. Uma Rússia expansionista, uma Grã-Bretanha isolacionista e um modelo econômico quebrado haviam sido superados por uma estrela de *reality show* se tornando a pessoa mais poderosa da Terra. A História estava de volta.

O discurso de posse de Trump, em fevereiro do ano seguinte, se colocava em um contraste desafiador com a retórica inebriante de seu antecessor, Barack Obama, quando este assumira o cargo 8 anos antes. Alegando que o sistema estava falhando com os estadunidenses comuns, a mensagem explícita de Trump de decadência social e de um nacionalismo ressentido se tornou sua assinatura imediata no cargo.

E, no entanto, de um jeito esquisito, apesar de suas formas de apresentação marcadamente diferentes, Obama e Trump compartilhavam uma fé semelhante na capacidade única dos mercados de encontrar soluções. Afinal, qualquer outra coisa equivale à heresia em um mundo de realismo capitalista – onde o fim do mundo é mais plausível do que o fim do capitalismo.

*

Essa condição apresenta talvez a crise mais premente de todas: a ausência de imaginação coletiva. É como se toda a humanidade tivesse sido atingida por um complexo psicológico, com o realismo capitalista nos fazendo acreditar que o mundo atual é mais forte do que nossa capacidade de refazê-lo – como se nossos ancestrais não tivessem criado o que agora se encontra diante de nós. Como se a própria essência da humanidade, se é que existe tal coisa, não fosse construir novos mundos constantemente.

Em sua defesa, o capitalismo pode apontar para um registro impressionante, pelo menos até agora. Tendo enfrentado crises quase que a cada década durante dois séculos, em meio ao ritmo feroz de transformações em constante aceleração, ele sempre tem sido capaz de encontrar maneiras de extrair lucros e, eventualmente, aprimorar os padrões de vida. O capitalismo sobreviveu, evoluiu e prosperou, atravessando a Revolução Industrial, a Grande Depressão, o protecionismo, duas guerras mundiais, o fim do padrão-ouro e a derrocada dos Acordos de Bretton Woods. Há pouco mais de uma geração, grande parte do mundo estava sob a influência política da antiga União Soviética, com ela e os Estados Unidos aparentemente destinados a se enfrentar em um confronto nuclear. Contudo, isso nunca chegou a acontecer, e, como Fukuyama escreveria mais tarde, um mundo dividido foi substituído por outro onde os mercados prevaleciam e a democracia liberal reinava suprema.

Isso explica por que, apesar das crises manifestas, os defensores do *status quo* permanecem tão confiantes. O nosso mundo pode muito bem ser marcado por baixo crescimento, padrões de vida em declínio e tensões geopolíticas crescentes, mas os mais convictos partidários do capitalismo encontram forças ao saber que foi possível tratar problemas semelhantes anteriormente.

No entanto, além desses problemas, há desafios aparentemente mais difíceis de serem superados. De maneira isolada, cada um deles já é historicamente significativo, mas, juntos, podem ser vistos como ameaças em uma escala civilizacional, possuindo o potencial de minar a capacidade do capitalismo de se reproduzir como um sistema baseado em crescimento infinito, produção voltada ao lucro e trabalho assalariado.

Existem cinco dessas crises, e às vezes elas se sobrepõem: as mudanças climáticas e as consequências do aquecimento global; a escassez de recursos – especialmente energia, minerais e água doce; o envelhecimento da sociedade, à medida que a expectativa de vida aumenta e as taxas de natalidade caem, simultaneamente; um excedente global progressivo de pessoas pobres que formam um "*desnecessariado*" cada vez maior; e, talvez de maneira mais crítica, uma nova era de máquinas que prenuncia um desemprego tecnológico em crescimento constante, ao passo que mais trabalho físico e cognitivo progressivamente passam a ser realizados por máquinas em vez de seres humanos.

O enfrentamento de tais crises é a base do CLTA. O capitalismo, pelo menos como o conhecemos, está prestes a chegar ao fim – o que importa é o que virá a seguir.

✳

Para o realismo capitalista, afirmar que *o capitalismo vai acabar* é como dizer que um triângulo não tem três lados ou que a lei da gravidade já não se aplica quando uma maçã cai de uma árvore. Em vez de se compreender o presente como um período histórico entre muitos outros, como a Inglaterra Vitoriana ou a República Romana, estar vivo no fim da História significa assumir que nosso sistema social é tão imutável quanto as leis da Física que governam o universo.

Apesar disso, a verdade é que o realismo capitalista já está se desfazendo. O fato de você estar lendo estas palavras é uma prova disso.

Apesar das observações de Francis Fukuyama e seus discípulos, a História retornou em 15 de setembro de 2008, quando o sistema financeiro global entrou em colapso. Em poucas semanas, as principais potências econômicas do mundo, antes fanáticas defensoras da mínima interferência estatal, ficaram sem alternativa a não ser resgatar seus bancos domésticos, com alguns até mesmo sendo nacionalizados. Isso expôs o seu fervor anterior em nome do livre mercado como a mentira que sempre foi: era socialismo para os ricos e capitalismo de mercado para o resto. Os críticos sempre fizeram essa acusação; agora ninguém podia negá-la.

Mas além de revelar como projeto político aquilo que havia passado por bom senso, esse momento também encerrou uma fase de expansão global que tinha impulsionado os serviços financeiros e o setor imobiliário – principalmente na Grã-Bretanha e nos Estados Unidos – para a linha de frente da vida econômica. Ao longo das duas décadas anteriores, foram essas áreas que sustentaram o crescimento, as receitas fiscais e formas de propriedade de ativos que eram distribuídas, pelo menos moderadamente. Depois de 2008, isso mudou de maneira decisiva, o que significa que em muitos países a pobreza aumentou, os salários ficaram estagnados e o crescimento – em qualquer sentido significativo – desapareceu.

Nos EUA, o Programa de Assistência Nutricional Suplementar, conhecido popularmente como *food stamps* [cupons de alimentação], é uma iniciativa federal que ajuda os estadunidenses de baixa renda a comprar comida. Em virtude de seu objetivo, é um dos indicadores mais precisos da pobreza no país. Enquanto em 2007, imediatamente antes da crise, 26 milhões de estadunidenses recebiam esses cupons, em 2012 – no final daquilo que alguns hoje chamam de "a grande recessão" – esse número quase dobrou, chegando a 46 milhões. Nos anos subsequentes, apesar de uma suposta recuperação das fortunas do país na seara econômica, esse número quase não mudou; Donald Trump destacava, com frequência, como 43 milhões de estadunidenses utilizavam cupons de alimentação durante a campanha em 2016. Apesar de todo o debate sobre como sua vitória foi impulsionada por notícias falsas, esse número era inteiramente preciso.

Análogo ao uso de cupons de alimentação nos EUA é o aumento meteórico do número de pessoas que recorrem aos bancos de alimentos na Grã-Bretanha. A Trussell Trust, que opera a maior rede de bancos de alimentos do país, alega ter fornecido cerca de 41 mil cestas básicas em 2010. Em 2017 esse número havia subido para 1,2 milhão após nove anos consecutivos de demanda crescente por seus serviços. Embora o aumento do recurso aos bancos de alimentos no Reino Unido seja em partes o resultado de reformas desastrosas dos serviços de bem-estar social, também reflete algo observável em ambos os lados do Atlântico: estar trabalhando não mais garante que alguém irá escapar da pobreza – muitas vezes, é o contrário.

Os dados mais detalhados disponíveis sobre o Reino Unido servem apenas para confirmar que uma mudança histórica ocorreu durante a última década, já que as pessoas em situação de pobreza relativa tinham maior probabilidade de estar em uma família trabalhadora do que o contrário. O mais preocupante de tudo é que isso está aumentando: até o final de 2016, 55% das pessoas em situação de pobreza estavam em um lar onde alguém estava empregado – surpreendentes 7,4 milhões de pessoas. Apenas seis meses depois, esse número havia subido para 60%.

Alimentando essa espiral descendente estão os salários em queda: desde 2008, o salário real na Grã-Bretanha, levando em consideração a inflação, caiu mais de 10%. Portanto, não surpreende que quase 17 milhões de britânicos em idade ativa tenham menos de 100 libras em reservas pessoais. Nos Estados Unidos, a história é semelhante: 63% dos estadunidenses dizem possuir 500 dólares, ou menos, guardados para uma eventualidade.

O outro pilar de consentimento do capitalismo do século XX, a propriedade imobiliária como complemento da democracia, tem sofrido um recuo semelhante. Na Grã-Bretanha, onde o conservador Noel Skelton cunhou o termo "democracia de proprietários" em 1923, a propriedade imobiliária se encontra no nível mais baixo desde 1985 – e continua caindo. É ainda pior nos EUA, onde uma combinação de preços altos, salários baixos e pouco crédito significa que o estadunidense médio tem menos probabilidade de ser o proprietário da casa onde mora do que em qualquer momento desde 1965 – quatro anos antes de o homem pousar na Lua.

Medindo a inércia

Enquanto as pessoas comuns têm passado por dificuldades, como medido por meio do recurso aos bancos de alimentos e aos cupons de alimentação, pelos salários que compram cada vez menos ou por expectativas não atendidas em relação à propriedade de uma residência, a visão abstrata da economia propalada pelas elites, definida pelo crescimento e pela produtividade, passa por um desarranjo semelhante. Afinal, com base na produção por hora trabalhada (talvez a medida mais útil do progresso econômico), a Grã-Bretanha produziu menos em 2017 do que na década anterior. Tal desenvolvimento não tem precedentes na História Moderna.

Problemas semelhantes se evidenciam em outras partes do mundo. A expressão "década perdida", usada anteriormente para descrever condições econômicas anômalas em países como Itália e Japão, tem sido aplicada a um aglomerado crescente de nações. Desde a crise de 2008, Grécia e Espanha viram o desemprego ultrapassar 25%, com o desemprego dos jovens chegando ao dobro disso. Outras economias como a da Hungria, Áustria, Letônia e de Portugal são menores hoje do que em 2008, quando avaliadas em termos de produção por pessoa.

Mesmo nas nações em ascensão no Sul Global, a tendência é nítida. O crescimento de 10% que caracterizava as economias chinesa e indiana durante os primeiros anos do século XXI é agora coisa do passado. Em outros lugares, países como o Brasil e a Rússia estão mergulhados em recessões quase tão severas quanto em partes da Europa; a única diferença é que seu mal-estar econômico surgiu em níveis muito mais baixos de desenvolvimento relativo. Essas mudanças têm servido apenas para animar as forças da autocracia.

Nosso mundo, portanto, tem sido cada vez mais definido por baixo crescimento, baixa produtividade e baixos salários. Antes da crise, a maioria dos formuladores de políticas públicas teria considerado esses eventos impossíveis – quem dirá especular sobre uma resposta apropriada. Em 2008, as observações de Alan Greenspan à Câmara dos Deputados dos EUA são ilustrativas: a crise bancária deixou o ex-presidente do Federal Reserve[4] em um estado de "choque", "descrença" e "angústia" por eventos que ele anteriormente considerava impossíveis.

---

[4] O Federal Reserve, ou FED, é o banco central estadunidense. (N.T.)

Embora o neoliberalismo, que surgiu com os governos Thatcher e Reagan, tenha levado a um aumento do desemprego e a um menor crescimento dos salários, por mais de uma geração isso foi mitigado pelo acesso a bens e serviços mais baratos – por meio da realocação da produção para países com salários mais baixos –, bem como por preços de ativos inflacionados, principalmente moradia, e acesso a hipotecas e crédito de consumo baratos. Além de formar o fundamento para uma melhoria significativa nos padrões de vida, essa era a base econômica de um mundo onde não havia alternativa. Como é possível sentir raiva *de verdade* de qualquer coisa quando se tem cartões de crédito e *gadgets* cada vez mais baratos? E mesmo que você se enfurecesse, que escolha teria depois de conquistar uma participação no sistema por meio de sua casa própria? Hoje, com a retirada desses acessórios, as elites ainda não apresentaram uma oferta positiva sobre o que viria a seguir. O que sabemos com certeza é que o *status quo* não pode ser mantido. Não há consentimento para um sistema que, em quase todos os âmbitos, está retrocedendo.

*

Tudo isso explica o renascimento da política radical nos últimos anos, tanto à esquerda quanto à direita. Como os eventos de 2008 foram tão chocantes – mesmo para os críticos do sistema – ninguém se mostrou imediatamente capaz de tirar proveito de uma tal oportunidade histórica. De maneira gradual, no entanto, isso acabaria mudando: o que antes era impensável se tornaria mais e mais um lugar comum. Nas eleições parlamentares europeias de 2009, a extrema-direita obteve ganhos impressionantes por todo o continente, com o Partido da Independência do Reino Unido (UKIP), a Frente Nacional na França e até o Partido Nacional Britânico (BNP) atraindo amplo apoio. Os resultados do BNP em particular foram chocantes, já que o partido, historicamente conectado ao movimento neonazista do país, ganhou quase 1 milhão de votos e elegeu dois eurodeputados. Por alguns anos, forças semelhantes à esquerda estiveram limitadas às ruas – como o movimento estudantil britânico de 2010 e os *indignados* espanhóis – mas, eventualmente, elas também se traduziram em sucesso nas urnas. A Espanha ofereceu a expressão inicial mais óbvia disso, graças ao surgimento de um novo partido, o Podemos, que conquistou cinco eurodeputados em 2014 – apenas alguns meses após a sua constituição, e antes de terminar em terceiro lugar nas eleições gerais espanholas do ano seguinte.

Em janeiro de 2015, o Syriza na Grécia, uma coalizão de grupos de esquerda anteriormente insignificantes, conquistou o maior número de cadeiras nas eleições gerais do país. Depois de concordarem em ser o principal parceiro em uma coalizão mais ampla, eles formaram um governo, tornando-se o primeiro partido da esquerda radical a fazê-lo em uma democracia ocidental desde a Segunda Guerra Mundial. Isso alimentou as esperanças de um acordo entre a Grécia e a *troika* formada pela Comissão Europeia, o Banco Central Europeu e o Fundo Monetário Internacional, nos termos de seu próximo resgate naquele verão. No devido tempo, o Syriza fez campanha por um voto de "*oxi*" – "não" em grego –, desafiando as condições propostas pela *troika*. Para espanto generalizado, o *oxi* venceu de lavada. Embora a *troika* tenha se recusado a mudar de posição nas negociações que se seguiram, e o governo grego tenha capitulado aos termos dela, uma nova realidade havia surgido: os corredores do poder já não estavam isolados dos protestos em massa nas ruas.

Enquanto isso, na Grã-Bretanha, o Partido Conservador conquistou sua primeira maioria desde 1992; a extrema-direita do UKIP obteve quase 4 milhões de votos, e o Partido Nacional Escocês surpreendeu ao tomar 40 assentos do Partido Trabalhista na Escócia. Poucos meses depois, Jeremy Corbyn, cujo nome aparecia com chances de vitória de 200 para 1 nas apostas no início de sua campanha, tornou-se o líder do Partido Trabalhista. Seus apoiadores estavam certos de que ele poderia ser impulsionado pela mesma onda que havia levado tão longe partidos como o Syriza e o Podemos em um espaço de tempo tão curto.

*

O ano de 2016, no entanto, acabou se provando decisivo, quando uma crise iniciada 8 anos antes encontrou suas expressões políticas mais potentes. Em junho, a Grã-Bretanha votou por abandonar a União Europeia, e mais pessoas participaram do referendo do Brexit do que de qualquer votação anterior realizada no país. Esse pareceu ser um momento crucial, com o populismo de direita aparentemente capturando uma hostilidade cada vez mais nítida em relação às elites dominantes. Como Nigel Farage, uma figura proeminente no movimento do Brexit, declarou de maneira triunfante naquela noite: "Esta é uma vitória para as pessoas comuns, para as pessoas boas, para as pessoas decentes, [...] aquelas que já não aguentam mais os banqueiros de investimento."

Não obstante, mesmo o choque do Brexit foi ofuscado pelos eventos ocorridos poucos meses depois, quando Donald Trump, um conhecido empresário e estrela de *reality shows*, foi eleito presidente dos Estados Unidos. O fato de ele ter vencido a primária republicana no início daquele ano já havia causado um choque – e com Bernie Sanders pressionando Hillary Clinton na disputa pela indicação pelo Partido Democrata, os sinais de uma virada estavam no ar. Foi exatamente o que aconteceu quando Trump dominou os estados do Cinturão de Ferrugem[5] anteriormente

---

[5] O Cinturão de Ferrugem é um conjunto de estados que antes concentravam grande parte da produção industrial estadunidense (e da atividade sindical), mas cujas condições econômicas e sociais se deterioraram profundamente nas décadas do neoliberalismo, a partir da abertura de Reagan para a realocação das indústrias manufatureiras para outros países com mão de obra mais barata – principalmente a China. (N.T.)

controlados pelos democratas, pavimentando seu caminho para a Casa Branca. O discurso da vitória do presidente eleito lembrou o de Farage, falando aos "homens e mulheres esquecidos do nosso país" que eles "não seriam mais esquecidos".

No mês de abril do ano seguinte, impulsionada pela percepção de um *zeitgeist*[6] aparentemente a seu favor, a nova primeira-ministra britânica Theresa May convocou uma eleição geral a fim de consolidar o domínio de seu partido no poder. Uma maioria qualificada era amplamente vista como algo inevitável, pois a questão era como os conservadores ganhariam de lavada. Todavia, de maneira análoga a Trump e ao Brexit, o Partido Trabalhista desafiou as probabilidades, trazendo uma mensagem cristalina de ruptura com o *status quo*. Embora não tenham conseguido formar um governo, foram capazes de privar os Conservadores de uma maioria absoluta, conquistando 3,5 milhões de votos adicionais no processo e desfrutando do maior aumento na porcentagem de votos – em qualquer partido no Reino Unido – desde 1945. De maneira significativa, os Conservadores, que estavam à direita de suas campanhas nos últimos anos, também se saíram bem, recebendo a maior proporção de votos desde 1987. A Grã-Bretanha agora exibia as duas principais características do novo cenário político: uma polarização massivamente aumentada e a incerteza sobre se eram as políticas de esquerda ou de direita que acabariam por prevalecer.[7]

---

[6] Expressão em alemão que significa "o espírito do tempo". (N.T.)

[7] Nas eleições seguintes, depois de uma campanha continua por anos na mídia dominante para disseminar a imagem de Jeremy Corbyn como antissemita (distorcendo suas posições em favor da luta palestina), de sabotagem interna por parte dos membros da direção do partido contra a liderança de esquerda e de uma campanha titubeante em torno do resultado do plebiscito que resultou na decisão da Grã Bretanha deixando a União Europeia, o Partido Trabalhista obteve um resultado bem inferior, e Jeremy Corbyn acabou deixando a liderança

*

Apesar de não terem muito em comum politicamente, Trump e Corbyn, juntamente do Brexit e do surgimento do Podemos, de Bernie Sanders e do Syriza, indicam que a era do realismo capitalista acabou.

Enquanto isso, há também uma história mais profunda se desenrolando e que em grande parte tem passado despercebida. Ainda que os eventos dos últimos anos sejam históricos e inesperados, eles foram uma resposta a uma crise econômica iniciada em 2008 que, por sua vez, representa apenas o primeiro estágio de um período prolongado de desordem global. Durante as próximas décadas nós teremos de lidar não só com os tremores secundários derivados do fracasso desse modelo econômico em fornecer padrões de vida crescentes, mas também com os efeitos das cinco crises mencionadas acima, dignas de marcar uma era. Individualmente, cada uma dessas crises representa uma ameaça existencial ao nosso estilo de vida; juntas, poderiam acabar com as certezas sociais e econômicas dos últimos dois séculos e meio.

Contudo, existe uma outra camada ainda mais profunda, porque tanto quanto nos encontramos à beira de um precipício também estamos diante de uma encruzilhada. Lado a lado com esses desafios, podemos vislumbrar os contornos de algo novo, uma sociedade tão distinta da nossa quanto a sociedade do século XX em comparação com o feudalismo, ou a civilização urbana em comparação com a vida como caçadores-coletores. Ela se baseia em tecnologias cujo desenvolvimento tem acelerado há décadas e que, somente agora, apontam para a possibilidade de minar as principais características de tudo o que anteriormente considerávamos ser tão imutável quanto a própria escassez.

Seu nome? Comunismo de Luxo Totalmente Automatizado.

---

do partido. No entanto, as linhas gerais de disputa permanecem. (N.T.)

2. AS TRÊS RUPTURAS

A tecnologia é uma dádiva de Deus. Depois da dádiva da vida, talvez seja o maior dos presentes de Deus.

Freeman Dyson

Agricultura: a Primeira Ruptura

Embora a mudança seja a única constante na História, algumas mudanças são mais importantes que outras. Há aquelas tão poderosas que alteram o próprio significado do que é ser humano – deixando marcas tão profundas que jamais poderíamos voltar a ser como éramos antes.

Nesse sentido, duas mudanças – que chamaremos de rupturas – se destacam em particular.

A Primeira Ruptura ocorreu há cerca de doze mil anos, quando nossos ancestrais fizeram a transição de uma vida nômade de caça e coleta para a agricultura assentada. Chamada de a Revolução Neolítica, essa mudança, alimentada pela inovação da domesticação de animais e plantas, gerou algo inédito: um excedente considerável de alimentos e energia. Pela primeira vez em sua existência, os seres humanos podiam começar a pensar sobre o futuro e fazer planos para um mundo que seria diferente daquele ao seu redor. Os domínios do pensamento abstrato e da ação prática passaram a se sobrepor de maneira crescente.

Durante as gerações subsequentes, e por meio de constantes modificações do ambiente natural, esses assentamentos se tornaram cada vez mais populosos – capazes de sustentar maiores densidades de pessoas. Lentamente, surgiu um mundo reconhecível para nós: a mão de obra começou a se especializar, trazendo consigo o comércio, o desenvolvimento das artes, a administração centralizada, sistemas de conhecimento codificado, como a escrita e a matemática, e várias formas de propriedade. Foi durante esse período que o animal humano afirmou seu domínio acima de todos os outros, e sua existência tornou-se cada vez mais definida pela capacidade de implantar tecnologias complexas em conjunto com instituições sociais sofisticadas. Tudo isso foi construído com base na mudança para a agricultura – o fundamento da Primeira Ruptura.

Indústria: a Segunda Ruptura

A segunda mudança é mais recente e certamente mais fácil de se localizar. A partir de cerca de 250 anos atrás, aquilo que foi chamado de "Primeira Era das Máquinas" deu ao mundo a Revolução Industrial. Assim como o desenvolvimento anterior da agricultura transformou a sociedade humana, a indústria permitiu proezas antes inimagináveis, tanto para a criação quanto para a destruição.

Essa Segunda Ruptura foi alimentada por uma transformação energética, bem como por uma transformação na produção. Mesmo no século XVII, de Isaac Newton e Galileu, as principais fontes de energia permaneciam praticamente as mesmas da Antiguidade: água, vento, animais e seres humanos. Apesar de ter havido uma revolução energética na Europa medieval, centrada no moinho de vento vertical, ela foi distribuída de maneira desigual e passou longe de exercer um impacto regional, muito menos global.

No entanto, tudo isso mudou nos 150 anos seguintes. Motores progressivamente mais eficientes, alimentados por combustíveis fósseis, desamarraram a produção econômica do trabalho orgânico e de formas não confiáveis de energia renovável. A tecnologia de uso geral na qual se baseavam era a energia a vapor, cuja primeira aplicação comercial foi o motor atmosférico de Thomas Newcomen, de 1712. Ainda assim, não foi até as últimas décadas do século que a capacidade de capturar a energia do vapor se provou transformadora. Embora o motor a vapor não fosse uma criação nova, uma versão aprimorada projetada por James Watt transformou essa ferramenta de uso marginal no ponto focal do que se tornaria a Revolução Industrial. Assim como com a agricultura, 12 mil anos antes, essa mudança foi tão grande que dali não haveria marcha ré.

*

As consequências de tudo isso foram extraordinárias. A combinação de energia a vapor e combustíveis fósseis reorientou a produção em torno do sistema fabril e permitiu a criação de infraestruturas nacionais e globais, por meio de redes ferroviárias e navios a vapor cruzando os oceanos. Em 1830, menos de duas décadas depois da locomotiva ter sido projetada, a primeira rota interurbana do mundo foi aberta entre Liverpool e Manchester. Vinte anos mais tarde, a Grã-Bretanha abrigava mais de 12 mil quilômetros de linhas ferroviárias usadas por mais de 48 milhões de pessoas anualmente.

Ainda que a Grã-Bretanha estivesse na vanguarda de tais mudanças, essas tendências rapidamente se tornaram globais. Assim, mesmo que fosse concebível em 1873 que Phileas Fogg – o protagonista de *A Volta ao Mundo em 80 Dias*, de Júlio Verne – pudesse circunavegar o mundo em menos de três meses, a mesma jornada levaria mais de um ano, apenas uma geração antes. Essa contração sem precedentes do espaço e do tempo teria implicações especialmente profundas para a superpotência econômica global em ascensão, os Estados Unidos. Em 1847, a viagem de Nova York a Chicago levava pelo menos três semanas a bordo de uma diligência. Uma década depois, a mesma viagem, de trem, levava três dias.

Com o nascimento das redes globais de transporte, surgiram formas internacionais de comunicação em tempo real. Em 1865, o primeiro cabo telegráfico transatlântico foi instalado entre a Grã-Bretanha e os Estados Unidos. No início da década de 1870, a mesma tecnologia conectou Londres a Adelaide, em lados opostos do mundo. Em 1871, os resultados do Derby, a prestigiosa corrida de cavalos em Londres, eram exibidos em Calcutá em cinco minutos, transformando em vergonha os oitenta dias do viajante aventureiro de Verne. Tudo isso – transporte global, eletricidade, comunicação rápida – era impossível de se prever quando Watt patenteou seu primeiro motor com Matthew Boulton um século antes.

Críticos do capitalismo

Paralelamente ao surgimento de uma economia global com novas formas de trânsito e de comunicação, as tecnologias da Segunda Ruptura consolidaram significativamente a divisão do trabalho, possibilitando novos tipos de abundância. A substituição gradual da energia natural pela energia mecânica, combinada com mercados abertos e concorrência global, reduziram significativamente os números de pessoas engajadas em trabalho artesanal, deslocando esses ofícios do centro da experiência humana para suas margens. Talvez paradoxalmente, esse processo tornou feitos de engenhosidade antes impensáveis uma característica da vida cotidiana, quase tediosa. Até Marx, profundamente crítico do novo sistema, se admirava em 1848, quando escreveu:

A burguesia [...] foi a primeira a provar o que a atividade humana pode realizar: criou maravilhas maiores que as pirâmides do Egito, os aquedutos romanos, as catedrais góticas; conduziu expedições que empanaram mesmo as antigas invasões e as Cruzadas.

Para ele, entretanto, esses novos feitos industriais eram apenas a ponta do iceberg. Marx acreditava que tamanhas mudanças na tecnologia, na produção e na vida social viriam a formar as bases de uma sociedade inteiramente nova. Isso refletia a sua visão sobre como a História se desdobra por meio de um emaranhado de campos que abrangem não apenas a tecnologia, mas também a política e nossas ideias e suposições – tanto sobre o mundo quanto sobre nós mesmos e os outros. Exatamente como havia feito 12 mil anos antes com a Primeira Ruptura, a tecnologia havia introduzido a humanidade a um novo paradigma, mas ainda continuávamos incapazes de criar as instituições e ideias apropriadas para essa nova era. Alcançar esse objetivo foi o projeto ao qual Marx dedicaria sua vida.

*

Em contraste com a forma como é retratado pelos seus críticos, Marx era frequentemente lírico ao falar sobre o capitalismo. Ele acreditava que, a despeito da capacidade do sistema para a exploração, sua compulsão pela inovação – juntamente com a criação de um mercado mundial – forjavam as condições para a transformação social:

> A burguesia não pode existir sem revolucionar incessantemente os instrumentos de produção e, por conseguinte, as relações de produção e, com isso, todas as relações sociais. [...] Essa subversão contínua da produção, esse abalo constante de todo o sistema social, essa agitação permanente e essa falta de segurança distinguem a época burguesa de todas as precedentes.

Como resultado, sua conclusão era que o capitalismo inevitavelmente "criava seus próprios coveiros":

> A condição de existência do capital é o trabalho assalariado. Este baseia-se exclusivamente na concorrência dos operários entre si. O progresso da indústria, de que a burguesia é agente passivo e involuntário, substitui o isolamento dos operários, resultante da competição, por sua união revolucionária resultante da associação.

Todavia, isso nunca veio a ocorrer. Nunca houve uma revolução dos trabalhadores que derrubasse o sistema – pelo menos não em escala global. A razão para isso é que, contrariando as previsões de Marx, o capitalismo conseguiu gerar "correções" – tanto espaciais quanto tecnológicas – para os próprios problemas que criava. A "correção espacial" é o que sustenta a globalização contemporânea, caracterizada pela distribuição e realocação global da produção. Essa foi uma das soluções adotadas pela burguesia para combater a crescente militância de trabalhadores na Europa e na América do Norte após o final da década de 1960, e representa o pano de fundo para os discursos contemporâneos sobre mercados de trabalho "competitivos" em um mundo em "corrida para pelo mínimo". É também por causa dela que mais carros foram produzidos no México, na Tailândia e no Brasil do que em nações que anteriormente dominavam o setor, como França, Itália e Reino Unido. A solução espacial é sempre apenas temporária, evidentemente, e há pouco tempo ressurgiu no contexto do aumento dos salários na China – mais uma vez, vemos a produção se mudando para onde quer que a mão de obra seja barata e os lucros sejam mais fáceis de se obter.

A "correção tecnológica" é diferente, e Marx é explícito e coerente sobre como a inovação tecnológica é uma característica inerente ao capitalismo. Sua explicação, tal como seria para vozes posteriores como Milton Friedman e Joseph Schumpeter, era de que a inovação tecnológica é impulsionada pela concorrência entre os capitalistas. O imperativo da competição significa que os capitalistas precisam sempre encontrar maneiras mais baratas e mais eficientes de produzir mercadorias – muitas vezes substituindo o trabalho humano por máquinas –, ao mesmo tempo que oferecem melhorias em bens e serviços disponíveis para os consumidores. Foi esse imperativo que orientou a imensa expansão das ferrovias, o surgimento do sistema fabril e que tem guiado a inovação contínua até os dias atuais, se tornando a lei de ferro do modelo econômico predominante no período da Segunda Ruptura – o capitalismo de mercado.

Informação irrestrita: a Terceira Ruptura

Essa tendência à perpétua inovação, resultante da competição, à contínua substituição do trabalho realizado por seres humanos e à maximização da produtividade acabaria por levar a uma Terceira Ruptura, cujas conclusões mais completas não serão menos estonteantes do que as duas que a precederam.

Essa ruptura já começou, com muitas evidências de sua chegada ao nosso redor. Como na Segunda Ruptura, sua base é uma tecnologia de uso geral: o transistor e o circuito integrado modernos, análogos contemporâneos ao motor a vapor de Watt de mais de dois séculos atrás.

Enquanto a Segunda Ruptura foi marcada por uma relativa libertação em relação à escassez de força motriz – em vez de músculos e ventos, o carvão e o petróleo passaram a mover rodas, polias, navios, pessoas e mercadorias –, a característica definidora da Terceira Ruptura é a abundância crescente de informação. Para alguns, isso sinaliza que a Revolução Industrial está chegando à sua plenitude, marcando uma época na qual as máquinas serão cada vez mais capazes de executar tarefas cognitivas assim como físicas.

Essa nova situação de pós-escassez dá sustentação ao que chamaremos de "oferta extrema", algo que não se limita apenas à informação, mas – como consequência da digitalização – alcança também a mão de obra. Aqui, as melhorias contínuas na potência de processamento, em combinação com uma variedade de outras tecnologias, significam que as máquinas serão progressivamente mais capazes de replicar aquilo que era, até agora, um trabalho exclusivamente humano.

*

Como nas rupturas anteriores, essa mudança representa uma transformação tanto no trabalho quanto na energia. Da mesma maneira que a Primeira Ruptura dependia da energia de animais domesticados, seres humanos e dos elementos da natureza, e a Segunda foi alimentada pela energia solar condensada nos combustíveis fósseis, a Terceira Ruptura representa um movimento de abandono dos hidrocarbonetos e de volta às energias renováveis – especialmente a energia solar. Isso se dará parcialmente como resposta aos perigos das mudanças climáticas, mas, como em outras características da Terceira Ruptura, sua tendência à oferta extrema é mais profunda do que a busca pela sustentabilidade. Esse processo ditará o fim da escassez de energia, enquanto uma nova matriz tecnológica-energética de máquinas gradativamente mais inteligentes, combinada com uma energia cada vez mais barata e mais limpa, possibilitará a extração de recursos fora do nosso mundo, produzindo uma oferta extrema de matérias-primas, completando uma cadeia que permitirá à humanidade exceder inteiramente nossos limites atuais.

Em certo sentido, essa abundância é adequada à natureza e ao nosso sistema solar. Embora estejamos acostumados a pensar no trabalho como necessário e na energia como um recurso escasso, não há absolutamente nada em nosso planeta tão abundante quanto a energia do nosso sol. Em um período de apenas 90 minutos, a energia solar em potencial que atinge a superfície da Terra seria o suficiente para atender à demanda atual por um ano inteiro. A cada doze meses, recebemos do Sol duas vezes mais energia do que jamais obteremos da combinação de todas as fontes não renováveis da Terra – carvão, petróleo, gás natural e urânio de mineração. Ainda que a crescente demanda global por energia possa parecer assustadora, ela não é nada diante do que o gigantesco reator nuclear a cerca de 149 milhões de quilômetros daqui pode nos fornecer.

Essa riqueza celestial só é correspondida pelos recursos minerais fora do nosso planeta, especialmente entre os asteroides próximos à Terra (NEA)[8]. Tomemos como exemplo o asteroide 16 Psyche, localizado no cinturão entre Marte e Júpiter. Medindo mais de 200 quilômetros de diâmetro, ele é um dos maiores asteroides do nosso sistema solar. Composto de ferro, níquel e metais mais raros, como cobre, ouro e platina, só o seu conteúdo de ferro já pode valer algo em torno de 10 mil quadrilhões de dólares – nada mal quando consideramos que o PIB anual da economia da Terra está em cerca de 80 trilhões. Psyche é único, mas demonstra um ponto crucial: as oportunidades da mineração fora da Terra – uma vez superadas as barreiras técnicas – são tão impressionantes quanto máquinas capazes de realizar qualquer tarefa, ou quanto o Sol sustentando nossas cidades da mesma maneira como atualmente sustenta nossos campos e florestas.

---

[8] De "*Near Earth Asteroids*". (N.T.)

A biologia como informação

As implicações da oferta extrema de informações vão muito além da automação. Em última análise, encontraremos novas possibilidades para a manutenção dos sistemas biológicos do nosso planeta, bem como para alimentar e curar nossos próprios corpos. E por que não seria assim? No fim das contas, a vida orgânica não é nada além de informações codificadas, mesmo que um pouco mais complexas: existem quatro bases nitrogenadas na fita dupla do DNA – C, G, A e T – em vez do código binário de zeros e uns, como nas informações digitais.

Portanto, embora os sistemas biológicos sejam muito mais complexos do que quaisquer equivalentes digitais, as tendências exponenciais nestes últimos devem impulsionar o nosso domínio sobre os primeiros – algo que de modo crescente deve assumir o aspecto de um bem informacional. Esse processo transformará nossas relações com a saúde e com o tempo de vida, sem mencionar os alimentos, a natureza e como tratamos as outras criaturas que nos acompanham. Isso não significa que passaremos a considerar qualquer um desses elementos como "desmaterializados"; mas que, finalmente, seremos capazes de compreender seus ritmos informacionais subjacentes, para superarmos quase todas as formas de doenças e para alimentar um mundo de 10 bilhões de pessoas, usando menos, e não mais, da biocapacidade de nosso planeta.

Curva exponencial: compreendendo a Terceira Ruptura

Dado que o período entre a Primeira e a Segunda Ruptura foi de cerca de 12 mil anos, pode parecer extraordinário que a Terceira venha tão pouco tempo após o motor a vapor de Watt e o surgimento do capitalismo de mercado. A explicação para isso é simples: a taxa de transformação histórica está acelerando. O principal fator dessa aceleração nas últimas décadas é uma série de tendências exponenciais, em oposição a tendências lineares, em áreas como o custo de coleta, processamento, armazenamento e distribuição de informações digitais. São elas que sustentam a oferta extrema de informações e da digitalização, possibilitando a Terceira Ruptura.

A digitalização é mais do que simplesmente um processo que se aplica a coisas como palavras, imagens, filmes e música – o fato de esses serem agora objetos digitais, e não físicos, é importante, mas sua relevância não deve ser sobrestimada. Mais vital é a maneira como a digitalização tem permitido que quantidades progressivamente maiores de cognição e memória sejam executadas sobre zeros e uns, e qualquer coisa que seja capaz de fazê-lo provoca quedas, todos os anos durante décadas, na relação preço-desempenho. É ela que permite à tecnologia de câmeras contemporâneas pousar foguetes e, cada vez mais, dirigir veículos autônomos; ela que fornecerá aos robôs coordenação motora fina e destreza equivalente à encontrada em seres humanos; ela permitirá que o ambiente construído saiba mais sobre nós, em certos aspectos, do que sabemos nós mesmos sabemos. Ela nos permitirá até mesmo editar o DNA – os blocos básicos da vida – para remover doenças hereditárias e sequenciar genomas a um custo tão baixo e com tanta regularidade que nos curaremos do câncer antes que ele atinja o estágio um.

Crescendo exponencialmente: de Ibn Khallikan à Kodak

Para entender melhor como a digitalização dará forma ao nosso futuro, um bom ponto de partida é a história de como a fotografia passou a se tratar de zeros e uns no lugar do filme plástico.

Embora a fotografia tenha se popularizado com a chegada da primeira câmera produzida em massa, a Brownie da Kodak, em 1900, o mundo teve que esperar quase um século até que a mesma empresa lançasse uma sucessora digital. Lançada em 1991, a DCS 100 possuía uma resolução máxima de 1,3 megapixels e originalmente custava 13 mil dólares (cerca de 23 mil dólares hoje). Apesar de o preço restringir a disponibilidade apenas para instituições de elite e indivíduos ricos, a mudança para o digital foi decisiva. Agora que a fotografia fora transformada em um bem informacional, ela apresentaria tendências análogas à queda de custos e à melhor relação preço-desempenho, como descrito pela Lei de Moore na computação. Como resultado, os pixels por dólar nas câmeras digitais comerciais passaram a dobrar a cada ano. Assim como na computação, as tendências exponenciais da imagem digital aumentaram significativamente ao longo do tempo, fazendo com que a câmera no iPad de terceira geração tivesse uma resolução sete vezes superior em comparação com o seu antecessor, o iPad 2. A importância disso se estende para além da conveniência de se ter câmeras acessíveis aos consumidores. Câmeras baratas e onipresentes são um pilar tecnológico fundamental em qualquer movimento rumo a uma sociedade construída com base na automação e nos dados.

*

O conceito de crescimento exponencial, dada sua raridade na natureza, é difícil de se entender de imediato. É explicado de maneira mais compreensível no "problema do trigo e do tabuleiro de xadrez", delineado por Ibn Khallikan no século XIII. Algumas pessoas afirmam que esse "problema" foi na verdade um evento histórico envolvendo o imperador do Império Gupta e um encontro com o inventor do jogo de xadrez ou um precursor similar.

O imperador, supostamente impressionado com a natureza exigente do jogo que lhe havia sido mostrado, disse ao seu criador para escolher sua recompensa. A resposta que ele recebeu foi tão simples quanto o jogo era complexo: "Coloque um único grão de trigo no primeiro quadrado do tabuleiro, dois no segundo, quatro no terceiro e assim por diante". A cada quadrado sucessivo, o número de grãos de trigo deveria ser dobrado – 1, 2, 4, 8, 16, 32 – até o quadrado final do tabuleiro ser atingido. O imperador, surpreso com um pedido tão humilde, concordou alegremente.

Logo ficou nítido, porém, que tal prêmio era muito maior do que ele havia antecipado. Após 32 quadrados, apenas na metade do tabuleiro, o arquiteto do jogo já havia ganhado quatro bilhões de grãos de trigo. Embora fosse um grande número, ainda equivalia à quantidade produzida por um grande campo de plantação, e isso serviu apenas para colocar o inventor em uma estima ainda maior – afinal, um ou dois campos de trigo eram uma recompensa perfeitamente satisfatória para um jogo tão cativante. Todavia, isso mudaria quando, no quadrado final, a contagem chegou em dezoito quintilhões de grãos de arroz, uma pilha maior que o Monte Everest e mais arroz do que já havia sido produzido em toda a História. O imperador, enfurecido pela audácia de um sujeito que pedira mais riqueza do que ele jamais poderia oferecer, teria ordenado que o ele fosse executado.

Essa alegoria captura os rápidos e muitas vezes inesperados dividendos do crescimento exponencial, especialmente em comparação com as formas lineares de progresso que a mente humana está bem mais inclinada a esperar. Então, o que acontece quando um crescimento tão prodigioso ocorre em assuntos humanos? A resposta pode ser encontrada na história da computação durante o último meio século.

*

Em 1965, Gordon Moore, que mais tarde seria um dos fundadores da Intel, escreveu um artigo para a revista *Electronics Magazine* detalhando melhorias recentes no desempenho de chips de computador. Naquela época, o circuito mais complexo ainda possuía cerca de trinta componentes, mas o progresso parecia estar se acelerando. Moore observou que a taxa recente de desenvolvimento era tão rápida que o número de transistores que cabiam em um circuito havia dobrado a cada ano desde 1959. Essa descoberta o deixou pensativo: o que aconteceria se essa mesma tendência de duplicação anual prevalecesse por mais uma década?

Após alguns cálculos rápidos, Moore ficou chocado com a resposta. Suas previsões mostravam que até o final de 1975 o circuito médio teria passado de trinta transistores para 65 mil. Ele especulou sobre os tipos de tecnologias que esse avanço estonteante poderia tornar possíveis, contemplando um mundo com "equipamentos de comunicação portáteis", "computação doméstica" e talvez até mesmo "controles automáticos para os automóveis". Infelizmente, para Moore, sua previsão se mostrou extremamente imprecisa: a tendência que ele descreveu não persistiu por mais dez anos – ela já dura meio século.

Quando Moore escreveu seu artigo seminal, um único transistor media a largura de uma fibra de algodão e custava oito dólares em preços atuais. Hoje, em comparação, bilhões de transistores podem ser espremidos em um chip do tamanho de uma unha, e um único fio de cabelo humano é 10 mil vezes mais espesso do que a próxima geração de produtos da Intel. E quanto ao custo por unidade? Também despencou, chegando a uma minúscula fração de centavo. Portanto, embora ouçamos clichês sobre como os smartphones modernos são mais poderosos do que os computadores usados nas missões Apollo da

NASA, mesmo isso não é o suficiente para transmitir quão drástica foi a transformação dos transistores nas últimas décadas.

Seria mais útil uma comparação entre o supercomputador ASCI Red e a família de consoles de jogos PlayStation. O primeiro, construído pelo governo dos EUA em 1996, foi a primeira máquina capaz de processar um *teraflop* – um trilhão de cálculos de ponto flutuante por segundo. Custando 55 milhões de dólares e medindo o tamanho de uma quadra de tênis, seu objetivo era prever e modelar explosões nucleares, o que fazia com facilidade, permanecendo como o computador mais rápido do mundo até a virada do milênio – e sendo utilizado até 2005. No entanto, apenas um ano depois, o mesmo poder de processamento já estava disponível para os consumidores em um PlayStation 3, um console de jogos disponível por apenas 600 dólares. O PlayStation 4, lançado em 2013, era quase duas vezes mais poderoso que seu antecessor e que o ASCI Red. Seu preço inicial, 400 dólares, era equivalente a 1/100.000 do supercomputador mais poderoso do mundo de apenas duas décadas antes.

Uma taxa de desenvolvimento tão rápida só foi possível porque nos últimos sessenta anos as melhorias na velocidade de processamento sofreram ganhos exponenciais ao invés de lineares. É essa qualidade, observada pela primeira vez na computação por Moore, que tem alimentado a Terceira Ruptura muito mais rapidamente do que muitos julgavam ser possível. Suas consequências vão muito além dos videogames.

Embora o progresso ao longo do último meio século tenha sido vertiginoso, a parábola dos grãos de trigo no tabuleiro de xadrez continua instrutiva. Se essas tendências seguirem por mais seis décadas, os resultados – como a pilha de trigo maior que o Monte Everest – estarão praticamente fora da nossa compreensão. Se aquele único campo de trigo na metade do tabuleiro representar a comunicação global em tempo real e os milhões de robôs industriais, então o que poderia ser a montanha?

A Lei de Moore pode continuar valendo?

Caso persista, o poder transformador da Lei de Moore é indiscutível; a questão-chave, então, é quanto tempo ela pode durar. Em 2015, pesquisadores da Intel previram que ela poderia prevalecer por pelo menos mais dez anos, mas pelos padrões de uma trajetória com mais de cinco décadas, dificilmente isso poderia contar como uma perspectiva otimista. Um ano depois, William Holt, CEO da empresa, estava menos confiante, alegando que ela só poderia continuar por mais cinco anos e, na melhor das hipóteses, diminuiria significativamente a partir dali (ainda que ele acreditasse que, em áreas como a eficiência energética, esse progresso ainda seria provável). Parece um desafio formidável às projeções mais otimistas, e se Holt estiver certo, nosso atual campo de trigo só crescerá mais cinco ou seis vezes até a metade deste século – uma melhoria imensa, mas certamente não exponencial.

Todavia, algumas cassandras têm previsto o fim da Lei de Moore há décadas. Até agora, elas têm se mostrado consistentemente erradas, por conta de novos caminhos para incrementos se abrirem exatamente quando parecia que qualquer esperança de mais avanços estava impedida. Até 2004, o aumento na velocidade de *clock* dos chips contribuíam significativamente para o desempenho aprimorado, com a desvantagem de que o superaquecimento limitava quão longe se poderia ir com tal inovação. Em resposta, os fabricantes passaram a incorporar mais "núcleos" de processamento (ou *cores*) como o principal meio para acelerar a sua capacidade, e os processadores passaram a trabalhar em diferentes operações em paralelo.

Serão necessários tipos semelhantes de inovações para manter a Lei de Moore, mesmo que ela continue a desacelerar levemente – algo que, em sua defesa, Holt chegou a admitir. Ainda que dentro de uma década possa se tornar impossível diminuir ainda mais os transistores individuais, simplesmente por causa dos limites físicos, adaptações como circuitos 3D e computação quântica – ambos conceitos já comprovados – podem significar a continuidade do crescimento exponencial, talvez até para além do último quadrado do tabuleiro de xadrez.

Mais que processamento

Como a digitalização é um fenômeno de uso geral, não são só os chips de computador que estão sujeitos a seus incríveis poderes transformadores. Uma tendência semelhante é evidente na largura de banda da internet, cuja capacidade disponível para os usuários cresce entre 25 e 50% ao ano desde 1983. O mesmo se dá com o armazenamento de dados, que tem sofrido um crescimento exponencial na relação espaço/custo: um *gigabyte* de armazenamento caiu de cerca de 200 mil dólares em 1980 para apenas 0,03 dólares em 2014.

Mais do que em qualquer outro lugar, entretanto, é no armazenamento que o progresso começou visivelmente a desacelerar. Mesmo se a tecnologia de gravação magnética 3D da Toshiba – na qual um cabeçote magnético lê e grava dados em camadas empilhadas usando micro-ondas – for comercialmente escalável, isso ainda significaria unidades de armazenamento com no máximo algumas centenas de *terabytes*. Novamente, pode representar um avanço impressionante, mas certamente não exponencial.

Contudo, ainda que possa ser necessária uma mudança de paradigma no armazenamento, dificultando o progresso no curto prazo, ela pode significar bem pouco no cenário mais amplo. Por mais impressionante que seja o armazenamento digital, sabemos que, comparado ao armazenamento de dados como DNA – que podemos assumir como um limite hipotético

–, mal saímos do lugar. Mesmo que uma tecnologia como essa possa não estar no seu laptop tão cedo, o potencial é assombroso: um único grama de DNA humano é capaz de armazenar 215 *petabytes* (215 milhões de *gigabytes*) de informações. Não estamos no reino da especulação abstrata; os seres humanos já são capazes de armazenar dados na forma de DNA desde 2012, quando geneticistas da Universidade de Harvard codificaram um livro de 52 mil palavras usando tiras de DNA e seu alfabeto de quatro letras (A, G, T e C) para codificar os zeros e uns do arquivo digitalizado.

Conquanto um tal progresso possa não ter aplicações em um futuro visível, aqui também parece imprudente desconsiderar a possibilidade de irmos muito além dos quadrados finais do tabuleiro de xadrez – em largura de banda e armazenamento, bem como na velocidade de processamento. Parece cada vez mais razoável presumir que as principais restrições ao avanço tecnológico são as leis da Física – e por enquanto, elas ainda se apresentam como um futuro distante.

A força da experiência

As mudanças não precisam ser exponenciais para serem transformadoras no contexto da Terceira Ruptura. Na mesma época em que Gordon Moore fazia sua previsão sobre o futuro da computação, Bruce Henderson – fundador do Boston Consulting Group – desenvolveu um conceito que viria a ser chamado de Curva de Henderson (e, mais recentemente, de Curva de Experiência). Baseado nas observações feitas ao trabalhar com seus clientes, ele logo se tornou um modelo preditivo sofisticado que descreve como os custos de um bem manufaturado diminuem em até 20% toda vez que a capacidade é dobrada. As variáveis que conduzem esse comportamento são relativamente simples, oscilando de maior eficiência no uso de mão de obra até melhorias no design de produto. Ainda que a curva de experiência não ofereça a mesma velocidade de transformação observada no aprimoramento exponencial das tecnologias digitais, seus frutos são de importância primordial para a oferta extrema – especificamente quando se trata de energia renovável.

Isso porque a área mais importante em que se observa a curva de experiência em ação é no preço das células fotovoltaicas, a principal tecnologia disponível aos consumidores para a captação de energia solar. Aqui, o progresso se correlaciona quase perfeitamente com o que Henderson previra, já que nos últimos sessenta anos o custo das células diminuiu 20% toda vez que a capacidade dobrou. Quando a tecnologia foi implantada pela primeira vez a bordo do satélite Vanguard 1 da NASA em 1958, cada painel era capaz de gerar no máximo meio watt de energia a um custo de muitos milhares de dólares cada. Em meados da década de 1970, esse número havia caído drasticamente para 100 dólares por watt – ainda não competia com os combustíveis fósseis; mesmo assim, era impressionante. Em 2016, no entanto, a relação preço-desempenho da energia solar havia sido transformada, e um watt de energia em uma matriz solar custava apenas cinquenta centavos de dólar, o que a tornou uma alternativa genuína aos combustíveis fósseis em países com luz solar abundante.

Poucos discordam que essa tendência deve continuar e, com a capacidade solar global dobrando a cada dois anos – aumentando cem vezes entre 2004 e 2014 –, foi estabelecido um ciclo virtuoso entre aumento da capacidade e preços sempre em queda. A questão crítica, como na Lei de Moore, é por quanto tempo isso vai continuar.

O que sabemos com certeza é que, em princípio, a energia solar é mais do que suficiente para atender às crescentes necessidades energéticas globais. Dado que a quantidade de energia potencial que atinge a Terra em noventa minutos equivale ao que toda a humanidade consome em um ano, mesmo no caso de a demanda duplicar nas próximas décadas, a energia solar pode ser não apenas o meio mais verde de prover energia ao nosso mundo, mas também o mais barato.

Felizmente, as mesmas mudanças na relação preço-desempenho das células solares também se aplicam às principais tecnologias de armazenamento de energia renovável, as baterias de íon de lítio. Nesse caso, as quedas recentes nos custos apenas reforçam a conclusão de que é uma questão de "quando" – e não de "se" – o mundo fará a transição para energias renováveis.

Da crise à utopia

Nosso mundo é finito e marcado por restrições. Em grande parte, elas definem as cinco crises que devem moldar radicalmente o curso do próximo século.

Juntas, essas crises – abrangendo mudanças climáticas, escassez de recursos, populações excedentes cada vez maiores, envelhecimento e desemprego tecnológico resultante da automação – devem prejudicar a capacidade do capitalismo de reproduzir a si mesmo. Isso porque elas podem dissolver algumas de suas principais características, como a premissa de expansão contínua e de recursos infinitos, da produção pelo lucro e dos trabalhadores tendo de vender sua mão de obra.

Em 1984, o futurólogo Stewart Brand fez a agora icônica declaração de que "a informação quer ser gratuita". Mais tarde, ele esclareceria o que isso significava, dizendo que:

> Por um lado, as informações querem ser caras, porque são muito valiosas. A informação certa no lugar certo muda a sua vida. Por outro lado, a informação quer ser gratuita, porque o custo para disseminá-la está caindo o tempo todo. Então você tem esses dois aspectos, um lutando contra o outro.

Como veremos, a informação é a base do valor no capitalismo moderno – muito mais do que pensamos. Ainda assim, paradoxalmente, as tecnologias sob esse mesmo sistema econômico agora tendem a destruir a escassez de informação e, portanto, o seu valor.

É improvável que Brand estivesse ciente disso em 1984, mas Marx disse algo semelhante sobre a tendência das informações em direção à oferta extrema mais de um século antes:

> As forças produtivas e as relações sociais – ambas aspectos diferentes do desenvolvimento do indivíduo social – aparecem somente como meios para o capital, e para ele são exclusivamente meios para poder produzir a partir de seu fundamento acanhado. De fato, porém, essas constituem as condições materiais para fazê-lo voar pelos ares.

Agora, mais de três décadas após Brand ter declarado sua elegante observação, sabemos que ele estava certo – o despencar do custo da informação mostra que ela quer mesmo ser gratuita. Mas, lá pela metade deste século, ficará cada vez mais nítido que isso se estende também à mão de obra, à energia e aos recursos minerais. Essa é a base para um conjunto diferente de parâmetros sociais, sustentado por mudanças que já podemos observar ao nosso redor: um mundo para além dos empregos, do lucro e até mesmo da escassez.

3. O QUE É COMUNISMO DE LUXO TOTALMENTE AUTOMATIZADO

> *O objetivo do futuro é o pleno desemprego,*
> *para que possamos aproveitar.*
> Arthur C. Clarke

Por que CLTA?

Por que Comunismo De Luxo Totalmente Automatizado? Por que essas palavras e nessa sequência? Afinal, muitas pessoas enxergam o comunismo como nada além de um experimento fracassado do século xx, que não mereceria nossa atenção, exceto para aprendermos com seus erros. Alguns podem admitir que o capitalismo possui inúmeras falhas e que pode realmente acabar um dia, mas consideram que se o comunismo vier em seguida, isso não constituiria um avanço.

Embora seja verdade que vários projetos políticos tenham se rotulado como comunistas ao longo do último século, essa aspiração não era totalmente adequada e nem – como veremos mais adiante – tecnologicamente possível. A palavra "comunismo" é utilizada aqui em benefício da precisão; a intenção é denotar uma sociedade na qual o trabalho seja eliminado, a escassez seja substituída pela abundância; e na qual trabalho e lazer se misturem numa coisa só. Dadas as possibilidades decorrentes da Terceira Ruptura, com o surgimento de uma oferta extrema de informações, mão de obra, energia e recursos minerais, essa deve ser vista não só como uma ideia adequada ao nosso tempo, mas também anteriormente impossível. O CLTA não está nos alicerces das tendências da Terceira Ruptura – pelo contrário, representa a conclusão delas.

Se for isso o que desejamos.

Choque do futuro, 1858

Não importa como as pessoas respondam à palavra "comunismo", ela está associada a uma pessoa em particular – Karl Marx. Foi ele quem afirmou ver os contornos de um novo mundo no exato momento em que o capitalismo industrial fulgurava com seu maior brilho.

Isso não quer dizer que Marx tenha sido o único a pensar que o capitalismo chegaria ao fim ou que o sistema entraria em transição para outra coisa. A esse respeito a ele se juntaram, entre outros, dois pensadores do século XX, John Maynard Keynes e Peter Drucker, que apesar de serem seus críticos, tinham pontos de vista semelhantes sobre como o capitalismo poderia levar a um sistema para além dele. Ao colocarmos Marx ao lado de ambos os pensadores, examinando como cada um enxergava a relação da escassez com o capitalismo e a utopia, podemos começar a criar uma imagem mais nítida do que ele queria dizer com comunismo.

*

Um aspecto do pensamento de Marx que ainda é pouco enfatizado é como ele reconhecia a tendência do capitalismo de progressivamente substituir a mão de obra – animal e humana, física e cognitiva – por máquinas. Em um sistema repleto de contradições, era essa em particular que o tornava uma força de potencial libertação. Isso está delineado de maneira mais explícita no "Fragmento Sobre as Máquinas", um trecho curto, mas importante, dentro dos *Grundrisse*. O motivo pelo qual você provavelmente nunca ouviu falar de nenhuma dessas duas obras antes, ao contrário das mais conhecidas *Manifesto Comunista* e *O Capital*, é que os *Grundrisse* não foram publicados em alemão até 1939. Pior ainda, o texto não foi traduzido para o inglês até 1973. Como resultado, suas observações prescientes exerceram pouca influência sobre os projetos comunistas no século XX.

Isso foi uma tragédia, porque no interior dos *Grundrisse* encontramos não apenas as primeiras análises sobre a evolução tecnológica no capitalismo, mas também sobre as oportunidades que ela cria. Como Marx colocou de maneira tão memorável no "Fragmento":

> O capital só emprega a máquina, melhor dizendo, na medida em que ela capacita o trabalhador a trabalhar uma parte maior do seu tempo para o capital, a se relacionar a uma parte maior do seu tempo como não pertencente a ele, a trabalhar mais tempo para o outro. Na verdade, por meio desse processo o *quantum* de trabalho necessário para a produção de certo objeto é reduzido a um mínimo, mas só para que, com isso, um máximo de trabalho seja valorizado em um máximo de tais objetos. O primeiro aspecto é importante, porque o capital aqui – de forma inteiramente involuntária – reduz o trabalho humano [...] a um mínimo. Isso beneficiará o trabalhador emancipado e é a condição de sua emancipação.

Marx não poderia ter sido mais explícito: a concorrência obriga os capitalistas a inovar na produção; isso leva à permanente experimentação com processos de trabalho e tecnologias, tudo em busca de uma eficiência cada vez maior. A lógica da demanda de mercado significa que os capitalistas precisam produzir bens e serviços o mais barato possível, forçando-os a reduzir constantemente suas despesas gerais, o que por sua vez cria um ciclo interminável de automação, abrangendo tarefas e até empregos inteiros – substituindo trabalhadores por máquinas. Embora no capitalismo esse processo gere enormes níveis de sofrimento e exploração, sob outro sistema isso representaria uma oportunidade histórica.

Em 1987, a Academia Nacional de Ciências dos EUA publicou um relatório intitulado "Tecnologia e Desemprego", que reafirmava quase palavra por palavra a crítica de Marx sobre a mudança tecnológica no capitalismo; a principal diferença era que os autores do relatório consideravam essa mudança totalmente positiva:

> Historicamente e, acreditamos, por todo o futuro previsível, as reduções nas necessidades de mão de obra por unidade de produção, resultantes de novas tecnologias processuais, foram e serão compensadas pelos efeitos benéficos sobre o emprego advindos da expansão do total de produção que geralmente ocorre.

Assim, embora a produção se torne cada vez mais eficiente e o lazer seja valorizado como um bem social, o aumento da produtividade não leva a mais tempo livre, mas simplesmente à produção de mais bens e serviços. Para ser justo com aqueles que a defendem, tal visão não estava fundamentada apenas na ortodoxia econômica, mas também em dois séculos de transformações observáveis sob o capitalismo. A diferença dos *Grundrisse* é que Marx pensava que havia uma alternativa e que os seres humanos poderiam alcançar a liberdade se a buscassem.

Comunismo: um mundo para além da escassez

Ainda que o comentarista político médio goste de retratar Marx como um sonhador idealista, ele mesmo declarou diversas vezes sua aversão em descrever como poderia ser o aspecto do comunismo na realidade – o que ele chamava de escrever "receitas para as cozinhas do futuro". Embora um tanto admirável em sua humildade, essa disposição também irrita, já que uma das maiores mentes a descrever as deficiências do sistema em surgimento estava bem-situada para pelo menos sugerir o que poderia vir a substituí-lo. A visão de Marx, no entanto, era que a luta dos trabalhadores estava em uma posição única para chegar a soluções concretas.

Ainda assim, ele estava convencido sobre algumas características da nova sociedade. Uma delas era que a chegada do comunismo anunciaria o fim de qualquer distinção entre trabalho e lazer. De maneira mais fundamental, seria um sinal da saída da humanidade daquilo que ele chamava de "reino da necessidade" e de sua entrada no "reino da liberdade".

Mas o que isso significa? Para Marx, o reino da necessidade era onde o ser humano "precisa lutar com a natureza para satisfazer suas necessidades, para conservar e reproduzir sua vida" – em outras palavras, era um mundo definido pela escassez, algo que nos confrontava desde a época de nossos ancestrais hominídeos. Na época de Marx, ela constituía a questão central da economia política clássica: como alocar os recursos de maneira eficiente e equitativa em um mundo onde eles são limitados?

De acordo com o autor, o reino da necessidade tinha um alcance tão abrangente que englobava até o socialismo. Isso porque, como o capitalismo, o socialismo ainda teria características como trabalho e escassez – conquanto em um sistema sujeito ao controle democrático, esses aspectos seriam racionalizados e socialmente mais justos. Mesmo que certamente fosse preferível ao capitalismo, e algo pelo qual vale a pena lutar ativamente, o socialismo para Marx seria um degrau na escada para outra coisa: o comunismo e o reino da liberdade.

O reino da liberdade, em contraste, seria marcado não só pela ausência do conflito econômico e trabalho, mas por uma abundância espontânea semelhante à Era Dourada de Hesíodo e Telecleides, ou ao Éden bíblico. Ao contrário da poesia grega clássica ou das escrituras religiosas, para Marx, entretanto, esse era um projeto a ser visado como objetivo, e não um passado lendário a ser reverenciado. Um reino de abundância além da imaginação não era algo para se recordar ou desfrutar na vida após a morte – era um projeto político a ser buscado no aqui e agora. Esse projeto político era o comunismo.

*

Apesar da afirmação de que Marx era favorável à uma revolução violenta, a verdade é que ele nunca acreditou que a transição para além do capitalismo seria um processo exclusivamente político – algo tão simples de se alcançar que exigiria simplesmente a substituição de um grupo de governantes por outro. Certamente isso implicaria na luta de classes e na conquista do poder político pela classe trabalhadora, bem como seriam necessárias novas ideias, tecnologias e relações sociais. Marx considerava a classe trabalhadora a chave para uma sociedade futura, mas apenas porque sua revolução teria a capacidade única de eliminar o trabalho e, por conseguinte, acabar com todas as distinções de classe.

Assim, apesar das repetidas convocações para que a classe trabalhadora liberte a si mesma, Marx não acreditava que o trabalho nos torna livres – nem que a sociedade do trabalho amplia o escopo da possibilidade humana. Pelo contrário, sua visão era que o comunismo só será possível quando nossa atividade laboral – a maneira como misturamos nossos esforços cognitivos e físicos com o mundo – se tornar uma rota para o autodesenvolvimento em vez de um meio de sobrevivência. Marx via essa condição como dependente da transformação tecnológica: quanto mais desenvolvidas as forças de produção, maior sua capacidade de oferecer um novo tipo de sociedade na qual trabalho e lazer se fundiriam:

> Numa fase superior da sociedade comunista, quando tiver sido eliminada a subordinação escravizadora dos indivíduos à divisão do trabalho e, com ela, a oposição entre trabalho intelectual e manual; quando o trabalho tiver deixado de ser mero meio de vida e tiver se tornado a primeira necessidade vital; quando, juntamente com o desenvolvimento multifacetado dos indivíduos, suas forças produtivas também tiverem crescido e todas as fontes da riqueza coletiva jorrarem em abundância, apenas então o estreito horizonte jurídico burguês poderá ser plenamente superado e a sociedade poderá escrever em sua bandeira: "De cada qual, segundo suas capacidades; a cada qual, segundo suas necessidades!".

Com a chegada do comunismo, qualquer distinção entre trabalho físico e mental desapareceria, e a atividade laboral se tornaria algo mais parecido com uma brincadeira. Significaria também uma sociedade com maior riqueza coletiva, na qual todos os desejos essenciais, bem como os desejos criativos, seriam satisfeitos. É aí que entra a questão do luxo: seu conceito, em condições de escassez, expressa aquilo que está além da utilidade, um excesso além do necessário na sua própria essência. Assim, à medida que informação, trabalho, energia e recursos minerais se tornarem permanentemente mais baratos – e que sejam deixados para trás o trabalho e os limites do velho mundo –, não apenas poderemos satisfazer todas as nossas necessidades, mas também dissolver qualquer fronteira entre o que é útil e o que é belo. O comunismo será luxuoso – ou não será comunismo.

Pós-capitalismo sem comunismo: J. M. Keynes

Marx não estava sozinho ao afirmar que o capitalismo cria as condições para uma sociedade para além dele. Na verdade, ele foi acompanhado pelo economista mais influente do século XX, John Maynard Keynes.

Keynes não era nenhum radical, muito menos um revolucionário. Ainda assim, em 1930, após o colapso de Wall Street e o início do que viria a ser a Grande Depressão, ele escreveu o tratado mais otimista de sua época, *Carta sobre as possibilidades econômicas de nossos netos*.

Nesse breve e confiante ensaio, Keynes esboçou os contornos de uma nova sociedade que ele via não só como desejável, mas inevitável. Como Marx nos *Grundrisse*, ele acreditava que tal transformação prefiguraria um mundo irreconhecível em relação ao seu próprio, assim como expressaria o seu mais completo desenvolvimento:

> Chego à conclusão de que, supondo que não haja guerras importantes e nenhum aumento populacional muito intenso, dentro de cem anos o problema econômico pode estar resolvido, ou pelo menos ter uma solução ao alcance da visão. Isso significa que o problema econômico não é – se olharmos para o futuro – o problema permanente da raça humana. [...] Assim, pela primeira vez desde sua criação, o ser humano será confrontado pelo seu problema verdadeiro e permanente – como usar sua liberdade em relação a preocupações econômicas urgentes, como ocupar seu tempo livre, quais ciências e quais conjuntos de interesses o conquistarão, para que possa viver de maneira sábia, agradável e boa.

Keynes criticava Marx abertamente, apesar de também afirmar nunca o ter lido. Mesmo assim, é possível enxergar paralelos notáveis entre os dois. Para Marx, o comunismo será uma condição de abundância, uma sociedade na qual o trabalho e o lazer se dissolverão um no outro, e no qual nossa natureza se desenvolverá de maneira compatível com o entretenimento. Seria um mundo onde a escassez – ou, como Keynes se refere a ela, "o problema econômico" – finalmente estaria vencida. Em 1930, o economista especulou sobre algo notavelmente semelhante e, de maneira surpreendente, até se sentiu confiante o bastante para estabelecer uma data – prevendo a chegada da pós-escassez para 2030.

Além do desdém declarado de Keynes pela política de classes de Marx, que segundo ele "prefere a lama ao peixe", o que exatamente separava os dois? A resposta é a relação entre progresso e política. Ao contrário de Marx, Keynes acreditava que o capitalismo inevitavelmente se modificaria rumo a uma maior abundância, como resultado de sua capacidade de se tornar cada vez mais produtivo ao longo do tempo, enquanto reduz também a demanda por mão de obra. Em *Possibilidades Econômicas*, ele alegou que isso se traduziria em uma semana de trabalho mais curta, o que acarretaria melhorias na produtividade e beneficiaria os trabalhadores, à medida que a tecnologia seguisse progredindo. Em outras palavras, o tempo livre estaria destinado a aumentar enquanto a necessidade por trabalho lentamente desapareceria de vista.

Marx, que de forma semelhante insistia na capacidade do capitalismo para aperfeiçoar a produtividade, acreditava que sob o *status quo* isso não beneficia ninguém, exceto os ricos – apesar da possibilidade de beneficiar todos. Embora tenha observado a mesma tendência para uma potencial abundância, ele a enxergava como um território de disputa política – uma vez que os despojos iriam para a maioria da sociedade apenas se esta fosse bem-sucedida na luta por eles no conflito entre as classes.

*

A história do século xx parecia dar razão a Keynes: nas cinco décadas que se seguiram a 1927, apesar da Grande Depressão, os salários reais dos trabalhadores sem qualificação na indústria manufatureira dos Estados Unidos cresceram 350%, ao passo que os salários dos trabalhadores qualificados aumentaram em quatro vezes. Como hoje sabemos, essa foi a era de ouro do capitalismo – os ganhos de produtividade e o alto crescimento levaram ao aumento dos salários e à redução da jornada de trabalho. Quer você fosse um funcionário ou um industrial, era do seu interesse racional proteger o sistema.

Esse período acabou abruptamente no início dos anos 1970, quando os salários foram desvinculados dos incrementos na produtividade – que passaram a apenas alimentar os rendimentos de quem já ganhava muito dinheiro. Esse fenômeno se estendeu para além dos Estados Unidos. Um relatório de 2014 mostrou como por quarenta anos a taxa de crescimento real dos salários na Grã-Bretanha foi marcada por uma tendência decrescente, com os salários aumentando 2,9% ao ano nas décadas de 1970 e 1980, 1,5% nos anos 1990 e 1,2% nos anos 2000. Depois da crise de 2008, esse declínio na taxa de incremento entrou em queda livre: os salários reais das famílias na Grã-Bretanha caíram 10,4% entre 2007 e 2015, algo totalmente sem precedentes.

*

Essa situação terrível já está a caminho de se deteriorar ainda mais. Após o lançamento do orçamento britânico para o outono de 2017, a Resolution Foundation, um *think tank* com sede em Londres, previu que a década de 2010 seria o pior decênio para o crescimento salarial no Reino Unido desde o final do século XVIII. Em outras palavras, a Grã-Bretanha se encontrava diante de uma estagnação nos padrões de vida nunca vista desde o surgimento da Segunda Ruptura. Embora Keynes estivesse correto em observar a possibilidade de o capitalismo criar uma tal abundância que poderia nutrir um sistema para além de si, ele não conseguiu prever nada disso.

Isso se deve ao fato de ele não pensar que sua visão de uma sociedade para além do capitalismo – de alta produtividade, automação e tempo livre – fosse internamente contraditória. Assim, onde Marx enxergava um problema intratável, entre um sistema baseado no trabalho e na provisão por meio do mercado de um lado e a abundância do outro, Keynes via uma procissão suave de um mundo para o outro.

A cada dia que passa, principalmente desde a crise de 2008, parece cada vez mais óbvio que Marx estava certo. Das duas uma: as cinco crises deste século representarão ou uma ameaça existencial para a humanidade ou as dores do parto de algo melhor.

A despeito do que Keynes previu, nenhuma das opções é inevitável.

Pós-capitalismo e informação: Peter Drucker

Diferente de Marx e Keynes, Peter Drucker não era um economista político, mas um teórico da área de Administração. Como os outros dois, entretanto, ele acreditava que o capitalismo é um sistema contingente e finito, que possui um ponto final distinto. Ele chamou esse ponto final de "pós-capitalismo" e, como no pensamento de Marx e Keynes, representaria o pleno desenvolvimento da modernidade.

Praticamente ao mesmo tempo que o HTML era lançado publicamente, Drucker identificou como a informação se tornara o principal fator de produção – mais do que o trio histórico de trabalho, terra e capital. Como escreveu em 1993, "o fato de o conhecimento ter se tornado o grande recurso, em vez de um dos recursos, é o que torna nossa sociedade pós-capitalista. [...] Isso cria uma dinâmica social; cria uma dinâmica econômica; cria uma nova política".

Drucker acreditava que a sociedade passa por tais rearranjos regularmente, e a história Ocidental apresenta uma "transformação acentuada" a cada período de algumas centenas de anos. Tudo isso significaria que, em algumas décadas, "a sociedade se reorganiza – sua visão de mundo; seus valores básicos; sua infraestrutura social e política; suas artes; suas principais instituições. Cinquenta anos depois, há um novo mundo". Ele acreditava que a transição para o pós-capitalismo era uma dessas transformações.

Na periodização histórica de Drucker, as rupturas são vistas como mais regulares do que como entendido aqui, com as implicações de cada uma ter um menor alcance. Não obstante, sua visão de transformação histórica, cujas relações materiais da sociedade influenciam as ideias e a realidade social, inegavelmente se assemelha à de Marx. As palavras abaixo são de Marx, escritas em meados do século XIX, mas poderiam facilmente ter sido proferidas por Drucker no início dos anos 1990:

> Em uma certa etapa de seu desenvolvimento, as forças produtivas materiais da sociedade entram em contradição com as relações de produção existentes [...] abre-se, então, uma época de revolução social. A transformação que se produziu na base econômica transforma mais ou menos lenta ou rapidamente toda a superestrutura colossal.

Taylorismo e a revolução da produtividade

Para Drucker, o conhecimento e sua aplicação foram transformados de maneira significativa com a chegada da Revolução Industrial e do capitalismo, passando de um bem privado a um bem público, algo aplicado ao fazer em vez de ao ser. Com a máquina a vapor de Watt e a nova sociedade que ela fomentou, o significado e o propósito do conhecimento mudaram de maneira fundamental. À medida que o conhecimento era aplicado a ferramentas, processos e produtos, começou a surgir a própria noção da tecnologia como um campo distinto. Em torno da década de 1870, foi essa relação entre conhecimento e tecnologia que impulsionou aquilo que Drucker chamou de "Revolução da Produtividade".

Seu pai foi Frederick Taylor, um engenheiro mecânico estadunidense, pioneiro na administração científica. Antes dele, cuja vida profissional decolou durante a década de 1880, o método científico nunca havia sido aplicado no estudo do trabalho a fim de maximizar a produção. No entanto, em poucas décadas, isso se tornou um dogma – expandindo maciçamente a produtividade e melhorando o padrão de vida do trabalhador médio. Após a ascensão do taylorismo, pelo menos de acordo com Drucker, o valor teria passado a estar mais relacionado com o contínuo refinamento e aplicação de informações do que com trabalho, terra ou capital.

Mais uma vez, são nítidas as semelhanças entre o pensamento de Drucker sobre o assunto e o de seus predecessores, especialmente Marx. Como escreveu nos *Grundrisse*:

> No entanto, à medida que a grande indústria se desenvolve, a criação da riqueza efetiva passa a depender menos do tempo de trabalho e do *quantum* de trabalho empregado que do poder dos

agentes postos em movimento durante esse tempo, poder que – sua "poderosa efetividade" – [...] depende, ao contrário, do nível geral da ciência e do progresso da tecnologia, ou da aplicação dessa ciência à produção.

Notavelmente, Marx ainda acrescenta como esse processo mina a mão de obra como o fator central da produção:

> Não é mais o trabalhador que interpõe um objeto natural modificado como elo mediador entre o objeto e si mesmo; ao contrário, ele interpõe o processo natural, que converte em um processo industrial, como meio entre ele e a natureza inorgânica, da qual se assenhora. Ele se coloca ao lado do processo de produção em lugar de ser o seu agente principal.

Assim como Drucker, Marx acreditava que essa tensão, entre o conhecimento se tornar um fator de produção central e um sistema econômico baseado em atividade laboral, inevitavelmente significaria uma transição. Só que para ele o resultado seria um conflito inexorável, e o novo sistema só poderia substituir o velho como resultado da luta de classes. De acordo com Marx, mesmo com o maquinário mais desenvolvido, o trabalhador poderia muito bem ser forçado a "trabalhar agora mais tempo que o fazia o selvagem ou que ele próprio com suas ferramentas mais simples e rudimentares". A tecnologia transforma o trabalho e pode melhorar a vida das pessoas, mas apenas se estiver associada a uma política adequada.

Para Drucker, entretanto, a transformação não parou com Taylor. Ele observou um papel cada vez mais central para o conhecimento à medida que o capitalismo se transformava ao longo do século xx. Assim, embora o período que se seguiu à década de 1880 tenha presenciado uma revolução de produtividade e as décadas posteriores a 1945 tenham representado uma "revolução gerencial", era na "revolução da informação" que ele via a produção sendo cada vez mais baseada na "aplicação do conhecimento ao conhecimento". Ainda que o conhecimento sempre tenha sido importante (no fim das contas, a essência da Primeira Ruptura residia no domínio do conteúdo informacional sobre o cultivo e os animais por meio da reprodução seletiva), com o surgimento da digitalização e da tecnologia da informação, Drucker enxergava esse processo atingindo algum tipo de ponto final; a mão de obra, a terra e o capital então ficariam criticamente marginalizados como fatores de produção.

*

Em Marx, Keynes e Drucker são oferecidos três futuros, cada um deles articulando uma sociedade para além do capitalismo que seria possível apenas pelo seu desenvolvimento mais completo. Por mais que pudesse parecer o contrário durante grande parte do século passado, hoje, com relação ao declínio dos padrões de vida, independentemente das melhorias na produtividade, parece que Marx estava certo e Keynes, errado. As mudanças tecnológicas possuem o potencial de nos levar à abundância, como Keynes previu de maneira tão audaciosa em 1930, mas somente se estiverem acompanhadas de uma política que exija esse desfecho. E quanto a Drucker? O que ele compreendeu corretamente foi onde, cada vez mais, o valor estaria localizado – nas informações.

Mas o que nenhum dos três esboçou nitidamente é a maneira exata como esse novo modo de produção se costuraria no tecido do presente. Notavelmente, a pessoa que o fez – quase que sem saber – mais tarde se tornaria o economista-chefe do Banco Mundial. Seu nome é Paul Romer.

Os bens de informação querem ser livres - de verdade

Em 1990, com apenas 35 anos, Romer escreveu um artigo acadêmico, hoje famoso, intitulado "Endogenous Technological Change" [Mudança Tecnológica Endógena], no qual cristalizou de maneira efetiva aquilo que Drucker escreveria poucos anos depois, destacando a nova e crítica importância do conhecimento para o crescimento econômico.

Compreender os elementos que se correlacionam com o crescimento é uma obsessão para os economistas, principalmente porque ao avaliar os cofatores para que este ocorra seria possível inferir o que o teria causado – taxas de poupança, crescimento populacional, aumento de salários – e realizar uma engenharia reversa a fim de se chegar a uma receita para a prosperidade. Antes do artigo de Romer, a mudança tecnológica era considerada "exógena", uma variável externa constante semelhante a um ruído de fundo e, portanto, sem relevância. Mas o autor discordava, alegando que, como as próprias forças de mercado impulsionam a inovação, a mudança tecnológica deveria ser compreendida como um dos principais motores do desenvolvimento capitalista. A questão era como isso funcionava e quais eram suas consequências.

Romer definia a mudança tecnológica como "uma melhoria nas instruções sobre a mistura de matérias-primas". Talvez de maneira contraintuitiva, a mudança tecnológica seria, portanto, imaterial – correspondendo a nada mais que uma reorganização atualizada de informações anteriores. "As instruções para se trabalhar com matérias-primas são inerentemente diferentes de outros bens econômicos", concluiu. Assim, com o tempo, conforme a tecnologia se desenvolve, o valor deriva crescentemente das instruções em relação aos materiais, e não deles próprios.

Só que havia um problema: o que agora era identificado como o aspecto mais valioso de uma mercadoria também era – tecnicamente, pelo menos – passível de replicação infinita quase sem nenhum custo: "uma vez que o custo de criação de um novo conjunto de instruções tenha incidido, essas instruções podem ser usadas inúmeras vezes sem nenhum custo adicional. Desenvolver novas e melhores instruções equivale a incorrer em um custo fixo". Romer não fez menção nenhuma ao movimento hacker, mas estava começando a soar de maneira muito semelhante à conclusão de Stewart Brand de que "a informação quer ser livre", cerca de seis anos antes.

Essa contradição era particularmente assombrosa para o capitalismo de mercado. Como Larry Summers e J. Bradford DeLong escreveram em agosto de 2001, apenas um mês depois do serviço de compartilhamento de arquivos Napster ter sido retirado do ar, "a condição mais básica para a eficiência econômica [...] é que o preço seja igual ao custo marginal". Eles prosseguiam: "com os bens de informação, o custo social e marginal de distribuição é próximo de zero." Isso vale não apenas para filmes, música, livros e artigos acadêmicos, mas também para o projeto de um robô industrial ou de um medicamento. Na verdade, como os capítulos a seguir deixarão claro, isso é válido para setores cada vez mais amplos da economia. É aí que reside o paradoxo do capitalismo, um sistema no qual as coisas são produzidas para troca e pelo lucro.

> Se os bens de informação devem ser distribuídos pelo seu custo marginal de produção – zero –, eles não podem ser criados e produzidos por empresas empreendedoras que usam as receitas obtidas das vendas aos consumidores para cobrir seus custos. Se for para os bens de informação serem criados e produzidos, [...] [as empresas] devem ser capazes de antecipar a possibilidade de venda de seus produtos com lucro para alguém.

Surpreendentemente, dois dos mais conceituados economistas do mundo estavam admitindo uma verdade notável: o mecanismo de preços fora derrubado pelo que deveria ser a parte mais valiosa da mercadoria – suas instruções. O pensamento econômico, por tanto tempo obcecado com a questão de como lidar com a escassez, começou a vislumbrar algo para além dela – o único problema é que isso quebrava o sistema de incentivos pelo qual se espera que as pessoas criem coisas no capitalismo; ou seja, o lucro.

A solução proposta por eles – de exclusão e criação de escassez artificial – era superficial, mas reveladora. Isso seria alcançado por meio da criação de arquiteturas fechadas (como a Apple faria mais tarde com seus produtos, por exemplo), mudanças nas leis de direitos autorais e a promoção ativa de monopólios – algo que antes seria considerado incompatível com mercados saudáveis e funcionais. Summers e DeLong chegaram a admitir até esse ponto quando escreveram que

> poder de monopólio temporário e lucros de monopólio temporários são a recompensa necessária para estimular a iniciativa privada [...] a maneira ideal de se pensar sobre esse complexo conjunto de questões não está nítida, mas está claro que o paradigma competitivo não é totalmente apropriado [...] ainda não sabemos qual será o paradigma substituto correto.

Quase duas décadas mais tarde, ninguém tinha sido capaz de responder essa pergunta.

Pelo menos até agora.

PARTE II
RECÉM-CHEGADOS A BORDO

Só há uma condição em que podemos imaginar que os administradores não precisarão de subordinados e que os senhores não precisarão de escravos. Essa condição se daria se cada instrumento pudesse fazer seu próprio trabalho, por uma palavra de comando ou antecipação inteligente, como as estátuas de Dédalo ou os tripés feitos por Hefesto, sobre os quais Homero relata que "por conta própria entravam no conclave dos Deuses no Olimpo", como se uma lançadeira tecesse por si mesma e uma palheta tocasse sua própria harpa.

Aristóteles

4. AUTOMAÇÃO COMPLETA: PÓS-ESCASSEZ EM MÃO DE OBRA

Produtividade é coisa para robôs
Kevin Kelly

Quando o capital se torna mão de obra

Em 2011, a *Economist*, em circulação desde 1843, lançou a seguinte pergunta aos seus leitores: "O que acontecerá quando [...] as máquinas forem suficientemente inteligentes a ponto de se tornarem trabalhadoras? Em outras palavras, o que acontece quando o capital se torna mão de obra?".

Embora os primeiros gigantes da economia política clássica, como Adam Smith e David Ricardo, não vissem a sociedade capitalista como sendo definida pelo conflito entre classes, eles assumiam que a mão de obra sempre permaneceria distinta do "estoque de capital", e que os trabalhadores nunca poderiam ser igualados a bens de fabricação humana usados na produção, como máquinas, ferramentas e edifícios.

Mesmo assim, quase 250 anos depois de Smith escrever *A Riqueza das Nações*, a publicação mais comprometida com a defesa de seu legado agora se mostrava incerta quanto à duração de uma das premissas centrais de seu pensamento. Essa dúvida reside no âmago do que significa a Terceira Ruptura. Se o capital puder se tornar mão de obra – se ferramentas produzidas pelos seres humanos puderem futuramente realizar qualquer tarefa que hoje eles próprios executam – então, dentro de um sistema de mercado, o preço que um trabalhador pode exigir pelo seu tempo de trabalho entra em colapso.

Tal resultado traria uma série de problemas, sendo o mais imediato o subconsumo. Esse é um problema cuja relação com a automação está bem expressa em uma reunião relatada no artigo da *Economist*, supostamente ocorrida durante a década de 1950, entre Henry Ford II e Walter Reuther, líder do sindicato United Auto Workers. Ford convidou Reuther para examinar uma das fábricas recém-construídas da empresa e, quando os dois começaram a andar por ela, Ford teria apontado para alguns robôs industriais recém-adquiridos e perguntou a Reuther como tais máquinas iriam pagar suas contribuições ao sindicato. Dizem que sua resposta foi imediata: "Henry, como você vai fazer com que elas comprem os seus carros?".

Essa conversa entre Ford e Reuther, tenha ocorrido ou não, demonstra um paradoxo central para o futuro do capitalismo. Embora desejasse praticamente eliminar os trabalhadores da produção a fim de economizar dinheiro, Ford também queria manter a demanda pelos produtos da empresa, agora fabricados com mais eficiência do que nunca. Simplificando, Ford queria funcionários baratos, mas consumidores ricos – algo que simplesmente não era possível.

Seu avô, o primeiro Henry Ford, tinha mais noção. Em 1914 ele chocou a indústria ao anunciar que os funcionários da empresa teriam seus salários duplicados, chegando a cinco dólares por dia. Por trás dessa decisão estava a questão urgente da alta rotatividade de funcionários; Ford viu a necessidade de uma ação decisiva, dados os altos custos do constante treinamento de novos trabalhadores.

Muitos de seus contemporâneos afirmaram que o valor imbatível de cinco dólares era simplesmente um golpe publicitário, enquanto outros disseram que isso indicava uma percepção ímpar da parte da Ford Company: que salários mais altos não eram necessários apenas para reter funcionários, mas também para garantir que o pessoal que fabricava os carros também poderia comprá-los.

Foi essa segunda interpretação que fez mais sentido com o passar do tempo. Hoje parece inegável que Ford tenha intuído como as indústrias baseadas no consumo de massa, como a embrionária indústria automobilística, exigem que as pessoas comuns desfrutem de tempo livre assim como exigem que elas suportem o trabalho. Isso explicaria por que Ford também apoiou a jornada de oito horas de trabalho e a semana de cinco dias – sobre a qual escreveu, em 1926, que "é passada a hora de nos livrarmos da noção de que o tempo livre para os trabalhadores seria tempo perdido ou um privilégio de classe".

Essas palavras estiveram no cerne de como o capitalismo do século XX passou a se enxergar: ao funcionar adequadamente, o sistema permitiria que os funcionários comprassem os bens e serviços que seu trabalho havia criado. Isso provou ser o alicerce para um compromisso entre as classes, construído com base no aumento da produtividade, em lucros para os ricos e na melhoria progressiva dos padrões de vida para todos os demais.

Por muito tempo as coisas pareceram correr conforme o planejado, visto que as melhorias na produtividade se refletiam em salários mais altos e em uma abundância cada vez mais generalizada. Como resultado, a resposta de Reuther parecia indevidamente pessimista – a conclusão de alguém com um viés político contra as consequências da mudança tecnológica. E ainda assim, hoje, como deixa explícito o desafio retórico da *Economist*, essa é uma das questões-chave que darão forma ao nosso futuro. Ninguém, pelo menos até agora, tinha uma resposta definitiva.

O pico equino

A Primeira Ruptura teve início por volta de 10.000 a.c., quando o *Homo sapiens*, provavelmente em algum lugar entre o Mar Mediterrâneo e o Golfo Pérsico, começou a construir um mundo de agricultura, assentamentos permanentes e produção de excedentes. Em vez de depender apenas da força de seus próprios corpos, os humanos começaram a recorrer a animais domesticados, enquanto formas cada vez mais complexas de sociedade permitiram a escravidão, a hierarquia e o surgimento das primeiras tecnologias energéticas. Por trás dessa transformação prometeica, no entanto, o elemento crítico da ruptura foi nosso novo domínio sobre a vida biológica, decorrente do conhecimento recente sobre como reproduzir animais e plantas em busca de traços específicos e da reprogramação dos elementos do ambiente natural. À sua maneira, foi uma revolução nas informações, embora não fôssemos conhecer seus mecanismos subjacentes até meados do século XIX.

Após a Primeira Ruptura, o trabalho físico passou a ser realizado gradativamente por novas configurações de mão de obra humana, animal e de elementos naturais, e no século XII a visão de moinhos de vento ou de água era cada vez mais comum em grande parte da Europa. Era um mundo onde a força motriz era esmagadoramente orgânica: bois para arar o campo, cavalos para viajar, o movimento humano para a roda de fiar, e até mesmo uma raça especial de caninos – o cachorro *turnspit* – para virar a carne enquanto ela assava.[9]

Em um mundo sem formas concentradas de energia, ou poder mecânico significativo, as mudanças eram lentas, e tumultos políticos ou recessões econômicas muitas vezes determina-

---

[9] Esses cães eram treinados para correr em uma roda que, por meio de cordas e roldanas, fazia girar o pedaço de carne. (N.T.)

vam retrocessos tecnológicos. Até o século XX, a maioria dos europeus não bebia água tão limpa quanto a que era encontrada na Roma Antiga, cujas escala e proeminência só foram alcançadas pela Londres do início do século XIX.

Foi assim até o surgimento da Segunda Ruptura, que se apresentou não apenas como um novo paradigma de trabalho e produção, mas também como um novo paradigma energético. A partir daí, os combustíveis fósseis – abundantes, confiáveis e repletos de energia – viriam a substituir os músculos humanos e animais, transformando o mundo em questão de décadas. Como qualquer grande transição, essa mudança fez muitas outras vítimas além do cachorro *turnspit*. Ademais, a linha divisória entre crise e oportunidade nem sempre estava nítida e, à medida que as características do novo mundo se chocavam com as certezas do antigo, era fácil confundir progresso com decadência.

Um exemplo notável disso pode ser encontrado em Londres nos últimos anos do século XIX. Em 1894, a capital britânica, então a maior cidade da Terra, enfrentava uma crise de proporções épicas. Tendo sobrevivido à ameaça de invasão por quase um milênio, fosse pela Armada Espanhola ou pelo Exército Revolucionário de Napoleão, um inimigo inesperado agora colocava a cidade em perigo – esterco de cavalo. A "crise do estrume de cavalo", como foi denominada pelo jornal *The Times* naquele ano, amedrontou os corações londrinos, que supunham que muito em breve a cidade estaria tão coberta de fezes que as ruas se assemelhariam aos canais de Veneza.

Essa ameaça vinha se desenvolvendo há muito tempo. Ao longo do século anterior, a população de Londres havia quadruplicado, e ela não tinha concorrentes em seu nível de atividades, complexidade social ou extensão geográfica; Nova York viria a superá-la em cada uma dessas medidas apenas no início dos anos 1920.

Esse sucesso foi o que precipitou a crise de 1894. Londres estava na vanguarda das tendências resultantes da Segunda Ruptura, especialmente pelo rápido crescimento populacional – à medida que menos bebês e crianças morriam, e a expectativa de vida após uma geração começava a aumentar. Esse processo, combinado com a rápida urbanização, começava a criar grandes problemas de infraestrutura em moradia, transportes e saneamento.

Mas enquanto a Segunda Ruptura significava mais gente, mais comércio e mais trabalho, uma peça tecnológica vital permanecia a mesma da era pré-vapor: o cavalo. Mesmo no final da década de 1890 – quando algumas das ruas de Londres já tinham luz elétrica – havia cerca de 11 mil carruagens de aluguel de duas rodas na cidade, bem como milhares de ônibus puxados por cavalos, cada um empregando doze animais grandes. Isso significava impressionantes 50 mil cavalos transportando pessoas pela cidade todos os dias, sem mencionar o número muito maior de carroças e carrinhos, puxados por equinos, usados no transporte de mercadorias. O número enorme de animais, juntamente de seu tamanho, significava que as ruas de Londres eram cobertas por pelo menos 700 toneladas de esterco de cavalo todos os dias.

É por isso que quando o *The Times* especulou em 1894 sobre como seria a cidade meio século depois, concluiu que "em cinquenta anos, todas as ruas de Londres estarão enterradas sob quase três metros de estrume". Tal conclusão parecia razoável – afinal, cidades desse tipo nunca haviam existido anteriormente e pareciam ser insustentáveis. Mesmo uma conferência de estudos urbanos convocada especificamente para discutir essa questão, cerca de quatro anos depois, não conseguiu chegar a nenhuma solução.

No entanto, hoje sabemos que essas previsões jamais se concretizaram. As tecnologias do motor de combustão interna e da eletricidade – já em evidência quando o *The Times* escrevia seu obituário para a líder mundial nos experimentos em vida urbana – resultaram em carros, ônibus e bondes elétricos que substituiriam a carroça e a carruagem puxada por cavalos. Em 1912, um problema aparentemente insuperável já estava resolvido. Em todas as grandes cidades, os cavalos estavam sendo substituídos por veículos motorizados. O que parecera um problema secular se revelou apenas uma ressaca da Primeira Ruptura contra as dores do parto da Segunda.

O pico humano

Muito embora a Segunda Ruptura tenha começado a se desenrolar nas últimas décadas do século XVIII, a data do prognóstico do *The Times* (1894) deixa explícito quanto tempo levou para muitas de suas inovações permearem a sociedade.

Portanto, ainda que a força motriz de animais – neste caso, dos cavalos – caracterizasse o modelo tecnológico e energético de outra era, as economias mais avançadas não atingiriam o "pico equino" até o início do século XX. Os Estados Unidos, que naquela época haviam se tornado a maior e mais avançada economia do mundo, não atingiriam esse apogeu até 1915, quando mais de 26 milhões de cavalos viviam e trabalhavam ao lado dos humanos. Dentro de apenas algumas décadas, no entanto, eles desapareceriam do mundo do trabalho, substituídos em uma série de tarefas por máquinas que eram mais confiáveis, não adoeciam e, o mais importante, que levavam a uma produtividade muito maior. Por mais paradoxal que possa parecer, nós estávamos empregando animais, como nunca anteriormente, no exato momento em que eles estavam se tornando obsoletos.

Esse foi um tema ao qual retornou em 1983 o economista Wassily Leontief, vencedor do Prêmio Nobel. Para ele, no século XXI a mão de obra humana viria a se assemelhar aos cavalos na virada do século xx. Como naquele momento anterior, uma fonte fundamental da criação de valor e riqueza estaria se tornando obsoleta:

> Computadores e robôs [vão] substituir os humanos no exercício das funções mentais da mesma forma que a força mecânica os substituiu no desempenho de tarefas físicas. Com o passar do tempo, funções mentais progressivamente mais complexas serão desempenhadas por máquinas [...]. Isso significa que o papel dos seres humanos como o fator de produção mais importante está fadado a diminuir – da mesma forma que o papel dos cavalos na produção agrícola foi primeiro a se atenuar e, depois, ser eliminado com a introdução de tratores.

Se Leontief estiver certo, então muitos dos problemas que atualmente vemos como intratáveis podem, dentro de poucas décadas, parecer tão bizarros para a próxima geração quanto parece para nós a imagem de Londres afundando em excrementos.

*

As evidências parecem contribuir com pelo menos algum peso às conclusões de Leontief – sobretudo no setor de manufatura. Em 1970, havia cerca de mil robôs industriais em todo o mundo; no início de 2016, esse número havia subido para 1,8 milhão e esperava-se que viria a exceder 3 milhões até 2020. Desde 2010, o estoque global de robôs industriais cresceu a uma média de mais de 10% ao ano. O crescimento composto significa que, se essa tendência persistir, a manufatura não vai apenas parar de criar empregos – como já tem feito, apesar do aumento maciço da produção –, mas seus números diminuirão significativamente.

A utilização cada vez maior de robôs industriais está correlacionada inteiramente com o que pode ser observado tanto nos empregos quanto no produto do setor de manufatura: nas duas décadas seguintes à previsão de Leontief, a tecnologia da informação e a robótica permitiram que a indústria siderúrgica dos Estados Unidos aumentasse sua produção de 75 para 125 milhões de toneladas, enquanto o número de trabalhadores diminuiu de 289 mil para 74 mil. De maneira mais abrangente, os EUA perderam 2 milhões de empregos industriais nesse período devido à automação – cerca de 11% do setor.

Entre 1997 e 2005, essa tendência só continuou a se acelerar, já que a produção industrial dos EUA cresceu mais de 60%, enquanto quase 4 milhões de empregos no setor desapareceram. A explicação para isso é direta: um vultoso aumento da produtividade permitiu que a indústria produzisse mais com menos. Em 2007, os fabricantes estadunidenses estavam usando seis vezes mais equipamentos, incluindo computadores e softwares, do que faziam vinte anos antes – dobrando a quantidade de capital usada por hora de trabalho dos funcionários. Ao contrário de ideias equivocadas, mas populares nos Estados Unidos, sobre milhões de empregos na indústria sendo perdidos para trabalhadores mais baratos no exterior, na maioria das vezes esses empregos foram simplesmente automatizados – subjugados por uma eficiência continuamente crescente.

De maneira surpreendente, as economias menos desenvolvidas se saíram ainda pior no mesmo período: o Brasil sofreu um declínio de 20% no nível de emprego industrial e o Japão, de 16%. Talvez o caso mais impressionante de todos seja a China, que, no processo de se tornar líder mundial em manufatura, perdeu 16 milhões de empregos industriais. Como observou um periódico: "Embora obviamente seja fácil demonstrar que ainda existe muita produção industrial ocorrendo, e que isso não se dá apenas em importantes países exportadores, como a China, a parcela de trabalhadores efetivamente empregados na manufatura tem diminuído há quase duas décadas em nível global."

A extensão de tal transformação é mais óbvia nos países que se industrializaram primeiro; a Grã-Bretanha e os Estados Unidos hoje possuem uma porcentagem menor de força de trabalho na manufatura do que nos primeiros anos de suas respectivas revoluções industriais. Como esse processo de ganhos de produtividade levando à perda de empregos na indústria é global, algumas estimativas preveem que, com a taxa atual de deslocamento, o emprego fabril, que representava 163 milhões de empregos em 2003, provavelmente não empregará mais do que alguns poucos milhões de pessoas em 2040.

O trabalho de manufatura, embora frequentemente mais complexo do que muitos imaginam, é repetitivo e, portanto, está altamente sujeito à automação. À medida que nos aproximamos do "pico humano", é nesse setor – assim como com os cavalos nas primeiras décadas do século XX – que o velho mundo fará a transição para o novo mais rapidamente do que muitos imaginam.

Uma representação impressionante das mudanças que a automação pode efetuar na produtividade e nos empregos pode ser vista com a gigante de tecnologia holandesa Philips, uma das líderes mundiais na fabricação de itens de iluminação. Embora a empresa tenha mais de cem instalações localizadas em vários continentes, sua fábrica em Drachten na Holanda é o lar de algumas das tecnologias industriais mais sofisticadas do planeta. Lá, 128 braços robóticos fazem o mesmo trabalho que centenas de funcionários na fábrica da empresa em Zhuhai, na China. A Philips alega que a produtividade é dez vezes maior em sua fábrica em Drachten, já que os braços robóticos trabalham tão rápido que são mantidos por trás de telas de vidro para garantir a segurança dos poucos funcionários que restam.

Esses níveis de produtividade extremamente diferentes, combinados com os salários dos trabalhadores na China, que têm crescido continuamente por duas décadas, significam que a automação está começando a pressionar as indústrias que se mudaram para o Sul Global após a década de 1970. Mesmo que muitos empregos na manufatura permaneçam por lá, pelo menos por enquanto, níveis mais baixos de desenvolvimento comparativo não devem contar muito. De fato, em 2019 estimava-se que nos próximos anos a China gastaria quase 60 bilhões de dólares por ano em robótica.

Em 2012, Terry Gou, CEO da Foxconn, comparou 1 milhão de funcionários de sua empresa com animais e reclamou que gerenciá-los "me dá dor de cabeça". Isso explica parcialmente por que, apenas três anos depois, uma única fábrica da Foxconn em Kunshan, na China, substituiu 60 mil funcionários por robôs. Em última análise, os países do Sul Global não são mais imunes às pressões da automação na indústria e na manufatura do que os países da Europa e da América do Norte. E embora países como China e Coreia do Sul tenham se beneficiado com a realocação global da produção após a década de 1970, o mesmo não acontecerá com os países de PIB mais baixo de hoje em dia, como Bangladesh e Indonésia: dessa vez, a "correção" do capital será principalmente tecnológica, e não espacial. Isso tem implicações gritantes na capacidade dos países mais pobres de encontrar um caminho para o desenvolvimento.

O fim da agricultura de massas

Embora possa parecer que a manufatura está navegando por águas desconhecidas graças ao desemprego tecnológico, nós já as conhecemos. Na verdade, o que a Terceira Ruptura está fazendo atualmente com a manufatura espelha o que a Segunda

Ruptura fez com aquela grande descoberta tecnológica da humanidade: a agricultura.

A agricultura, como já foi delineado, foi a inovação no núcleo da Primeira Ruptura, permitindo que excedentes e formas cada vez mais complexas de cooperação transformassem o que significava ser humano. E mesmo que seja possível argumentar pela existência de períodos tecnológicos distintos até mesmo no interior desse processo – como fazem Peter Drucker e Jeremy Rifkin –, ainda no século XIX, 60% da população em países como Itália e França trabalhava na agricultura. Fosse no Império Romano do século I d.C., na Europa durante Carlos Magno ou na China Oriental sob a dinastia Song, um milênio atrás, a pessoa comum trabalhava na lavoura, quase sempre cultivando terras que não eram suas.

Hoje as coisas parecem bem diferentes. Apenas 4% do mercado de trabalho da Itália está na agricultura, e esse número é inferior a 3% na França, a 2% no Reino Unido e a 1% nos Estados Unidos – uma nação que lidera o mundo na produção de leite, milho, frango e carne bovina.

Resumindo, alimentamos mais pessoas com mais comida do que nunca, tendo cada vez menos pessoas trabalhando. Isso pode agora parecer trivial, mas até um século atrás soaria totalmente implausível.

De maneira semelhante, no início do século XXI estava imediatamente evidente que as indústrias centrais para a Segunda Ruptura – a produção de ferro e aço e a fabricação de bens de consumo duráveis, como carros e produtos eletrônicos – exigiam cada vez menos trabalhadores para fabricar uma produção sempre crescente. Essa tendência, um efeito do aumento da produtividade, agora é observável em escala global. Até na China, de longe o maior exportador de bens em todo o mundo, menos de um quarto do mercado de trabalho está empregado na indústria.

A premissa padrão entre os economistas, pelo menos até recentemente, era que, assim como o trabalho de muitas pessoas se deslocou da agricultura para a indústria, algo semelhante viria a ocorrer com os serviços: economias pós-industriais baseadas em serviços substituiriam as economias baseadas na manufatura. Até certo ponto, isso se confirmou: mesmo na China, o setor de serviços cresceu em relação à manufatura ao mesmo tempo que o país se tornava a principal potência industrial do mundo. Em países como França, Grã-Bretanha e Estados Unidos, o setor de serviços representa agora 80% da produção econômica e dos empregos.

Há apenas um problema com a premissa de que os serviços, de alta ou baixa qualificação, proporcionarão empregos onde a indústria e a agricultura deixarão de oferecê-los: acontece que qualquer esforço repetitivo – não importa qual for o setor – poderia ser automatizado no contexto da digitalização crescente. Assim como alcançamos o "pico equino" um século atrás, à medida que um paradigma se chocava contra o outro, dentro de uma geração estaremos caminhando para o pico humano.

A ascensão dos robôs

Em 1997, o Deep Blue da IBM derrotou o grande mestre Garry Kasparov em uma série de partidas de xadrez, tornando-se o primeiro computador a fazê-lo. Apesar de ter sido um momento icônico no desenrolar da história de humanos e máquinas, esse feito empalidece em comparação com o Watson, também construído pela IBM, que mais tarde derrotou Ken Jennings e Brad Rutter – dois dos maiores jogadores em toda a história do programa de perguntas e respostas *Jeopardy!*. O xadrez é um jogo extraordinariamente desafiador, mas o *Jeopardy!*, que exige reconhecimento de padrões e pensamento criativo em tempo real, se assemelha mais às características associadas a uma inteligência distintamente humana.

Não muito tempo depois, Ken Jennings resumiu perfeitamente o que aquela derrota pode vir a significar, nas próximas décadas, para o trabalho de colarinho branco – que valoriza o reconhecimento de padrões e o pensamento criativo:

> Assim como os empregos nas fábricas foram eliminados durante o século XX por novos robôs de linha de montagem, Brad e eu fomos os primeiros trabalhadores da indústria do conhecimento a perder seu trabalho para uma nova geração de máquinas "pensantes". "Participante de concurso de perguntas e respostas" pode ser o primeiro emprego tornado redundante pelo Watson, mas tenho certeza de que não será o último.

Foi uma conclusão perspicaz. Embora as máquinas já tivessem superado os seres humanos em coisas como xadrez e resolução de problemas matemáticos – façanhas que normalmente associamos a gênios –, elas o fizeram na base da força bruta, completando números incompreensivelmente enormes de cálculos. O Deep Blue avaliava 200 milhões de posições de xadrez por segundo – um número colossal possibilitado pela onda da Lei de Moore e do progresso exponencial. Essas tendências continuaram em ação, o que significa que hoje você pode baixar um programa com um motor de xadrez como o Houdini 6 no seu computador doméstico e ele venceria o Deep Blue quase todas as vezes.

E ainda assim surgiu um paradoxo: tornou-se nítido que na prática é necessária ainda mais "potência de processamento" para dar conta daquilo que historicamente consideramos como tarefas de baixo nível para os seres humanos, como pareamento motor-sensorial, percepção espacial e respostas não previstas anteriormente. Em outras palavras, é mais difícil construir uma máquina capaz de lavar a louça do que uma máquina que possa resolver problemas matemáticos complexos. Essa contradição é conhecida como "paradoxo de Moravec", em homenagem ao cientista que a definiu. Do ponto de vista do desemprego tecnológico, essa era uma observação extremamente importante, que mostrou como até mesmo empregos de "pouca qualificação", da construção civil à colheita de frutas, talvez pudessem permanecer imunes à automação. Enquanto máquinas derrotavam grandes mestres do xadrez e antigos supercomputadores testemunhavam seu poder de processamento ser igualado por consoles de jogos de 400 dólares, elas mal conseguiam subir um lance de escadas.

Por um tempo, esse paradoxo parecia intratável. Mesmo na virada do século XXI, cerca de cinquenta anos após o início da Terceira Ruptura, uma máquina com o equilíbrio e a coordenação de uma criança pequena ainda parecia uma possibilidade remota.

Mas então o impossível de repente se tornou inevitável. Entra em cena Atlas, o robô que aprendeu a dar saltos mortais.

Os saltos mortais de Atlas

Se acessar o YouTube e digitar "PETMAN *prototype*" [protótipo PETMAN] na barra de pesquisa, o primeiro vídeo que aparece, postado em outubro de 2009, é uma demonstração de um robô bípede desenvolvido pela empresa Boston Dynamics, de Massachusetts, nos EUA. Desajeitado e preso a vários cabos, o PETMAN parece o fruto do amor entre um alto-falante e Bambi tentando se equilibrar no gelo.

Agora digite "*What's new, Atlas?*" [O que há de novo, Atlas?]. Em sua tela aparecerá um vídeo de outro robô fabricado pela mesma empresa. Nele, publicado no final de 2017, o robô não só está andando sem cabos, mas também pulando obstáculos e dando saltos mortais para trás. Não para por aí; em outros vídeos no canal da empresa no YouTube, você pode assistir a vídeos de Atlas correndo ao ar livre ou fazendo *parkour*, saltando por três degraus sucessivos de 40 centímetros cada, sem diminuir o passo. Isso parece indicar que o paradoxo de Moravec está perto de ser superado; máquinas podem se tornar capazes de igualar os humanos em motricidade fina e consciência espacial mais cedo do que pensávamos. É plausível que os descendentes de Atlas daqui a nove anos possam ter o tipo de coordenação tipicamente associada a um patinador do gelo, um ginasta ou um escultor.

A razão para isso é simples: o progresso do PETMAN para o Atlas se sustentou nas melhorias descritas no segundo capítulo, conforme observamos ganhos exponenciais na relação preço-desempenho de tecnologias digitais, de câmeras e sensores a chips, e a curva de experiência em áreas como o armazenamento energético. Um exemplo: até 2015, Atlas precisava estar permanentemente conectado a uma tomada na parede. Em 2017, com sua bateria de íon de lítio de 3,7 quilowats-hora nas costas, ele podia andar cerca de uma hora. Essas tendências devem continuar.

Contudo, embora os robôs cujos movimentos se assemelhem de maneira autêntica aos dos humanos ainda não estejam por aí, outra categoria de máquinas – aproveitando os mesmos ganhos na digitalização e os dividendos do progresso exponencial – está prestes a transformar indústrias inteiras. É a vanguarda de uma transformação que significará não só a perda de inúmeros empregos, mas de profissões inteiras. E, assim como as acrobacias de Atlas, ninguém antecipou a sua chegada – até que estivessem bem na nossa frente.

Veículos autônomos

Em 2002, a agência de defesa estadunidense DARPA anunciou um "Grande Desafio" para carros sem motorista, que ocorreria no Deserto de Mojave na primavera de 2004. A rota proposta tinha 240 quilômetros de extensão, e o prêmio para o carro que terminasse em primeiro lugar foi definido em 1 milhão de dólares.

Muito embora algumas das mentes mais brilhantes dos EUA se dedicassem à tarefa, nenhuma das 15 equipes presentes na largada foi capaz de completar o percurso. O "vencedor", construído pela Universidade Carnegie Mellon, só conseguiu navegar com sucesso por 5% do percurso. Conquanto o desafio fosse ambicioso – afinal, o objetivo era forçar a capacidade dos participantes – poucos pensaram que a coisa toda ruiria a esse nível de paródia. Um observador chegou a rotular o episódio como "o fiasco no deserto". Para qualquer pessoa razoável, a possibilidade de veículos autônomos parecia estar a décadas de distância.

Ainda assim, apenas seis anos depois, em 2010, o Google anunciou que seus carros autônomos haviam "registrado mais de 220 mil quilômetros percorridos", com sete veículos de teste completando mais de 1.600 quilômetros cada sem qualquer intervenção humana – incluindo terrenos difíceis, como a notória e íngreme Rua Lombard em São Francisco. Depois disso, empresas como Apple, Tesla e Uber entraram no jogo, sem mencionar os concorrentes mais antigos da indústria automobilística. Em 2016, o então CEO da Uber, Travis Kalanick, deixou clara a importância dos veículos autônomos para qualquer empresa de transporte: "Parte-se da compreensão de que o mundo se tornará autônomo, sem motoristas [...]. O que aconteceria se não fôssemos parte desse futuro? Se não fizéssemos parte dessa coisa da autonomia? O futuro simplesmente passaria e nós ficaríamos para trás". Em um intervalo de apenas onze anos, a tecnologia na qual se apoiam os veículos autônomos melhorou tão dramaticamente que eles deixaram de representar um ícone de ridicularização pública para se tornar algo capaz de influenciar os modelos de negócios de algumas das empresas mais valiosas do mundo.

É assim que as tecnologias exponenciais operam: de maneira arrastada no início, e depois em uma transformação repentina – uma tendência historicamente visível na computação pessoal, nos smartphones, na internet e, em breve, com os descendentes de Atlas. Por hora, no entanto, a tecnologia que transformará os carros autônomos de uma possibilidade da engenharia em uma característica no pano de fundo de nossas vidas diárias ainda precisa ser aperfeiçoada.

*

É importante ressaltar que a maneira como esse desafio está sendo abordado por empresas como Google e Uber oferece uma visão sobre como a automação pode vir a se difundir em outras partes da economia e eliminar empregos. A estratégia funciona mais ou menos assim: começa adquirindo quantidades gigantescas de dados para permitir que os algoritmos consigam modelar e reproduzir resultados e encontrar seu jeito de realizar tarefas altamente repetitivas. Depois disso, incorpora o aprendizado de máquina para que o sistema seja capaz de responder a situações inesperadas que surgem para além dos dados que seriam considerados típicos. A combinação dessas etapas produz algo que pode realizar uma ampla gama de empregos – de cirurgias complexas à colheita de frutas, chegando até mesmo à escrita jornalística.

Essa abordagem é viável porque a potência de processamento vem melhorando constantemente, e os conjuntos de dados estão ficando maiores a cada segundo. No entanto, a natureza dos empregos sob o capitalismo – compostos de tarefas específicas em vez da abordagem generalista que havia no trabalho artesanal – também desempenha um papel nisso. A transformação industrial, especialmente desde a década de 1880, significa que cada emprego seja reduzido a um conjunto controlado de tarefas componentes, e que todas sejam medidas e gerenciadas da forma mais científica possível. Sem saber, o projeto de Frederick Taylor e sua revolução na produtividade – para Drucker, o primeiro passo para tornar a informação o principal fator de produção – acabou sendo tão crucial para o pico humano quanto o progresso exponencial das tecnologias digitais.

Os veículos autônomos oferecem um exemplo instrutivo. Para criá-los, empresas como Uber, Tesla e Google não modelaram e depois replicaram a maneira como os humanos dirigem – isso permanece muito além de nossa tecnologia atual. Em vez disso, elas tentaram resolver o problema dividindo-o em um conjunto de operações que o compõe e montando um sistema de processamento de dados sobre rodas. Como resultado, esses veículos conseguem navegar por ruas e rodovias com base em dados precisos de GPS, enormes quantidades de informações sobre mapas e um fluxo contínuo de atualizações em tempo real sobre outros carros, obstáculos potenciais, pedestres e todas as variáveis que os motoristas humanos precisam considerar. O êxito em tudo isso é conquistado por meio de uma miríade de sensores, lasers e câmeras processando informações como zeros e uns.

∗

Mesmo isoladamente, a chegada de veículos autônomos provavelmente significará o desaparecimento de profissões inteiras. Em 2014, a atividade de motorista era responsável por cerca de 4 milhões de empregos apenas nos Estados Unidos e, de acordo com um relatório do Goldman Sachs, o país pode testemunhar perdas de empregos a uma taxa de 300 mil por ano caso os veículos autônomos se tornem uma característica integrada da sociedade moderna. Do ponto de vista dos negócios, isso seria perfeitamente compreensível: veículos de logística operando 24 horas por dia, sete dias por semana, oferecem uma economia enorme. E, embora seja tentador afirmar que as máquinas não podem ser responsabilizadas por acidentes, com mais de 1,3 milhão de mortes anuais nas estradas em todo o mundo, e 40 mil só nos EUA, não vai demorar muito para que a tecnologia esteja suficientemente avançada para que tal argumento possa ser revertido. Isso antes de sequer falarmos de táxis, ônibus, trens, aviões e depósitos. Todos esses setores serão afetados de maneira semelhante, mesmo que em ritmos variados, e poderão ser quase totalmente automatizados em pouco mais de uma geração.

O desemprego tecnológico está chegando

Um estudo realizado em 2015 pelo Banco da Inglaterra isolou o impacto das transformações tecnológicas, especificamente a ascensão do aprendizado de máquina, sobre a eliminação de 15 milhões de empregos no Reino Unido – 40% do mercado de trabalho – durante as próximas décadas. Subjacente a esse processo estaria um encolhimento constante do espaço para habilidades exclusivamente humanas, limitando qualquer chance de os trabalhadores se requalificarem em resposta. Um ano depois, o dirigente do banco, Mark Carney, repetiu essas previsões, afirmando que os meios de subsistência de muita gente poderiam ser "destruídos impiedosamente" pelas mudanças tecnológicas, e que uma desigualdade de renda em constante crescimento poderia ser uma das principais consequências.

Esses resultados confirmavam as conclusões de um relatório anterior publicado por dois acadêmicos da Universidade de Oxford, Carl Benedikt Frey e Michael Osborne. Em 2013, eles afirmaram que 47% de todos os empregos nos EUA estariam sob "alto risco" de serem automatizados, com mais 19% encarando um risco médio de automatização. Em outro trabalho, Peter Sondergaard, diretor de pesquisa da consultoria Gartner, previu que até 2025 um em cada três empregos seriam automatizados como resultado de uma "superclasse" de tecnologias emergentes, com a robótica geral e o aprendizado de máquina como pioneiros nesse caminho. Finalmente, em um relatório publicado em 2016 para o Congresso estadunidense, economistas da Casa Branca previram uma chance de 83% de que os trabalhadores que recebem menos de 20 dólares por hora acabem perdendo seus empregos para robôs no médio prazo.

O Banco da Inglaterra, a Universidade de Oxford, uma consultoria global de tecnologia e o Congresso dos Estados Unidos estão longe de ser mera fantasia, fáceis de se ignorar: trata-se do coração do *status quo* econômico e empresarial. Mesmo que nem todos concordem sobre até que ponto a tecnologia criará desemprego no curto prazo, até vozes mais conservadoras acreditam que mudanças inevitáveis não estejam distantes.

Um exemplo é o Projeto do Milênio. Lançado durante a década de 1990 por várias organizações da ONU, o projeto espera que o desemprego global aumente para 16% até 2030, e para 24% em meados do século. Embora sejam números mais cautelosos que as previsões do Banco da Inglaterra ou as alegações de Peter Sondergaard, tal mudança representaria mais do que um teste para o funcionamento normal do sistema. Um mundo de 10 bilhões de pessoas que enfrenta os desafios das mudanças climáticas, envelhecimento e escassez de recursos teria de lidar com níveis de desemprego semelhantes aos da Grécia atual – um país onde uma taxa de 50% de jovens desempregados deu origem à sociedade mais polarizada da Europa. Tal cenário não só geraria turbulência política e social em escala global, mas, o que é mais importante – e ao contrário da Grécia –, não haveria nem mesmo a promessa de um amanhã mais brilhante, por mais distante que pudesse estar.

A réplica mais frequente a tudo isso afirma que ainda que os empregos de hoje possam desaparecer, outros surgirão em seu lugar – afinal, isso é o que sempre aconteceu no passado. Mas isso não é bem verdade. Oitenta porcento das profissões atuais já existiam há um século, e o número de pessoas empregadas nos 20% de novas ocupações compreendem apenas um em cada dez empregos. Mesmo que a economia mundial possa ser muito maior hoje do que em 1900, empregue mais pessoas e desfrute de uma produção muito maior por pessoa, as linhas de trabalho que a maioria das pessoas realizam – motoristas, enfermeiras, professores e caixas – não são especialmente novas.

A automação realmente existente

Em março de 2017, a Amazon inaugurou sua loja Amazon Go no centro de Seattle. Usando visão computacional, algoritmos de aprendizado profundo e fusão de sensores para identificar os itens selecionados, a empresa buscava construir uma loja quase totalmente automatizada, sem operadores de caixa. Nela, os clientes poderiam comprar itens simplesmente entrando com um telefone, escolhendo as coisas e saindo – suas compras eram automaticamente debitadas de suas contas da Amazon.

Meses depois, a gigante adquiriu a Whole Foods Market por 13,7 bilhões de dólares. Apesar de parecer uma aquisição esquisita para uma empresa cujo negócio principal é o varejo online, essa compra lhe forneceu uma cadeia de abastecimento para dar suporte a Amazon Go e para mirar em um mercado global de supermercados correspondente a 800 bilhões de dólares.

A administração da empresa planeja usar seis pessoas por turno em cada loja Amazon Go, em comparação com 72 funcionários em um supermercado estadunidense médio. Quando levamos em consideração os custos de mão de obra, bem como a vantagem específica da Amazon com seus armazéns de automação elevada – nesse aspecto eles também são líderes mundiais, com seu robô KIVA –, rapidamente fica nítido que a empresa pode vir a dominar o setor de varejo offline, assim como já faz atualmente com as compras online. Essa estratégia não inclui a China, onde no final de 2017 o varejista local JD.com já havia anunciado a abertura de centenas de "lojas sem funcionários" antes de qualquer outra empresa.

Independentemente de ser a Amazon ou um de seus rivais quem obterá as vantagens como o primeiro a chegar, as tendências são evidentes. O futuro do varejo, bem como o da logística e dos armazéns, é todo automatizado. Sim, alguns empregos ainda permanecerão, mas quando se considera que vendedor e operador de caixa são os dois principais empregos nos EUA – e, na verdade, também na maioria dos outros países – a perspectiva é assustadora. Algumas pessoas podem dizer que os clientes desejam uma conexão emocional quando fazem suas compras – e, em certos contextos, isso pode ser verdade –, mas na maioria das vezes o principal ponto a ser considerado será o melhor produto pelo preço mais acessível. Isso acarreta cortes nos custos de mão de obra sempre que possível.

Em vez de desafios distantes, o setor de varejo já antecipa grandes demissões na área para muito em breve. Antes mesmo da Amazon Go ser anunciada, o Consórcio Britânico de Varejo já previa que quase um terço dos 3 milhões de empregos no varejo do país desapareceriam até 2025, resultando em 900 mil empregos perdidos à medida que as empresas recorressem à tecnologia para substituir os trabalhadores.

Assim como acontece com os carros autônomos ou com o robô Atlas, tudo isso é possibilitado pela oferta extrema de informações – a partir de coisas como sensores de imagem e de proximidade, câmeras estéreo, algoritmos de aprendizagem profunda e a onipresença de smartphones e contas online. O mesmo vale para outras partes da cadeia de abastecimento, desde robôs de armazém usando sensores e códigos de barras, controlados por um servidor central, até veículos autônomos que devem supervisionar a distribuição e a entrega de produtos – seja por automóveis ou via drones.

Mas mesmo entre aqueles que aceitam que empregos comuns como a operação de armazéns, varejo, logística e a direção de táxis poderão ser eliminados pelo avanço da tecnologia, permanece uma insistência de que os empregos em serviços de "alto valor" devem seguir imunes. Também nesse aspecto, porém, as evidências indicam cada vez mais que a verdade é bem diferente disso.

Discursando em um evento sobre tecnologia em 2017, Mark Cuban, o bilionário proprietário do time de basquete Dallas Mavericks, previu que o primeiro trilionário do mundo será quem conseguir dominar as aplicações comerciais de IA. Isso aconteceria porque a inteligência artificial pode se provar especialmente lucrativa quando aplicada a setores tradicionais de colarinho-branco, como seguradoras, desenvolvimento de software ou contabilidade. "Eu preferiria uma graduação na área de Filosofia", disse Cuban sobre aqueles que estão atualmente treinando para se inserir nessas profissões.

Coisa de quem quer chamar atenção? Possivelmente. Exagero? Com certeza. Errado? Provavelmente não, visto que de cirurgias cardíacas ao cálculo de impostos, profissões historicamente bem pagas são tão repetitivas e sujeitas à divisão de trabalho e, portanto, estão tão sujeitas à automação quanto qualquer outra.

Veja o exemplo do robô cirurgião da Vinci. Em 2017, a University College London anunciou que essa máquina de custo relativamente baixo salvou a vida de cerca de 500 homens com câncer de próstata. Apesar de o próprio robô não ser automatizado – em vez disso, ele concede a um cirurgião humano níveis muito mais altos de destreza e precisão – os caminhos que levam à automação de uma série de suas operações regulares assemelham-se aos planos para se chegar a um carro autônomo: fornecer a um poderoso processador de dados gigantescas quantias de informações, aprendizado de máquina e um bisturi. A primeira parte permite que os algoritmos modelem e reproduzam resultados e encontrem sua maneira de realizar tarefas altamente repetitivas, enquanto a segunda permite respostas imediatas e inteligentes em situações inesperadas.

Na medicina, é possível observar como isso poderia ser aplicado a quase tudo – desde exames de vista até tratamentos de câncer de próstata ou coleta de sangue. Em áreas mais dependentes do reconhecimento de padrões, como a radiologia, as máquinas possuem ainda mais vantagens. Os radiologistas usam imagens médicas como raios X, tomografias computadorizadas por ressonância magnética, ou por emissão de pósitrons, e ultrassom para diagnosticar e tratar os pacientes. Mesmo que esse campo tenha melhorado muito o atendimento aos pacientes nas últimas décadas, tudo isso tem contribuído para uma escalada de custos e de exigência de mão de obra – pelo menos, até agora.

O Arterys é um sistema de imagens médicas que lê ressonâncias magnéticas do coração e mede o fluxo sanguíneo que passa pelos ventrículos. O processo geralmente leva 45 minutos para um profissional treinado, mas o Arterys pode fazer a mesma tarefa em cerca de 15 segundos. De maneira incrível, ele possui uma rede neural autodidata que aumenta constantemente seu conhecimento sobre como o coração funciona a cada novo caso que examina. É em áreas como essa que a automação fará suas incursões iniciais na medicina, potencializando a produtividade ao acompanhar os trabalhadores existentes em vez de substituí-los. No entanto, esses sistemas melhorarão a cada ano que passa e algumas pessoas, como o "padrinho do aprendizado profundo" Geoffrey Hinton, já acreditam que as escolas de medicina em breve deixarão de formar radiologistas.

Talvez esse prognóstico seja presunçoso – no fim das contas, gostaríamos que um nível de controle de qualidade e talvez até mesmo o diagnóstico final envolvesse um ser humano – mas, mesmo assim, esse processo massivamente atualizado e muito mais rápido pode exigir apenas um profissional treinado onde atualmente existem dezenas, resultando em um serviço superior, mais ágil, que custa menos tanto em termos de tempo quanto em dinheiro. Em uma sociedade em processo de envelhecimento, essas vantagens não serão apenas bem-vindas, mas também necessárias.

*

Um fenômeno semelhante vem ocorrendo com os serviços jurídicos e legais – uma parte da economia de serviços historicamente operada pela classe média. De acordo com um estudo feito em 2016 pela consultoria Deloitte, 114 mil empregos jurídicos na Grã-Bretanha – cerca de 40% de todo o setor – provavelmente serão automatizados nos próximos 20 anos. O mesmo estudo também descobriu que a tecnologia já havia eliminado 31 mil empregos nessa área. Esses cargos tendem a ser de nível inferior, já que há uma preferência crescente por sistemas de busca inteligente em vez de advogados juniores e técnicos jurídicos em várias áreas, especialmente aquelas mais engajadas em buscas repetitivas ou no processamento de quantidades extraordinariamente grandes de informações.

Se a Deloitte estiver correta, os elementos mais repetitivos do setor jurídico estão prestes a serem amplamente automatizados. Como acontece com a medicina, não há dúvida de que alguns empregos permanecerão, pelo menos por uma geração; mas o que ambos os exemplos revelam é que os empregos historicamente de colarinho branco estão, da mesma maneira, expostos a tendências que já produziram impactos mais óbvios no setor industrial.

Mesmo uma visão otimista antecipa que os setores que levarão à uma criação líquida positiva de empregos são bem poucos. Um exemplo é o cuidado geriátrico – que combina altos níveis de coordenação motora fina e trabalho afetivo com um contínuo gerenciamento de riscos; afinal, as sociedades em todo o mundo serão afetadas pelo envelhecimento da população ao longo do século XXI. Saúde e educação em geral devem continuar a ser setores intensivos em mão de obra e, no mínimo, levarão mais tempo para desaparecer. Mesmo mantendo em mente essas áreas de crescimento, entretanto, o quadro geral de perdas de empregos devido à automação faz parecer extremamente otimista a ideia de que seria possível permanecer imóvel nesse cenário.

O futuro do trabalho

Nem todo mundo concorda que o progresso vai levar ao pico humano durante a Terceira Ruptura, assim como a máquina a vapor e os combustíveis fósseis levaram ao pico dos cavalos durante a Segunda. De fato, duas das principais vozes no campo do trabalho e das mudanças tecnológicas, Erik Brynjolfsson e Andrew McAfee, acreditam que o valor derivará cada vez mais da geração de novas ideias. Assim, embora qualquer atividade repetitiva possa ser automatizada ou potencializada de maneira significativa por máquinas, as habilidades exclusivamente humanas de criatividade e conexão emocional sustentariam os empregos do amanhã.

Esse pode muito bem ser o caso em algumas áreas, mas certamente não para todo um mundo de quase 10 bilhões de pessoas. Sem dúvida, algumas novas profissões se expandirão – como engenheiro de células solares e técnico em turbinas eólicas – enquanto vocações exclusivamente criativas, como chef ou designer de interiores, durarão mais do que outras. No entanto, não é possível comparar essas profissões com outras como motorista, operador de caixa ou trabalhador da construção civil em termos do volume histórico de trabalho que criam. Dadas as evidências do século passado, essa perspectiva parece remota.

O que parece mais provável é que, assim como o pico equino levou mais de um século para se desenrolar após a chegada da máquina à vapor de Watt, está a caminho uma transição semelhante, irregular e intermitente. Hoje, assim como na Londres de 1894, devemos agarrar as oportunidades do novo mundo em vez de insistirmos em tecnologias e costumes sociais que estão sendo engolidos pelo turbilhão da História.

5. FORÇA INFINITA: PÓS-ESCASSEZ EM ENERGIA

> *Nunca deixa de me surpreender como os custos dos painéis fotovoltaicos continuam caindo [...]. Não há nada comparável, na história do consumo energético, à existência de uma fonte que continua ficando cada vez mais barata, ano após ano, não em uma proporção de um dígito, mas de dois.*
>
> Danny Kennedy, diretor administrativo do Fundo de Energia Limpa da Califórnia

Energia e ruptura

A energia e suas várias fontes moldaram profundamente a Primeira e a Segunda Rupturas. Como caçadores-coletores, nossos meios de sobrevivência eram nossos próprios corpos: nós os utilizávamos para criar ferramentas e obter alimentos. Habitávamos um mundo sem muita tecnologia, e os grandes cérebros de nossos ancestrais eram empregados principalmente na comunicação falada complexa. As formas de energia concentrada, características de sociedades capazes de gerar excedentes em massa, permaneciam mínimas.

Isso mudou há 12 mil anos, com a chegada da agricultura. Agora os humanos começavam a domesticar outros animais, criando-os não apenas por carne, peles e pelos, mas também pela sua capacidade de realizar tarefas. Isso levou a um enorme impulso na produtividade, possibilitando sociedades sedentárias e de sofisticação crescente. Uma consequência dessa complexidade foi o surgimento da escravidão humana, uma base significativa para a hierarquia social e a produção econômica durante a Antiguidade. A essas fontes energéticas biológicas – humanas e não humanas – posteriormente se juntaram tecnologias construídas em torno dos elementos, e os moinhos de água e de vento se tornaram uma visão cada vez mais comum por toda a Europa mil anos atrás.

No entanto, todas essas inovações, tanto sociais quanto tecnológicas, estavam limitadas pela sua dependência da natureza: a localização e o número de moinhos eram determinados pela disponibilidade de água e vento, enquanto frequentemente não se podia depender dos animais e dos seres humanos, além de serem difíceis de se manter. Embora no início do Renascimento grandes avanços fossem observáveis em campos como impressão, astronomia e navegação, os métodos de transporte – bem como os meios de iluminação e aquecimento artificiais – permaneciam praticamente os mesmos de mil anos antes. Ainda que a Florença do século XVI – o berço do Renascimento europeu – seja mantida no imaginário popular como a personificação do refinamento cultural, quando Nicolau Maquiavel escreveu seus *Discursos sobre a primeira década de Tito Lívio*, o mundo em que ele vivia diferia surpreendentemente pouco daquele em que vivera seu herói do século I.

Perto do final do século XVIII, isso mudou drasticamente. A chegada da máquina a vapor de Watt rapidamente proporcionou uma oferta abundante de energia eficiente e confiável – o que, por sua vez, possibilitou o surgimento de novas práticas industriais e novos padrões de consumo. Muito se fala nesse processo como uma transformação tecnológica e econômica – de fato foi –, mas isso também representou uma ruptura energética. Dali em diante, as economias em industrialização dependeriam dos combustíveis fósseis.

Mesmo que a maioria das consequências desencadeadas por esse processo na cultura, na ciência e na política fossem aparentes para qualquer um que o tenha vivenciado, talvez o efeito posterior mais importante tenha permanecido oculto por mais dois séculos. O capitalismo industrial, cujos imensos poderes foram possibilitados pela extração e queima de combustíveis fósseis, mudaria os ecossistemas da Terra. Pela primeira vez em bilhões de anos, as atividades de uma única espécie se tornariam o principal fator para a capacidade de nosso planeta de sustentar a vida.

A chegada do Antropoceno

Apesar de as consequências ambientais da Segunda Ruptura não estarem precisamente nítidas, o consenso científico indica que concentrações maiores de gases do efeito estufa, especialmente de dióxido de carbono, têm causado o aumento das temperaturas globais. Como resultado, o mundo está 0,8 graus centígrados mais quente hoje do que na década de 1880.

Como há um atraso entre a recomposição atmosférica e as mudanças climáticas, o aquecimento futuro é inevitável simplesmente em virtude de ações passadas. Além disso, as emissões desses gases estão maiores do que nunca, o que significa que nosso mundo continuará ficando muito mais quente – a questão-chave é quão quente e rápido.

É aí que reside o problema da política em torno das mudanças climáticas. Mesmo que possamos ter certeza de que está acontecendo, quase todo o resto é especulação. A opinião informada concorda que as temperaturas globais aumentarão em pelo menos dois graus como uma resposta futura às condições atuais. O que permanece desconhecido, no entanto, é a janela de tempo na qual isso vai ocorrer, bem como as consequências exatas de tal mudança – sejam eventos climáticos extremos, aumento do nível do mar ou desertificação.

Isso significa que, da mesma forma, é plausível que o mundo venha a esquentar dois graus durante as próximas décadas ou durante os próximos séculos. No contexto da Terra, com seus mais de 4 bilhões de anos, essa diferença é tão pequena que chega a estar na margem de erro. Para a mente humana, porém – e, por extensão, para a política acerca do aquecimento global – isso representa tudo. Qualquer previsão que seja considerada "imprecisa" se torna uma arma para que interesses pessoais desacreditem a noção de aquecimento global como um todo.

Isso é um absurdo quando se considera as mudanças climáticas não apenas como um desafio político, mas como uma ameaça existencial para nossa espécie. Mesmo se o aquecimento ficasse abaixo de dois graus – algo visto como cada vez mais improvável –, isso configuraria um desastre quase indescritível. Qualquer coisa para além disso, no entanto, pode representar um cataclisma, criando uma cascata de circuitos de autoalimentação que podem culminar em um mundo incapaz de manter várias espécies – incluindo a nossa.

Seremos capazes de sobreviver à catástrofe climática?

Qual pode ser o aspecto de uma sequência de eventos como essa? Um modelo razoável poderia ser a última vez em que a temperatura de nosso planeta esteve três graus mais quente do que hoje – há cerca de 10 milhões de anos. Na época, os níveis do mar eram 25 metros mais altos do que atualmente, e as geleiras continentais do Hemisfério Norte eram inexistentes.

Nesse mundo, grande parte da Bacia Amazônica se tornaria um deserto, e as geleiras que fornecem água potável para grande parte da China e do subcontinente indiano desapareceriam quase que completamente. O cinturão ao sul dos Estados

Unidos, os países nas margens do Mediterrâneo – sem falar no Oriente Médio, Austrália e em grande parte da África – ficariam quentes demais para sustentar suas populações atuais. Paralelamente a tudo isso, haveria um grande aumento nos eventos climáticos extremos e uma profunda perturbação no ciclo hidrológico – eventos climáticos que antes aconteceriam "uma vez no século" passariam a ocorrer o tempo todo, e aquilo que antes eram casos extremos se tornariam rotina. A este respeito, a temporada de furacões de 2017 no Oceano Atlântico, especialmente os furacões Irma e Harvey, para não mencionar o verão escaldante do ano seguinte, fornecem um vislumbre do futuro.

No entanto, mesmo esse cenário não é o pior possível. Uma Terra seis graus mais quente que hoje teria os níveis dos mares até 200 metros mais altos do que atualmente, e os próprios oceanos ficariam quentes demais para sustentar a maior parte da vida existente hoje em dia. Esse mundo seria quase totalmente coberto por desertos; apenas as regiões polares seriam capazes de sustentar a agricultura extensiva. Entretanto, todos esses desafios seriam triviais em comparação com aquilo que realmente mudaria tudo: níveis substancialmente elevados de metano atmosférico. Nesse caso, qualquer ser vivo com pulmões teria muita dificuldade para respirar.

A boa notícia é que ainda podemos evitar a maior parte disso. Na verdade, podemos até ser capazes de reverter parte dos danos que já causamos – desfazendo, assim, mudanças que no momento parecem inevitáveis. Não será fácil, contudo, e exigirá uma transição global para longe dos combustíveis fósseis nas próximas duas décadas. Todavia, se a humanidade conseguir reduzir as emissões de dióxido de carbono em pelo menos 85% até 2050, os níveis atmosféricos poderão se estabilizar em cerca de 400 partes por milhão (ppm) – ligeiramente acima dos níveis atuais, mas o suficiente para evitar uma catástrofe descontrolada.

A má notícia é que embora saibamos o que precisa ser feito – há 25 anos –, nós apenas retrocedemos. A Cúpula da Terra, realizada em 1992 no Rio de Janeiro, foi o momento em que as mudanças climáticas se tornaram uma narrativa de importância global. Apesar disso, os níveis de CO_2 foram 61% mais altos em 2013 do que em 1990, e os anos após a crise de 2008 registraram os maiores aumentos anuais da História. Devidamente entendido, nosso curso atual não é de inação, e sim uma corrida a toda velocidade rumo ao desaparecimento.

A energia quer ser gratuita

No momento, a população humana mundial consome de 17 a 18 terawatts de energia a cada hora, aproximadamente 150.000 terawatts-hora (TWh) por ano. Embora não seja uniformemente distribuído sob qualquer aspecto, esse número significa que uma pessoa média usa cerca de dois quilowatts de energia constantemente, mais ou menos o mesmo que ter uma chaleira acesa o tempo todo.

Nas próximas três décadas, esses números aumentarão substancialmente. A ONU estima que a população mundial crescerá até chegar em 9,7 bilhões em 2050, 2 bilhões a mais do que hoje – quase todo esse aumento ocorrendo nos países mais pobres do Sul Global. Além do mais, essas populações consumirão cada vez mais energia para aquecimento, transporte, eletrodomésticos e lazer, seguindo o Norte Global. Promover a transição da economia global atual para energias renováveis parece uma tarefa imensa por si só, mas a realidade é ainda mais difícil: teremos que descarbonizar um planeta que utilizará o dobro da quantidade atual de energia.

Mas nem tudo são más notícias. Mesmo que o aumento do consumo de energia tenha estado relacionado com o crescimento econômico nos últimos dois séculos, a demanda por energia nos países mais ricos do mundo começou a diminuir nos últimos anos. No Reino Unido, por exemplo, o consumo energético atingiu o pico na virada do milênio e tem caído 2% a cada ano desde então. Isso significa que, apesar dos padrões de vida mais elevados e de uma população maior, o consumo de energia da Grã-Bretanha em 2018 foi, na verdade, menor do que em 1970 – isso em um país longe de ser pobre em energia. Neste momento, cada pessoa na Grã-Bretanha consome cerca de três quilowatts de energia constantemente, 50% acima da média global.

Embora o declínio dessa medida no Reino Unido seja mais dramático do que em qualquer outro lugar, isso reflete a regra e não a exceção. Os países europeus registraram uma redução de 8% no consumo de energia entre 2005 e 2013, enquanto os EUA tiveram uma queda de 6% durante os oito anos anteriores a 2012. Apesar de a realocação global da manufatura durante os últimos 40 anos explicar essas mudanças em certa medida, está nítido que elas são principalmente uma consequência do aumento da eficiência energética. Parece que assim como com o crescimento populacional, as economias desenvolvidas alcançaram um teto no que diz respeito ao consumo energético.

À luz desses dois fatos – o aumento substancial do consumo e um teto quando um certo nível de desenvolvimento é alcançado – parece razoável usar a demanda *per capita* atual do Reino Unido como um modelo para o restante do mundo em duas décadas. Na verdade, essa estimativa é excessivamente conservadora – afinal, a Grã-Bretanha é um país comparativamente rico, com um alto padrão de vida e um clima relativamente frio.

*

Um mundo com 9 bilhões de pessoas, onde cada uma consome a mesma energia que o britânico médio utiliza atualmente, significaria um consumo global constante de cerca de 30 terawatts de energia – 290 mil terawats-hora por ano, pouco menos que o dobro do consumo atual.

Mesmo que essa previsão seja maior do que outras (a British Petroleum prevê uma demanda global de 23 terawatts até 2035), faz sentido ser generoso com projeções. Qualquer transição para energias renováveis não deve ser vista como menos necessitada de energia do que atualmente – no fim das contas, se falamos sério sobre fazer uma transição rápida o suficiente para evitar um aquecimento catastrófico, é importante manter uma grande margem de erro.

É de suma importância que a descarbonização comece imediatamente. Em 2017, a Agência Internacional de Energia anunciou o início da "década zero", dizendo que se uma transição global que substitua os combustíveis fósseis não começasse nos próximos dez anos, o aquecimento acima de dois graus seria quase uma certeza. No ano seguinte, o IPCC repetiu essa proposta, concluindo que a descarbonização em grande escala deveria começar antes de 2030 para evitar mudanças climáticas "catastróficas", acima de 1,5 grau centígrado.

Isso significa que os países mais ricos do Norte Global precisam iniciar imediatamente uma transição para energias renováveis, cortando as emissões de CO_2 em 8% ao ano durante uma década, com o objetivo de completar a descarbonização até 2030. Nesse ponto, os países do Sul Global deverão embarcar na mesma jornada, nesse mesmo ritmo. Isso significará que em 2040, apesar do crescimento populacional e de expectativas crescentes, também teremos realizado a transição. Portanto, em pouco mais de duas décadas, o mundo poderá ir além dos combustíveis fósseis para atender todas as suas necessidades energéticas, e não somente a de eletricidade.

Mesmo que isso não seja o bastante para impedir o aquecimento em pelo menos um grau, todos os dados indicam que assim seremos capazes de evitar o aprofundamento de calamidades. Além do mais, a humanidade se encaminharia para uma energia virtualmente ilimitada, permanentemente mais barata – pois, ao contrário da madeira, do carvão ou do petróleo, o Sol produz mais energia do que sequer conseguimos imaginar.

Energia solar: ilimitada, limpa e gratuita

A quantidade de energia solar que atinge a atmosfera terrestre constantemente é de cerca de 174 petawatts (1.740 x 10^{17} watts), e aproximadamente metade disso alcança a superfície do planeta. Os seres humanos atualmente consomem menos de 20 terawatts constantes ao ano, o que significa que muitas milhares de vezes mais energia abastece nosso planeta do que necessitamos no momento. De fato, a energia do Sol é tão imensa que, apesar de estar a milhões de quilômetros de distância, em apenas 90 minutos a Terra é atingida por uma energia equivalente ao que toda a humanidade utiliza em um ano inteiro.

Isso possui um significado profundo: a natureza nos fornece energia virtualmente gratuita e ilimitada. Como um reator nuclear fixado no centro de nosso sistema solar, o Sol é responsável por todos os organismos que você verá em sua vida. Com efeito, toda a vida na Terra – desde bactérias até árvores, plantas e, sim, você – resulta de uma série de reações químicas cuja gênese foi alimentada pela energia solar.

A humanidade possui tecnologia para capturar e armazenar essa energia já há décadas, mas, em comparação com os combustíveis fósseis, até recentemente ela permanecia não econômica e inconveniente. Ainda assim, nas primeiras décadas do século XXI isso começou a mudar – o que significa que, assim como a Terceira Ruptura é alimentada por uma oferta extrema de informações e de mão de obra, essa lógica também se aplica à energia.

Uma revolução silenciosa

Talvez não deva haver nada de surpreendente no fato de que a energia solar tenha estado conosco desde os primeiros dias da Terceira Ruptura – células fotovoltaicas foram usadas pela primeira vez no satélite Vanguard 1 da NASA em 1958. Ainda que representasse uma impressionante façanha de engenharia, cada painel gerava, no máximo, apenas meio watt por vez, o que significava um custo energético de muitos milhares de dólares por unidade – muito mais caro do que os combustíveis fósseis. Em meados da década de 1970, e como resultado da curva de experiência, esse valor caiu drasticamente para cerca de 100 dólares por watt – ainda longe de ser um preço competitivo, mas uma melhoria de encher os olhos.

Mais recentemente, porém, os preços da energia solar mudaram completamente, com melhorias cumulativas na relação preço-desempenho, o que significa que um watt de energia solar em países mais ensolarados pode custar apenas cinquenta centavos de dólar. Poucos analistas discordam que essa tendência deve continuar, e com a capacidade solar global dobrando a cada dois anos – tendo aumentado 100 vezes entre 2004 e 2015 – é provável que os dividendos da curva de experiência ainda tenham um longo caminho pela frente. As instalações de painéis fotovoltaicos cresceram 40% por ano durante as últimas décadas, enquanto no Reino Unido, de maneira impressionante, 99% de toda a capacidade solar foi instalada após 2010.

Não é de se admirar, então, que em 2016 a energia solar tenha sido a fonte de energia de mais rápida expansão em novas instalações em nível mundial, ultrapassando o crescimento de todas as outras formas de energia pela primeira vez. Enquanto a energia renovável foi responsável por dois terços da nova energia adicionada às redes mundiais naquele ano, a Agência

Internacional de Energia (IEA) verificou que a energia solar era a tecnologia com o desempenho mais brilhante.

*

As perspectivas para a energia solar nem sempre pareceram tão positivas. Pouco tempo atrás, já em 2014, a IEA havia concluído que caso as tendências daquele momento persistissem até 2050, "no melhor cenário, elas levarão os custos de geração para menos de 5 centavos de dólar o quilowatt". Não obstante, meses após a publicação essa previsão se revelou excessivamente pessimista. Em 2017, o contrato de energia solar mais barato nos EUA, sem subsídios, já estava abaixo de seis centavos de dólar o quilowatt, e agora parece inevitável que nos primeiros anos da década de 2020 – 30 anos antes do previsto – a energia solar mais barata nos Estados Unidos chegará abaixo dos três centavos o quilowatt em vez de cinco. Se isso estiver correto, faria sentido, do ponto de vista financeiro, para praticamente todas as casas no planeta Terra instalarem células fotovoltaicas – mesmo no nebuloso norte europeu.

Na verdade, apenas um ano após esse relatório, o Deutsche Bank afirmou que a energia solar já havia atingido a "paridade de rede" em metade dos 60 países que analisou, prevendo novas quedas de preços entre 30% e 40% antes do final da década. Indo direto ao ponto, isso significa que já no início da década de 2020 novas instalações de células solares – quase que em qualquer lugar do mundo – gerarão energia mais barata do que uma usina recém-construída baseada na queima de combustíveis fósseis. Em 2018, a Agência Internacional de Energia Renovável (IRENA) repetiu a previsão de que todas as energias renováveis seriam competitivas com os combustíveis fósseis já em 2020, e concluiu que recorrer à energia renovável "não é simplesmente uma decisão de consciência ambiental; agora é uma decisão predominantemente inteligente do ponto de vista econômico".

Portanto, embora a energia solar forneça atualmente pouco mais de 2% da eletricidade mundial, as tendências observáveis por mais de uma década indicam que isso está prestes a mudar drasticamente – em especial nas partes do mundo onde a paridade com os combustíveis fósseis será alcançada nos próximos dez anos. Se a taxa de crescimento anual de 40%, que persistiu ao longo do último meio século, continuasse até 2035, isso significaria uma capacidade solar global de 150 terawatts – atendendo não só às necessidades mundiais de eletricidade, mas, seguindo as projeções já delineadas, todos os requisitos energéticos da humanidade. Caso essa tendência desacelere nos próximos anos, como é comum com a progressão de qualquer curva de experiência, ainda permanece razoável prever uma completa transição global para energias renováveis em algum momento dos anos 2040. Já podemos ter alguns vislumbres disso nas evidências numéricas: em 2010, 2% da eletricidade do Reino Unido vinha de energia renovável; no final de 2018, esse número era de 25%. Ainda mais impressionante é o caso da Escócia, uma nação que em 2018 estava a caminho de fornecer toda a sua eletricidade a partir de energia renovável já em 2020.

Se essa projeção já parece bastante impressionante por si só, ainda mais incrível é o fato de que a transição para a energia solar não exigirá nenhum aumento líquido nos gastos. Mudar para energia limpa e abundante tem um custo neutro – isso enquanto essa transição não se torna permanentemente mais barata.

Como isso é possível? Atualmente, o mundo gasta cerca de 2,2 trilhões de dólares em combustíveis fósseis todos os anos. Se a demanda atual entre 15 e 17 terawatts dobrasse até o início de 2040, isso significaria custos compostos de energia de aproximadamente 80 trilhões de dólares. A ONU apresentou um preço para uma transição completa para as energias renováveis, chegando a 1,9 trilhão de dólares por ano durante 40 anos – o que resulta em um pouco menos do que o que seria gasto queimando petróleo, carvão e gás para manter o mundo em movimento.

Mas esses números podem ainda ser generosos demais com os combustíveis fósseis. Eles assumem que o petróleo e o gás natural permanecerão com seus preços baixos por várias décadas no futuro, algo sem precedentes históricos. Mesmo se desconsiderarmos as mudanças climáticas, a energia solar e a eólica fazem mais sentido para os negócios do que para o *status quo*.

E assim como na automação e no trabalho, o marco zero para onde convergirão a Segunda e a Terceira Ruptura será uma vez mais nos meios de transporte: os veículos elétricos autônomos resolverão tantos problemas quanto o automóvel o fez quando substituiu o cavalo. Poucas décadas à frente, os problemas que hoje parecem ser terminais soarão tão absurdos quanto soa para nós a crise do esterco de Londres em 1894.

Corrida para o futuro

No verão de 2017, o governo britânico anunciou que iria proibir a venda de todos os veículos movidos a gasolina e diesel a partir de 2040. Apesar de bem-intencionada, essa sublime ambição não levou em consideração um ponto crucial: dadas as tendências atuais, até lá simplesmente não sobrará nenhum desses veículos para ser comprados.

O motivo é que o custo das tecnologias de armazenamento de energia, especificamente as baterias de íon de lítio, estão caindo a uma taxa ainda mais rápida do que as células solares. Em 2009, o Deutsche Bank apresentou um relatório indicando que o custo dessas baterias era de 650 dólares por quilowatt-hora, prevendo que esse número cairia pela metade em 2020.

Assim como as previsões da IEA para a energia solar em 2014, porém, essas previsões erraram feio, e o preço dessa tecnologia caiu 70% nos 18 meses seguintes. Como resultado, a Tesla hoje espera produzir baterias por 100 dólares por quilowatt-hora no início da década de 2020, enquanto a GM espera atingir o mesmo até 2022. Nos últimos 15 anos, a capacidade de armazenamento das baterias de íon de lítio triplicou, e o custo por unidade de energia armazenada foi reduzido para um décimo dos custos no início do período.

É difícil sobrestimar as consequências de tais transformações. Se as previsões da Tesla e da GM estiverem corretas, no início da década de 2020, um esquema de baterias para um novo carro elétrico com autonomia de mais de 300 quilômetros pode custar cerca de 6.500 dólares. Isso tornaria o preço desses carros diretamente competitivo com as versões a gasolina, ao mesmo tempo que permaneceria em uma curva descendente. Isso antes de se considerar como será mais baratos para rodar, contratar um seguro e fazer manutenção ao longo de sua vida útil. Daqui a uma geração, comprar a energia que alimenta o seu carro poderá parecer algo contraintuitivo; uma geração depois, poderá soar quase como um absurdo.

É importante o fato de que a tecnologia de armazenamento de energia está sujeita à curva de experiência tanto quanto a geração a partir de fontes renováveis, porque em qualquer transição para além dos combustíveis fósseis – e rumo à oferta extrema, onde ela se torna permanentemente mais barata – ambas serão necessárias. Se a curva de experiência persistir para elas, mesmo que apenas por mais uma ou duas décadas, a mudança de paradigma energético será tão disruptiva quanto o surgimento e a difusão dos combustíveis fósseis no início do século XIX.

Energia solar e o Sul Global

Dado que a energia renovável é uma tecnologia do século XXI, muitas pessoas podem presumir que seus efeitos, como no caso do celular e da internet, serão sentidos mais profundamente por todo o Norte Global – pelo menos inicialmente. No entanto, é nos países mais pobres do Sul Global onde as energias renováveis, especialmente a energia solar, se revelarão mais transformadoras. Sob o quadro político correto, elas poderiam até acabar com o desequilíbrio histórico entre as nações mais ricas e as mais pobres, presente desde o colonialismo e aprofundado demasiadamente pela Segunda Ruptura.

É o caso da Nigéria. No país mais populoso da África, metade de seus 180 milhões de cidadãos atualmente não têm acesso à eletricidade. Como é comum em todo o continente, o país não é apenas pobre, mas está passando por uma explosão demográfica: algumas previsões estimam que em meados deste século a Nigéria pode atingir uma população de mais de 400 milhões de pessoas. Além do mais, com razão, os nigerianos de amanhã almejarão por um padrão de vida mais elevado do que seus antecessores. Com os combustíveis fósseis isso não seria apenas catastrófico, mas provavelmente impossível.

Isso significa que a única maneira pela qual a Nigéria (que em 2050 possuirá uma população maior que a dos EUA) poderá ser capaz de fornecer acesso universal à eletricidade é a energia solar. Tamanha transição ofereceria a oportunidade de saltar à frente de alguns dos países mais ricos do mundo, desfrutando de energia mais barata com quase nenhum dos custos problemáticos associados às extensas redes nacionais. O mesmo se aplica a outros países em desenvolvimento, que também presenciarão um rápido crescimento populacional junto com o aumento da demanda por energia.

O precedente criado pela telefonia móvel é instrutivo sobre como a energia renovável pode vir a se difundir entre os países de baixa renda e pobres em estrutura energética. Na virada do milênio, havia 250 mil contratos ativos de telefonia móvel na Nigéria, muito menos do que as 600 mil conexões fixas. Se alguém dissesse, então, que em duas décadas o acesso a um telefone seria algo comum – na ausência de dispendiosas novas infraestruturas e com a disseminação da eletricidade permanecendo bem irregular –, as outras pessoas ririam.

E, no entanto, hoje a Nigéria possui 150 milhões de assinaturas de telefones celulares – excedendo em muito as 200 mil linhas de telefone fixo em uso ativo. Ao mesmo tempo, metade do país possui acesso à internet. É importante ressaltar que esse alto nível de conectividade se desenvolveu de maneira diferente daquela observada nos países mais ricos da Europa e da América do Norte. Em vez de copiar sua sequência de infraestrutura – adotando o telefone fixo e depois o celular –, a Nigéria simplesmente pulou a tecnologia anterior e adotou a internet móvel em massa.

Nenhuma tecnologia jamais cresceu em escala tão rapidamente quanto o telefone celular, permitindo que milhões de pessoas abrissem contas bancárias no Quênia e na Tanzânia; que se registrassem para votar na Líbia e que acessassem informações agrícolas na Turquia. Pesquisas têm mostrado que o uso de celulares é tão comum na Nigéria e na África do Sul quanto nos Estados Unidos: cerca de 90% dos adultos possuem um aparelho, o que o torna a tecnologia de adoção mais rápida na história. Ainda em 2002, cerca de 64% dos estadunidenses possuíam um telefone celular, um número já superado em lugares como Tanzânia, Uganda e Senegal. Embora esses países permaneçam com um PIB baixo, a rápida disseminação de uma tecnologia que, apenas dezoito anos antes, era vista como reserva exclusiva dos ricos globais é um desenvolvimento significativo.

Se o mundo de fato se descarbonizar completamente nos próximos 25 anos, algo semelhante terá de acontecer com a geração de energia solar e as tecnologias de armazenamento energético. Assim como acontece com os celulares desde 2000, a adoção de energia renovável nos países mais pobres será modular e distribuída: modular porque as células solares e o armazenamento baseado em íon de lítio podem ser facilmente adicionados ou atualizados; e distribuída porque a geração e o armazenamento energéticos frequentemente se darão no nível da casa ou da rua, em vez de em uma estação de energia ou um centro de distribuição distantes. Tudo isso é possível por causa da sorte geográfica: apesar de estarem entre os países mais pobres da Terra, as nações próximas à linha do Equador – na África, América Central e Ásia – desfrutam do Sol como em nenhum outro lugar. Agora, com o avanço da curva de experiência em uma gama de tecnologias renováveis, estamos chegando perto de um ponto crítico – no qual as dádivas da natureza se tornam uma bênção econômica.

Os números falam por si sós: em 2009, um rádio, um carregador de celular e um sistema de energia solar suficiente para fornecer quatro horas de luz e televisão por dia custaria mil dólares para um queniano. Hoje esse preço está em 350 dólares e continua caindo. Cada ano que passa não traz apenas uma energia para mais perto dos pobres do mundo, mas também uma energia muito mais limpa do que a dos combustíveis fósseis e deflacionária em preços – para sempre.

Não é nenhuma surpresa, então, que uma nova geração de empresas esteja procurando surfar na convergência entre a demanda crescente por eletricidade e os custos em queda da energia solar. Uma delas é a M-Kopa, uma *startup* estadunidense lançada no Quênia em 2011. Hoje, a empresa tem meio milhão de clientes pré-pagos gerando sua própria energia solar. O modelo da empresa é simples e direto e, de maneira talvez previsível, se assemelha ao tipo de contrato associado aos telefones celulares. Os clientes pagam um depósito de 3.500 KES (aproximadamente 35 dólares) para levar o sistema para casa e, em seguida, mais 50 KES (0,50 dólares) por dia durante um ano antes de possuir o sistema de uma vez por todas. Os pagamentos diários são feitos através do M-Pesa, um sistema monetário baseado no telefone celular. Energia renovável para o consumidor paga por meios digitais, sem uso de dinheiro físico – a realidade da energia africana no início do século XXI.

Oferecendo seus produtos por meio de uma rede de revendedores licenciados no Quênia, Tanzânia e Uganda, o M-Kopa 4 (mais recente pacote da empresa) oferece um painel solar de oito watts que carrega aparelhos através de portas USB, bem como duas lâmpadas de LED com interruptores de luz, uma lanterna LED recarregável e um rádio.

Um dos concorrentes da M-Kopa é a d.light, que possui escritórios na Califórnia, no Quênia, na China e na Índia. Eles afirmam ter vendido mais de 12 milhões de produtos relacionados a energia solar em 62 países, com o objetivo de fornecer eletricidade barata e alimentada por energia solar para 100 milhões de pessoas ainda no início da década de 2020.

Outra operadora nessa área é a Off-Grid, que possui um modelo semelhante ao da M-Kopa, mas fornece o financiamento juntamente da infraestrutura aos consumidores. Na Tanzânia, os clientes pagam cerca de 13 dólares para comprar o kit inicial mais barato da empresa: um painel, uma bateria, algumas lâmpadas de LED, um carregador de telefone e um rádio. Eles passam a pagar cerca de oito dólares por mês durante três anos, após os quais passam a possuir os produtos. O pacote mais popular da Off-Grid – custando em torno do dobro da mensalidade e uma entrada também maior – inclui mais algumas lâmpadas e uma TV de tela plana. Assim como com a M-Kopa, os clientes pagam suas contas pelo telefone. Tudo isso é possibilitado pela curva de experiência em células solares e na tecnologia de íon de lítio – como foi o caso dos telefones celulares nas últimas duas décadas – e representa apenas o início rumo a uma oferta extrema de energia.

Assim como a tecnologia solar tem ficado mais barata, seu desempenho também tem melhorado, e a Off-Grid planeja um momento, no futuro próximo, no qual seus produtos serão suficientemente poderosos para serem aplicados na indústria, como em bombas de água para irrigação ou na moagem de cacau. Em partes, isso se deve ao fato de que a energia solar é modular – você pode simplesmente adicionar mais capacidade com o passar do tempo –, bem como às quedas prolongadas e impressionantes em sua relação preço-desempenho. Se na próxima década ocorrer uma mudança tão rápida quanto a da década anterior, não serão apenas os eletrodomésticos domiciliares que serão alimentados pela energia solar no Quênia e na Nigéria. Oficinas, escolas, restaurantes e clínicas funcionarão à base de energia limpa e barata.

Essa transformação tão espantosa não se limita à África. Com efeito, a empresa de consultoria KPMG prevê que um modelo de consumo semelhante, aliando um maior crédito a tecnologias cada vez mais baratas, significará que, já em 2025, 20% das residências indianas deverão ter alguma forma de instalação solar. E, à medida que forem superados empecilhos como a integração de fazendas solares maiores com uma rede irregular de distribuição de energia, a capacidade renovável da Índia deve dobrar entre 2018 e 2022 – ultrapassando, em crescimento, até mesmo a União Europeia.

Se a eletricidade parecer relativamente sem importância, considere o seguinte: no início do século XXI, centenas de milhões de mulheres ainda enfrentam o risco de morrer durante o parto porque têm a infelicidade de entrar em trabalho de parto à noite, rodeadas pela escuridão e a quilômetros de distância de cuidados médicos. Pior ainda, três bilhões de pessoas cozinham ou têm acesso ao calor e à luz a partir de biomassa, principalmente a queima de madeira, esterco e resíduos agrícolas. De acordo com a OMS, isso foi responsável por 36% das infecções do trato respiratório superior, 22% das doenças pulmonares obstrutivas crônicas e quase 2% de todos os cânceres em nível global em 2002. Em outras palavras, mesmo no curto prazo, a transição para energia limpa e renovável salvará milhões de vidas por ano – antes mesmo de começar a desempenhar um papel decisivo na elevação dos padrões de vida dos mais pobres do mundo de maneira sem precedentes.

Energia eólica

Dado que 80% da população mundial habita áreas com luz solar suficiente para depender exclusivamente da energia solar, é óbvio que em qualquer transição de combustíveis fósseis o foco estará nessa forma específica de energia.

Mas e aqueles países mais frios com populações relativamente grandes, como Rússia, Canadá e grande parte do norte da Europa? Eles se veem confrontados com uma faca de dois gumes: possuem muito menos luz solar e, logo, demandam requisitos energéticos bem mais elevados, especialmente para aquecimento. Como, então, podem fazer uma transformação semelhante à que foi delineada anteriormente?

Parte da resposta é a conservação de energia – e isso vale para todos os lugares, independentemente da exposição solar. Embora, por enquanto, possamos associar a ideia de conservação com frugalidade e racionamento, não é o que deveríamos fazer. Em poucos anos, economizar energia – em sua casa, no carro e local de trabalho – será algo totalmente automatizado.

O principal motivo é a chegada da internet das coisas. Produtos elétricos, incluindo seu carro, não estarão apenas se comunicando uns com os outros, mas distribuindo e armazenando energia em tempo real. Se isso soa análogo à internet, é porque é mesmo. Em breve, internets energéticas operarão dentro das casas e entre elas – até mesmo entre objetos do dia a dia.

Esse processo estará centrado no automóvel, o fulcro da transição para as energias renováveis em seus estágios iniciais e a vanguarda de uma economia limpa e autônoma. Os carros não serão apenas processadores de dados sobre rodas; serão baterias portáteis gigantes. E como o veículo elétrico médio usa cerca de um sexto de sua bateria por dia, a capacidade de armazenamento será tão abundante que a maior parte da energia ainda virá do sol, mesmo em países com pouca luz solar durante os meses de inverno. Isso também se aplicará a um número crescente de dispositivos, sem falar de casas, escolas e locais de trabalho. E onde a exposição solar for uma dificuldade, em lugares como a Grã-Bretanha, parques eólicos cada vez mais eficientes compensarão a diferença.

Na verdade, isso já está começando a acontecer. Em 2016, pela primeira vez, os parques eólicos em todo o Reino Unido geraram mais eletricidade do que as usinas à base de carvão. É ainda mais impressionante quando se considera que estas eram responsáveis por mais de dois terços da eletricidade do Reino Unido ainda em 1990. Em outubro de 2017, a energia eólica escocesa produziu o dobro de todas as necessidades elétricas do país.

Na base dessas mudanças está o mesmo fator que tem impulsionado a ascensão da energia solar – a curva de experiência. Assim como o progresso com as células solares, o desenvolvimento tecnológico das turbinas eólicas não tem mostrado nenhum sinal de arrefecimento. Em 2017, o governo britânico anunciou que a energia de parques eólicos em alto mar seria mais barata do que a gerada por novas usinas nucleares já no início da década de 2020. As implicações desse anúncio são difíceis de se sobrestimar. Mesmo em 2014, a energia eólica em alto mar no Reino Unido custava 150 por libras megawatt-hora, mas menos de uma década depois seu preço já havia caído para menos da metade, tornando-a mais barata do que o previsto para a nova usina nuclear Hinkley Point C – antes mesmo das fundações desta serem lançadas.

E não para por aí. Em algum momento durante a década de 2020, a energia eólica britânica de alto mar não será apenas mais barata do que a energia nuclear – será mais barata do que qualquer alternativa. Um proeminente CEO previu que a Grã-Bretanha em breve gerará metade de sua eletricidade a partir de fontes renováveis, acrescentando: "Quando olharmos para trás daqui a dez anos, veremos esse período, entre 2016 e 2017, como um ponto de inflexão. O custo da energia eólica em alto mar (e também da continental e da energia solar) está vindo abaixo a uma velocidade que ninguém era capaz de prever".

Mantendo-se aquecido

Há outro fator tão importante quanto o fato da energia – seja ela eólica ou solar – estar ficando mais barata para sempre e tecnologias de armazenamento vitais estarem apresentando quedas dramáticas nos seus custos. Esse outro fator se relaciona novamente com o isolamento energético. Particularmente em países mais frios, a maior parte da energia doméstica é gasta simplesmente para se aquecer. No Reino Unido, o sistema de aquecimento doméstico médio usa quatro vezes mais energia do que a sua iluminação e eletricidade combinadas. De um ponto de vista orientado para as energias renováveis, isso é especialmente preocupante porque a demanda energética atinge o pico no momento exato em que o potencial solar está mais fraco.

No entanto, mesmo nesse ponto, a solução é relativamente simples e direta. O isolamento energético interno – quando feito de maneira adequada – significa que pouca ou nenhuma energia precisa ser gasta em aquecimento. Na verdade, de maneira notável, já sabemos como criar construções com esse padrão há mais de 40 anos.

Em 1977, um grupo de pesquisadores canadenses foi contatado pelo governo da província de Saskatchewan para construir uma "casa solar" adequada ao clima local. Quase hermeticamente fechada, com janelas de vidraças em três camadas, paredes grossas, isolamento no telhado e um dos primeiros ventiladores de recuperação de calor do mundo, ela permanecia fresca durante o verão e quente no inverno, praticamente sem consumir energia. Nascia ali a *passivhaus* [casa passiva].

Hoje, a Passivhaus é uma certificação para a eficiência energética na construção, cujo objetivo é reduzir ao máximo a pegada ecológica do imóvel. Desenvolvido mais recentemente na Alemanha e na Escandinávia, o design passivo não é um detalhe complementar à construção de uma casa, mas uma abordagem holística que busca integrar estética, função e eficiência. Esse padrão decolou na sombra de um movimento verde insurgente na Alemanha dos anos 1980, no qual engenheiros e arquitetos se inspiraram nos esforços de designers norte-americanos quando eles próprios respondiam à crise do petróleo na década anterior.

Sempre precisaremos de energia para iluminação, dispositivos eletrônicos, transporte e indústria. No entanto, isso não se aplica ao aquecimento – certamente não na escala que vemos hoje. Só porque a transição para as energias renováveis acarretará energia mais limpa e mais abundante do que nunca, isso não é desculpa para ignorar melhorias potenciais na eficiência energética. Isso sem falar no grande incentivo à saúde pública: por toda a Inglaterra e País de Gales, a cada inverno, ocorrem dezenas de milhares de "mortes em excesso", resultantes principalmente do clima frio. A maioria desses óbitos poderia ser evitada com a implementação de mudanças simples nos lares e locais de trabalho. Ao contrário da geração de energia a partir de fontes renováveis e do armazenamento energético, o que tem impedido essas mudanças não é a tecnologia, mas as prioridades políticas.

Outra área que demonstra como a inovação não se limita à geração e armazenamento de energia é a iluminação. Atualmente, ela é responsável por um quinto do consumo de eletricidade no Reino Unido. Com as lâmpadas de LED, assim como com as melhorias nas tecnologias de células solares, turbinas eólicas e baterias de íon de lítio, vemos os dividendos da curva de experiência em ação uma vez mais, já que o custo por lúmen (a medida padrão de luz visível) caiu 90% apenas entre 2010 e 2016. De fato, se toda a iluminação do Reino Unido fosse trocada para lâmpadas de LED, a iluminação seria responsável por algo entre 3% e 4% do consumo geral de eletricidade, em comparação com os 20% que representa atualmente.

As soluções para as mudanças climáticas já estão aqui

Não há dúvida sobre isso – as mudanças climáticas causadas pelo homem representam uma crise cuja magnitude não tem precedentes na história humana. É igualmente verdade, porém, que estamos agora à beira de uma revolução energética destinada a nos levar para além dos combustíveis que tão rapidamente aqueceram nosso planeta.

A fim de mitigar os piores excessos das mudanças climáticas, essa revolução precisa agora ser acelerada. Não está em jogo apenas a sobrevivência continuada de nossa espécie, mas também a própria capacidade da Terra de sustentar a vida. Além disso, essa oportunidade vai além de simplesmente evitar a catástrofe, pois a oferta extrema de energia é potencialmente crítica para romper as correntes do subdesenvolvimento que, por tanto tempo, travaram o Sul Global. Aproveitando a curva da experiência, tecnologias como células solares, baterias de íon de lítio, turbinas eólicas e lâmpadas de LED serão equivalentes a energia permanentemente mais barata – em última instância, não apenas superando os combustíveis fósseis, mas, como acontece com a informação e o trabalho, nos levando para além da escassez.

Como já vimos, entretanto, isso está em desacordo com a essência das relações sociais capitalistas, um sistema no qual "a condição mais básica para a eficiência econômica [...] é que o preço seja igual ao custo marginal" – isto é, no qual as coisas devem ser feitas para o lucro, se for para elas serem feitas. Isso significa que uma resposta provável para a oferta extrema de energia é a tentativa de as empresas tornarem a tecnologia artificialmente escassa, visto que a racionalidade de mercado exige que em algum ponto da cadeia da mercadoria seja inserido o racionamento (o que é chamado de exclusibilidade). Se isso soa bizarro, não deveria – afinal, em 2001 Larry Summers escreveu exatamente sobre esse assunto, e suas recomendações acabariam por informar como as indústrias de entretenimento se adaptariam aos desafios da oferta extrema advinda da distribuição via rede *peer-to-peer* e do compartilhamento de arquivos, conforme elas buscavam novos modelos de negócios, como Spotify e Netflix. À medida que o preço da energia se aproxima cada vez mais de zero, assim como com a mão de obra e a informação, é provável que também nessa área passemos a pagar aluguéis em vez de comprar os bens em si.

As evidências sugerem crescentemente que uma transição para energias renováveis está chegando. Se aceitarmos, a questão central passará a ser: com que rapidez e com quais modelos de propriedade isso será feito? Porque acontece que, sob a Terceira Ruptura, não são só as informações e o trabalho que querem ser gratuitos – a energia também.

6. MINERANDO OS CÉUS: PÓS-ESCASSEZ EM RECURSOS

> *A Terra é uma migalha em um supermercado cheio de produtos.*
>
> Peter Diamandis

Um mundo limitado

A questão da escassez e do esgotamento de recursos é, ao lado da mudança climática, um dos desafios centrais de nossa era. Embora o Sol possa nos fornecer mais energia do que conseguimos usar, minerais como lítio e cobalto – necessários para armazenar energia solar em qualquer sistema pós-carbono – são, em última análise, limitados. Isso significa que independente de qualquer vantagem comparativa que as energias renováveis tenham, elas acabam sofrendo o mesmo problema que os combustíveis fósseis: o nosso mundo é finito, e estamos rapidamente nos aproximando de seus limites. Apesar da curva de experiência para células solares, LEDs e baterias de íon de lítio, sem mais minerais para construí-los, nosso futuro ainda será definido pela escassez.

Independentemente da origem de nossa energia, o problema da diminuição dos recursos é mais urgente do que nunca. Como apontou de maneira sinistra um relatório de 2014 do Clube de Roma, uma organização que pesquisa os limites globais: "A produção de muitos produtos minerais parece estar à beira do declínio [...]. É possível que estejamos passando por um ciclo de um século que levará ao desaparecimento da mineração como a conhecemos".

Nesse cenário, a produção de carvão deverá atingir o pico em 2050, e o "pico do cobre" será uma realidade uma década antes. O lítio, um mineral-chave no que seria a principal tecnologia de armazenamento de energia renovável, sofreria uma rápida pressão no evento de uma descarbonização em larga escala. Embora a Terra provavelmente tenha quantidades suficientes para uma transição completa dos combustíveis fósseis, mesmo que a demanda global dobrasse, ainda seria necessário que o estoque fosse continuamente reciclado. Apesar de ser plausível e sem dúvida representar uma melhoria (ainda que atualmente apenas 1% das baterias sejam processadas desta forma), isso ainda estaria muito longe da pós-escassez e da energia permanentemente mais barata.

Esse mesmo relatório delineia como o níquel e o zinco, amplamente utilizados no armazenamento de eletricidade, poderiam enfrentar picos de produção similares em apenas "algumas décadas". Mesmo que a vida útil da mineração de níquel possa ser prolongada pela maior parte deste século, será "cada vez mais difícil e caro investir nele e explorá-lo".

Talvez a tendência mais alarmante no esgotamento mineral, porém, seja o fósforo – um fertilizante indispensável na agricultura moderna. Ainda que as reservas desse elemento estejam longe de ser baixas, apenas uma fração delas pode ser minerada, o que significa que as colheitas de 40% das terras aráveis em todo o mundo já estão restritas por sua disponibilidade limitada.

Qualquer diminuição nesse sentido é particularmente problemática no contexto mais amplo do declínio da produtividade da terra resultante de métodos agrícolas industriais – em alguns lugares, a fertilidade do solo caiu até 50%. Em 2014, pesquisadores da Universidade de Sheffield afirmaram que o solo britânico tinha apenas mais 100 colheitas restantes, como resultado de uma intensa superexploração agrícola. No momento exato em que a população humana da Terra atinge o auge da sua demanda por recursos, o planeta parece pronto para desistir, exausto.

*

A tendência atual significa não apenas que o mundo ficará sem combustíveis fósseis, se continuarmos a utilizá-los, mas que mesmo no caso de uma transição completa para energias renováveis, teremos que reciclar continuamente múltiplos recursos minerais. Isso pode soar como uma coisa boa – e é –, mas não se encaixa no que sabemos sobre a voracidade do capitalismo e do lucro. Em um mundo com mais de 9 bilhões de pessoas, extrair recursos como fazemos hoje – matando pessoas e destruindo habitats durante o processo – simplesmente não será viável. Além disso, a escassez de minerais poderia dar origem à cooperação e à reciclagem tanto quanto poderia gerar conflitos por recursos. Assim, mesmo que a informação, a mão de obra e a energia se tornassem permanentemente mais baratas, os limites da Terra confinariam o pós-capitalismo a condições de escassez permanente. O reino da liberdade permaneceria fora do nosso alcance.

Só que os limites da Terra já não importarão – porque, em vez dela, passaremos a minerar o espaço.

Mineração de asteroides

Em 2017, Elon Musk, CEO da SpaceX, revelou o próximo passo da empresa na conquista da fronteira final. Falando no Congresso Internacional de Astronáutica, ele anunciou o lançamento do Sistema de Transporte Interplanetário (ITS) – uma nova arquitetura que consiste em um enorme foguete impulsionador de primeira fase, nave espacial e nave-tanque de reabastecimento – e tudo isso substituiria os sistemas atuais da empresa. Em um movimento para longe dos satélites comerciais e viagens para a Estação Espacial Internacional, Musk descreveu como a maior ambição da empresa seriam as missões tripuladas para outros planetas.

Embora o transporte espacial possa parecer a vanguarda tecnológica, nenhum foguete ainda ultrapassou o Saturn V da NASA – lançado pela primeira vez em 1967. Até hoje, ele continua sendo o veículo mais alto, mais pesado e mais potente já construído. Seu projeto e construção foram supervisionados por Wernher von Braun, o engenheiro por trás do foguete V2 da Alemanha nazista – o primeiro objeto feito pelo homem a alcançar o espaço. Depois de cinquenta anos, ainda não vimos uma máquina mais impressionante do que essa, cuja construção foi liderada por um homem nascido antes mesmo de um avião cruzar o Atlântico.

Para enviar humanos a Marte, é exatamente isso que a SpaceX de Musk terá que entregar. É aí que entra o BFR – abreviação de *"big fucking rocket"*[10] – o sucessor previsto para os propulsores Falcon 9 e Falcon Heavy da SpaceX. Usando uma nova família de motores de foguete Raptor, o BFR finalmente deixará o Saturn V para trás como o veículo de lançamento mais impressionante já construído. Ao mesmo tempo, a NASA está trabalhando em seu Sistema de Lançamento Espacial que, quando concluído, se unirá ao BFR em uma nova categoria de naves espaciais Super-Saturn V.

O nascimento da indústria espacial privada

Poucos anos atrás, Musk previa a primeira entrega de carga a Marte usando o ITS já em 2022, dois anos antes de os primei-

---

[10] Uma tradução possível seria "foguetão da porra". (N.T.)

ros seres humanos pisarem no Planeta Vermelho. Embora suas previsões sejam muitas vezes corretas, Musk é notório pelos seus atrasos em torná-las realidade. Isso deriva em parte do fato de que seus interesses comerciais (energia renovável, carros elétricos e foguetes) estão na vanguarda da inovação industrial. Na realidade, porém, é mais um resultado da tendência sul-africana de despertar interesse por meio de promessas que não podem ser cumpridas. Embora isso seja bom para atrair as atenções da mídia, é ruim para o cumprimento de prazos.

Mas, se você olhar para a história da SpaceX até agora, logo se nota que seria insensato apostar contra ele. Musk fundou a empresa na virada do milênio, enquanto a NASA se via sem rumo nos anos finais do programa de Ônibus Espacial e o furor em torno do setor nas décadas anteriores já esvaziava. Na época, a ideia do transporte espacial comercial era amplamente vista como algo distante, e Musk, como um esbanjador excêntrico.

Desde então, a SpaceX promoveu inovação atrás de inovação. Em 2008, lançou à órbita com sucesso o primeiro foguete de combustível líquido com financiamento privado – algo que seria tema de ficção científica apenas uma década antes. Em 2015, seu propulsor Falcon 9 retornou à Terra usando piloto automático após o lançamento, algo sem precedentes para um foguete com capacidade de órbita. Esse avanço foi particularmente importante, já que muitos acreditam que foguetes de primeira fase reutilizáveis reduzirão significativamente o custo para enviar uma carga útil para o espaço. Um mercado privado viável no transporte para fora do planeta estava chegando.

*

De lá para cá, o cenário ficou abarrotado de recém-chegados na cruzada para pressionar os preços do transporte espacial ainda mais para baixo. Embora lhes faltem os meios para realizar missões tripuladas próprias, ao oferecerem oportunidades semanais e baratas de lançamento para órbita terrestre baixa, eles acabarão correndo no vácuo de empresas maiores como a SpaceX, Boeing e a Blue Origin de Jeff Bezos.

Uma dessas empresas é a Rocket Lab. Fundada na Nova Zelândia em 2009, foi a primeira empresa privada no Hemisfério Sul a enviar um foguete propulsor para o espaço. Agora sediada nos Estados Unidos, sua missão declarada é remover as barreiras ao comércio espacial em massa, por meio do fornecimento de oportunidades de lançamento frequentes e de baixo custo em seu foguete propulsor Electron. Enquanto os jogadores maiores fixam seus olhos em missões tripuladas para outros planetas, é notável o fato de que fornecedores menores sejam capazes de inovar nessa área – mesmo que exclusivamente com cargas menores. À medida que o setor for crescendo, serão empresas como a Rocket Lab que se tornarão a espinha dorsal de uma indústria pioneira.

Os custos caem, as ambições aumentam

Ganhar a corrida para pousar na Lua não saiu barato. Em preços de hoje, os treze lançamentos do Saturn V custaram 47 bilhões de dólares em uma década – o que significa que cada um custou mais de 3,5 bilhões de dólares. Com dois lançamentos ao ano em seu auge, o programa *Apollo* saiu por cerca de 150 bilhões de dólares, ajustados pela inflação.

Após o programa *Apollo*, a fim de reduzir custos e permitir lançamentos com maior frequência, a NASA iniciou o *Space Shuttle*, programa de Ônibus Espacial. Mas mesmo este custava ao contribuinte estadunidense meio bilhão de dólares por lançamento, e o sistema desfrutava de não mais do que cinco voos por ano, em seu auge. Desde 2000 e com a chegada da indústria espacial privada, no entanto, os custos caíram abruptamente. Hoje um foguete Falcon 9 (muito menor que o Saturn V) custa à

SpaceX cerca de 61 milhões de dólares para ser lançado, enquanto o Falcon Heavy, que é um pouco maior, custa menos de 100 milhões de dólares. No entanto, mesmo esses números significam que poucas empresas e indivíduos têm chances de alcançar o espaço, e mesmo que tenham meios de fazê-lo, há atualmente uma lista de espera de dois anos para os lançamentos.

Tudo isso pode mudar com o compromisso da Rocket Lab de realizar lançamentos todas as semanas, com um custo projetado de apenas 4,9 milhões de dólares por voo. Isso só é possível devido a seu método único e eficiente de construir e lançar foguetes: usando a mesma quantidade de combustível que um avião precisaria para ir de Los Angeles a São Francisco, o Electron pode colocar uma carga no espaço.

O segredo do foguete é seu motor *Rutherford*, que leva mais longe muitas das inovações de projeto, aplicadas pela primeira vez pela SpaceX, e as implanta em uma escala menor. Talvez a mais notável dessas inovações seja que o *Rutherford* tem um ciclo de propulsão inteiramente elétrico, usando motores elétricos para acionar suas turbobombas. Além disso, é o primeiro motor de oxigênio-hidrocarboneto a utilizar a impressão 3D de todos os seus componentes primários, permitindo estruturas complexas, porém leves, inatingíveis por meio de técnicas tradicionais. Como resultado, a empresa não apenas reduziu os custos, mas também diminuiu o tempo de construção de meses para dias.

Tudo isso também permite uma rápida escalabilidade. Como diz o CEO da empresa, Peter Beck: "O veículo foi projetado desde o início para ser produzido em massa [..]. Temos um motor impresso em 3D – com seis impressoras podemos produzir um motor em 24 horas. Por isso, para aumentar a escala, precisamos apenas comprar mais impressoras. Toda a engenharia do veículo de lançamento foi projetada e desenhada em torno da fabricabilidade."

Como suas tecnologias-chave – desde seus motores elétricos de alto desempenho, baterias de polímero de lítio, até as impressoras 3D utilizadas na fabricação – passam pela mesma curva de experiência que as tecnologias delineadas no último capítulo, estes foguetes, como tantas outras coisas, só ficarão mais baratos daqui para frente.

*

A Rocket Lab não é o único dos novos jogadores do setor interessado em usar a impressão 3D para reduzir os custos de um negócio ainda excessivamente caro. A Relativity Space – como a SpaceX, sediada em Hawthorne, Califórnia – almeja reduzir o custo do lançamento de um foguete de 60 milhões de dólares para uma fração desse valor, simplificando a produção e praticamente removendo a mão de obra humana da construção de foguetes, algo que ainda representa até 90% do custo total.

As impressoras 3D da empresa, com seus braços robóticos de cinco metros de altura, estão entre as maiores já construídas. Equipadas com lasers que podem fundir um fluxo constante de fio de alumínio líquido pronto para ser moldado, elas representam um salto qualitativo nas ferramentas disponíveis para as empresas de médio porte. Poucos anos antes, os fundadores da empresa afirmavam que em meados de 2020 um punhado desses braços já seriam capazes de construir o corpo inteiro de um foguete, medindo vinte metros de altura, dois metros de largura e capaz de carregar novecentos quilos até a órbita. Eles previam que em breve o tempo de construção deveria levar menos de um mês – e tudo isso para um propulsor que, embora comparativamente pequeno, será maior que o foguete Falcon 1 original da SpaceX, lançado em 2008.

Enquanto a empresa pretendia tornar seu foguete Terran 1 operacional em 2021, até 2019 as impressoras haviam produzido, em vários dias, apenas um tanque de combustível de dois metros de largura e quatro de altura, e em uma semana, um motor. Mesmo que o progresso seja mais lento do que o previsto, o que é bem provável, a abordagem do projeto representa uma mudança de paradigma. Enquanto o ônibus espacial da NASA tinha 2,5 milhões de peças móveis, e as máquinas da SpaceX, cerca de 100 mil, a Relativity Space quer que seus foguetes sejam formados por mil peças móveis ou menos – menos do que a maioria dos carros. Além disso, em vez de terem cadeias de fornecimento globalizadas, eles preveem que o foguete inteiro seja construído nos EUA.

É quase certo que essa abordagem será o padrão da indústria no futuro próximo. O foguete New Shepard da Blue Origin contém centenas de peças impressas em 3D, um número que está aumentando constantemente. Isso está levando a uma rápida queda dos custos para a potencial chegada de novas empresas, especialmente aquelas que procuram construir protótipos e iterar seus projetos rapidamente. Como Bob Richards, da Moon Express, disse em agosto de 2017: "Nossas primeiras cotações com uma empresa aeroespacial anônima para nosso sistema de propulsão em 2010 foram de 24 milhões de dólares em 24 meses. Agora estamos imprimindo nossos motores por 2 mil dólares em duas semanas".

Tudo isso significa que até a metade da década de 2020 podemos esperar foguetes, incrivelmente baratos e em constante melhoria, levando cargas leves de uma série de empresas para o espaço. Enquanto as cargas serão, em sua maioria, compostas por satélites extremamente pequenos, algumas serão veículos terrestres exploratórios capazes de retornar à Terra. Ainda que o progresso seja intermitente, essas tendências sustentarão o surgimento de uma indústria que definirá o século XXI: a mineração no espaço.

Expresso lunar

No final de 2017, a Moon Express delineou sua ambição de construir uma base lunar no polo sul da Lua em três anos. A empresa começaria implantando uma série de exploradores robóticos, desde seus pequenos MX1 até os maiores MX9. Todos esses exploradores serão movidos pelo motor "ecologicamente correto" PECO, que deve usar como combustível elementos básicos encontrados em todo o sistema solar – hidrogênio e oxigênio. Isso é fundamental, porque o maior obstáculo para uma indústria espacial viável é o reabastecimento fora do planeta. Motores como o PECO precisarão operar no espaço com combustível produzido onde quer que se encontrem.

A ambição é que esses veículos autônomos e não tripulados sejam implantados como aterrissadores ou orbitadores. A ideia é que o MX9 leve um MX1 à superfície da Lua, onde ele fará e depois consumirá combustível de gelo lunar para retornar à Terra. Dito isso, o nome Moon Express não deve nos iludir sobre o escopo das ambições da empresa. Embora seu objetivo inicial esteja no único satélite natural da Terra, o objetivo mais amplo é estabelecer uma arquitetura autossustentável que possa ser usada para prospecção de recursos em cada planeta, lua e asteroide do sistema solar. Sem dúvida, isso inclui principalmente minerais, mas, dado que o motor PECO funcionará à base de oxigênio e hidrogênio, também inclui gelo. Enquanto a mineração de metais como cobalto ou platina é o objetivo principal, a empresa também quer transformar a Lua, Marte – e qualquer outro lugar com depósitos substanciais de água congelada – em gigantescos postos de gasolina.

*

Embora a premissa da maioria das obras de ficção científica seja que nossos descendentes viajarão entre as estrelas movidos por um desejo de explorar, de ir aonde outros nunca estiveram, o impulso que tem conduzido tudo isso está longe de ser altruísta. Em nenhum outro lugar isso está mais claro do que no *Global Exploration Strategy* [Estratégia Global de Exploração], ou GES, publicado em 2007, meses antes dos primeiros estrondos da crise financeira global, pela NASA e outras treze agências espaciais. O documento detalha a estrutura, determinando a coordenação entre os países mais poderosos do mundo, estabelecendo a base para a iniciativa privada obter lucros no espaço em um futuro não muito distante.

Uma década depois, muitas das hipóteses apresentadas já são aparentes. O texto aponta como a exploração espacial "oferece oportunidades empresariais significativas, criando uma demanda por novas tecnologias e serviços [...], extração e processamento de recursos baseados no espaço". Até mesmo se aventura em entrar em especificidades, acrescentando: "As rochas lunares são ricas em oxigênio, que podem ser explorados para fornecer sistemas de suporte vital para operações lunares. O oxigênio líquido também pode ser usado como um propulsor de foguetes – e pode ser mais econômico fabricá-lo no espaço do que retirá-lo da Terra". Em 2009, a Nasa confirmou grandes quantidades de água na Lua, e empresas similares à Moon Express se referiram ao composto como "o petróleo de nosso sistema solar".

O quadro de referência prossegue, declarando explicitamente como a cooperação internacional no espaço será empreendida para facilitar, em vez de competir com os interesses privados: "Para que as empresas tenham confiança no investimento, precisam da certeza de um compromisso de longo prazo com a exploração espacial, da oportunidade de introduzir suas ideias no pensamento governamental e do Estado de Direito. Isso significa um entendimento comum sobre temas tão difíceis quanto direitos de propriedade e transferência tecnológica".

Em resumo, o GES demonstrou como os Estados-nação devem concordar sobre as regras para uma nova corrida espacial – uma corrida na qual as empresas, e não países, competirão e a elite mundial se tornará ainda mais rica.

A província de toda a humanidade

Mas onde a tecnologia e a ideologia do mercado exibem disposição, a lei pode se mostrar um pouco mais difícil. O Tratado do Espaço Sideral, escrito em 1967 e ratificado por mais de cem países, incluindo os Estados Unidos, continua sendo o padrão internacional sobre o que a humanidade está autorizada a fazer além dos limites da Terra. Esse tratado afirma especificamente que o espaço é a "província de toda a humanidade", e proíbe os países de se engajarem em "apropriação nacional" ou soberania sobre a Lua ou outros corpos celestes "por ocupação ou por outros meios".

Dito isso, o tratado é um documento de sua época. Dado que foi forjado em um momento no qual somente os Estados nacionais e as superpotências tinham a capacidade de se engajar na exploração espacial, ele não menciona os direitos e responsabilidades dos negócios privados. Como não há nenhuma proibição explícita que impeça as corporações de construir ou fazer reivindicações, a mineração no espaço poderia cair sob parâmetros legais similares aos reservados para a pesca em águas internacionais.

Talvez não surpreenda que Naveen Jain, cofundador da Moon Express, esteja otimista sobre a questão legal, observando, em 2011, que "existe um forte precedente legal e um consenso de que 'quem encontra é dono' para os recursos que são liberados por meio de investimentos privados – e o mesmo valerá para a Lua".

É claro que há um problema no pensamento do senhor Jain: o "investimento privado" não é responsável pelo nosso nível atual de tecnologia, sejam foguetes, robótica, impressão 3D ou outras tecnologias críticas para a exploração espacial. Mesmo hoje, o agente privado mais inovador da indústria, a SpaceX, continua dependente dos contratos da NASA para financiar sua pesquisa e desenvolvimento. O que Jain quer, como vemos repetidamente com os poderosos, é socializar as perdas da pesquisa financiada publicamente e privatizar os ganhos.

Só o palavreado do "liberada por meio do investimento privado" já dói aos ouvidos, como se milionários montados nas costas de pesquisas financiadas com dinheiro público estivessem agindo em prol de um bem maior. No entanto, isso está de acordo com o fundamentalismo de mercado e, como escreve Marx, o tipinho de Jain tem visto a abundância da natureza como se fosse de alguma forma resultado do capitalismo há séculos:

> Elementos naturais que entram na produção como agentes sem custar nada [...] não ingressam nesta última como componentes do capital, mas como força natural gratuita do capital, isto é, como força produtiva natural do trabalho, que, sobre a base do modo de produção capitalista, se apresenta como força produtiva do capital.

Para reformular a frase do realismo capitalista: é mais fácil imaginar o fim do mundo do que imaginar a propriedade pública da imensa riqueza que jaz além dela? Por que deveria ser assim?

*

Durante os primeiros sessenta anos de exploração espacial, todos os avanços significativos foram alcançados por Estados-

-nação. Dos foguetes v2 de von Braun ao Sputnik da URSS e às icônicas missões Apollo da NASA, o investimento privado não teve influência em nenhum desses desenvolvimentos tecnológicos. Como resultado, há um argumento muito sólido para que o espaço seja de fato a província de todos. As tecnologias que estão caminhando para colocar a abundância dele ao nosso alcance foram financiadas pelas pessoas comuns – não por investidores ricos.

Naturalmente, isso não tem impedido que certos países tentem ajudar os interesses empresariais nacionais às custas dos demais. Em 2015, Barack Obama decretou a permissão, pela primeira vez, para que as empresas estadunidenses se engajassem na extração lucrativa de recursos fora do planeta – desde que elas fossem de propriedade majoritária de cidadãos do país. Por enquanto, a NASA mantém formalmente uma posição neutra sobre o assunto, mas a realidade subjacente está mudando depressa.

Isso foi claramente demonstrado em uma reunião de um subcomitê do Comitê de Comércio, Ciência e Transporte do Senado dos EUA, convocada em maio de 2017. Intitulada "Reabrindo a fronteira estadunidense: explorando como o Tratado do Espaço Sideral impactará o comércio estadunidense e seu assentamento no espaço", seu propósito declarado era testar os limites do Tratado do Espaço Sideral e maximizar as oportunidades para a iniciativa privada. O maior indicativo desse pensamento foi um discurso proferido por Scott Pace, diretor executivo do Conselho Nacional do Espaço estadunidense, no final daquele ano:

> É preciso repetir: O espaço exterior não é um "bem comum global", não é a "herança comum da humanidade", não é *res communis*, nem é propriedade pública [...]. Esses conceitos não fazem parte do Tratado do Espaço Sideral, e os Estados Unidos têm

consistentemente tomado a posição de que essas ideias não descrevem o status legal do espaço sideral.

Essas são as palavras de pessoas e instituições que estão agora se preparando para a grande disputa econômica do próximo século: quem será dono dos recursos e da riqueza do espaço sideral.

Os Estados Unidos estão longe de ser os únicos a agir desta forma. Em janeiro de 2017, Luxemburgo já havia começado a criar as estruturas legais para que as empresas de mineração de asteroides pudessem se instalar no ducado, uma oferta rapidamente aceita pela Planetary Resources – uma empresa que procura se estabelecer como um jogador-chave no setor.

Essa enxurrada de retórica, lobby e ação legal era de se esperar – afinal de contas, estamos à beira de uma mudança de paradigma em recursos. Alguns veem isso como uma rota para uma fantástica riqueza pessoal. Como disse Peter Diamandis, cofundador da Planetary Resources: "Acredito que os primeiros trilionários serão feitos no espaço e os recursos de que estamos falando são ativos multitrilionários".

Além dos limites da Terra

A existência de asteroides foi confirmada na alvorada do século XIX quando, em 1801, o planeta-menor Ceres foi observado pela primeira vez. Os cientistas logo viriam a distinguir os asteroides dos meteoritos, os primeiros tendo um diâmetro maior que um metro, os segundos menos de um metro. Com os cometas, a diferença é qualitativa: enquanto os asteroides são compostos principalmente de minerais e rochas, eles são compostos de poeira e gelo.

Como os planetas, os asteroides orbitam o sol, embora poucos deles sejam puramente esféricos. Aqueles que o são, como Ceres, são frequentemente chamados de "planetas-anões" por serem tão grandes que sua própria massa gravitacional os comprimiu em uma esfera. Estimativas mais generosas acreditam que pode haver duzentos planetas-anões no Cinturão de Kuiper no sistema solar externo, bem como mais de 1 milhão de asteroides com mais de um quilômetro de diâmetro.

Em termos de prospecção a médio prazo, no entanto, existe um grupo de objetos mais interessantes que residem muito mais perto de casa. Atualmente, conhecemos mais de 16 mil asteroides próximos à Terra (NEA) com tamanhos que variam de um metro a mais de 32 quilômetros. O número de NEAs com mais de um quilômetro de diâmetro é estimado em cerca de 1 mil, enquanto o número de NEAs com mais de 140 metros de largura é de cerca de 8 mil. Estimativas mais elevadas especulam que há mais de 1 milhão de NEAs com diâmetro de quarenta metros ou menos, dos quais cerca de 1% já foram descobertos.

*

Seja a Moon Express realizando prospecção na única lua da Terra antes de seguir adiante, ou a Planetary Resources avaliando as dimensões dos NEAs, a abundância potencial da riqueza mineral fora do mundo quase escapa à compreensão. Uma estimativa alega que um asteroide rico em platina com 500 metros de largura poderia conter quase 175 vezes a produção global anual do metal – 1,5 vez as reservas mundiais conhecidas. Mesmo um asteroide menor, medindo o tamanho de um campo de futebol, poderia conter até 50 bilhões de dólares de platina.

O cinturão de asteroides provavelmente contém cerca de 825 quintilhões de toneladas de ferro com 60 quilos de níquel em cada uma. De acordo com uma estimativa, a riqueza mineral dos NEAS, se dividida igualmente entre todas as pessoas na Terra, somaria mais de 100 bilhões de dólares para cada um. Se formos capazes de acessá-la, a natureza oferece não apenas mais energia do que podemos imaginar, mas também mais ferro, ouro, platina e níquel. Neste momento, os recursos aos quais temos acesso são como uma migalha em um supermercado. Com a tecnologia certa, a escassez de minerais também se tornaria uma coisa do passado.

*

Os avanços necessários para tornar a mineração de asteroides uma realidade estão surgindo de forma constante. A Hayabusa, uma nave espacial japonesa não tripulada, pousou com sucesso no asteroide Itokawa 25143 em 2005, retornando à Terra com amostras de material de sua superfície cinco anos depois. Em 2014, a Agência Espacial Japonesa lançou uma missão sucessora, a Hayabusa 2, tendo o asteroide 162173 Ryugu – amplamente visto como a opção mais efetiva em custos para a mineração de asteroides – como destino pretendido. A espaçonave pousou no asteroide em junho de 2018 e voltou à Terra com amostras em dezembro de 2020.

Apesar disso, o Japão não é o único país em marcha quando se trata da prospecção de asteroides – em 2016 a NASA lançou o OSIRIS-REX para estudar e extrair amostras do asteroide 101955 Bennu, com uma data de retorno programada para 2023. Sem surpresas, a China tem ambições semelhantes com a Agência Espacial do país, que pretende enviar um módulo terrestre para o planeta-anão Ceres e trazê-lo de volta em algum momento durante a década de 2030.

Mas enquanto a maior parte do investimento vem do Estado, como sempre foi o caso na exploração espacial, é o setor privado que está procurando colher os benefícios. Os principais atores neste campo embrionário – a Deep Space Industries e a Planetary Resources – têm optado por adotar uma abordagem semelhante uns aos outros, concentrando-se na prospecção de asteroides por meio de uma mistura de tecnologia de satélite de baixo custo e aterrissadores. A DSI desenvolveu o que eles chamam de Xplorer, enquanto a Planetary Resources possui uma arquitetura similar com o nome Arkyd. Com a geração de combustível local e a mineração um tanto distantes, o objetivo com essa leva inicial de produtos é entender melhor a composição dos asteroides alvo, bem como identificar depósitos de gelo que poderiam, no futuro, ser convertidos em propelente. Assim como com a Moon Express, o elo que falta é a capacidade de criar combustível fora do planeta em um processo totalmente livre de supervisão humana. Dado o rápido aperfeiçoamento de coisas como robôs e veículos autônomos desde 2004, é provável que isso aconteça mais cedo do que se pensa.

De fato, Chris Lewicki, CEO da Deep Space Industries, se mostra otimista quanto a essa questão, especulando que a primeira extração comercial de água em um asteroide deve acontecer em meados dos anos 2020. Isso, combinado com a ascensão dos lançamentos regulares e ultrabaratos, e com aterrissadores e robótica cada vez mais sofisticados, dará forma às rodadas de abertura da mineração de asteroides. Quando combinado com melhorias na robótica de precisão – veja o rápido desenvolvimento do robô Atlas – os contornos das tecnologias necessárias começam a surgir.

Uma vez que empresas como a Deep Space Industries e a Planetary Resources tenham realizado a prospecção e reivindicado asteroides, e aperfeiçoado métodos para produzir combustível a partir do gelo disponível, a indústria passará de viável a lucrativa. Isso se encaminhará para uma segunda leva de produtos – extratores – que usariam o propelente dos asteroides a fim de empurrá-los para mais perto da Terra para mineração ou – para aqueles com concentrações particularmente amplas de água – para criar "postos de abastecimento" para uma indústria em expansão que olha cada vez mais longe.

A briga pelo espaço

Um estudo da Caltech de 2012 concluiu que mover um asteroide para uma órbita próxima à Terra para facilitar a mineração poderia custar a ínfima quantia de 2,6 bilhões de dólares. Isso foi confirmado em um relatório de 2017 da Goldman Sachs, que afirmou que "enquanto a barreira psicológica para a mineração de asteroides é alta, as barreiras financeiras e tecnológicas reais são muito menores. As sondas de prospecção podem provavelmente ser construídas por dezenas de milhões de dólares cada". Embora 2 bilhões de dólares possam soar como muito dinheiro, é um custo comparável ao total para montar uma nova mina de terras raras, que o MIT atualmente estima em cerca de 1 bilhão de dólares. Tudo isso significa que, uma vez que a arquitetura completa esteja em vigor para a mineração de asteroides, talvez já em 2030, o custo marginal de cada nova mina cairá para cada asteroide que for explorado. Isso criará um circuito de autoalimentação com infraestrutura cada vez melhor e incentivos crescentes para a extração de minerais fora de nosso planeta natal.

Isso não quer dizer que a mineração de asteroides não tenha desafios significativos a superar antes de se tornar uma indústria viável. Robôs com os níveis necessários de coordenação sensorial e motora estão provavelmente a décadas de distância, ainda que, como já destacado no Capítulo 4, essa seja mais uma questão de "quando" do que de "se". Mais preocupante é que a composição exata dos asteroides, para além de modelos preditivos baseados em categorias amplas, permanece desconhecida. E se uma empresa escolher um asteroide apenas para descobrir, ao chegar lá, que ele contém muito menos água e platina do que o esperado? Entre isso e os imensos custos necessários, especificamente em robótica, é difícil antecipar como atores menores e mais ágeis como a DSI e a Planetary Resources se sairão frente a empresas como a SpaceX e a Blue Origin, quando estas tiverem tecnologias mais desenvolvidas e muito mais capital para arriscar.

Não obstante, todos esses problemas podem ser superados – muito embora, como em todas as indústrias emergentes, seja impossível prever como isso vai se desenrolar. Mas dados os desafios terrestres aos quais a mineração de asteroides pode atender, principalmente a escassez de recursos, bem como os novos horizontes que sem dúvida se abrirão com ela, sua ascensão ao longo do próximo século parece inevitável.

Abundância para além de qualquer valor

Há uma última questão, porém, que muitos no setor parecem não estar dispostos a enfrentar. É um problema nascido do sucesso, assim como a crise do estrume de cavalo de 1894 colocava os limites da Primeira Ruptura contra a abundância da Segunda. É também um problema nascido da oferta extrema, que, como já vimos, é difícil de conciliar com o mecanismo de preços.

Há tanta riqueza mineral fora de nosso planeta, em outros planetas, luas e asteroides, que quando a mineração extraterrena se tornar uma indústria viável, o preço das próprias mercadorias que os investidores haviam considerado anteriormente tão preciosas entrará em colapso.

O exemplo mais instrutivo aqui é o asteroide 16 Psyche, localizado no cinturão entre Marte e Júpiter. Medindo mais de 200 quilômetros de diâmetro, é um dos maiores asteroides no nosso sistema solar, composto de ferro, níquel e elementos mais raros, como cobre, ouro e platina. O "valor" dessa gigantesca mina flutuante? Cerca de 10 mil quadrilhões de dólares – e isso é apenas em ferro. Que fique claro, o Psyche é uma raridade, mas demonstra um ponto crucial: a mineração do espaço criaria uma oferta tão fora do comum que os preços na Terra entrariam em colapso.

*

Em agosto de 2017, Peter Diamandis, cofundador da Planetary Resources, perguntou a Erika Wagner, da Blue Origin, quem venceria em uma luta entre seu chefe, Jeff Bezos, e Elon Musk. "Então, Peter, deixe-me te falar sobre o que estamos fazendo na Blue Origin", respondeu Wagner diplomaticamente. "Estamos realmente contemplando um futuro de milhões de pessoas vivendo e trabalhando no espaço. O que eu acho realmente fantástico [...] é que o universo é infinitamente grande, e por isso, não precisamos que ninguém saia no soco. [...] Nós todos vamos lá para fora criar esse futuro juntos".

Embora Wagner esteja correta ao identificar que nosso sistema solar tem mais riqueza mineral do que podemos imaginar, pessoas como Musk e Bezos não estão arriscando suas fortunas pessoais – o primeiro esteve à beira da falência várias vezes enquanto se recusava a abrir o capital da SpaceX – para que outros possam ficar ricos. Além do mais, uma vez aplicado o modelo acionário a empresas como DSI e Planetary Resources, e aos seus inevitáveis concorrentes, a ênfase estará sobre a taxa de retorno aos acionistas e não sobre o progresso social.

Como já vimos com as informações no início do século XXI, sob condições de abundância o capitalismo persegue uma forma de racionamento a fim de garantir lucros. Dada a riqueza potencialmente ilimitada possibilitada pela mineração de asteroides, essa mesma lógica seria aplicada pela iniciativa privada do setor e seus aliados na política.

Como no caso das informações, e em breve também com as energias renováveis, isso exigirá a formação de algum tipo de monopólio temporário. Que forma isso poderia tomar? Uma resposta é que as empresas privadas irão prospectar e reivindicar os asteroides mais valiosos décadas antes de sequer tentar explorá-los – algo que já estamos começando a ver. Outra forma poderia ser a aplicação de direitos de propriedade intelectual a certas tecnologias utilizadas na mineração, talvez no processo de conversão de gelo em combustível, criando escassez nesse ponto. Finalmente, e talvez de maneira mais sensata, pode-se prever a adoção de preços predatórios para as mercadorias mineradas fora do planeta, com o preço de cada uma delas sendo fixado marginalmente abaixo do custo operacional das minas terrestres mais baratas. Isso serviria para manter as perfuratrizes desligadas na Terra e, ao mesmo tempo, a estabilidade dos preços e a garantia de enormes lucros para as empresas mineradoras.

Não é difícil imaginar como isso poderia ser justificado pelas grandes empresas e pelo *status quo* político, uma vez que empresas de mineração fora do planeta se apresentarão como guardiãs do futuro. "Aprendemos nossa lição como espécie", poderiam dizer, internalizando argumentos aparentemente progressistas do movimento ambientalista. "Já arruinamos um planeta, não faremos isso de novo". Enquanto isso, como Peter Diamandis previu publicamente, aqueles que estiverem engajados na mineração se juntariam às fileiras das pessoas mais ricas da Terra.

Isso não quer dizer que recursos tão abundantes não devam ser administrados de forma responsável, nem que devemos explorar minas fora do planeta de forma tão imprudente quanto tratamos a Terra. Em vez disso, o Tratado do Espaço Sideral deve ser mais explícito, especialmente com relação às regras de exploração de minerais extraterrenos com fins lucrativos. Um modelo para isso poderia ser o Protocolo de Madri no interior do Sistema do Tratado da Antártida[11]. O artigo 3º, que institui

---

[11] Dirigindo-se à Assembleia Geral em 22 de setembro de 1960, o

a "proteção do meio ambiente antártico como uma região selvagem com valor estético e científico", será uma consideração fundamental, enquanto o artigo 7º acrescenta que "qualquer atividade relacionada aos recursos minerais, que não seja a pesquisa científica, será proibida".

Da mesma forma, o Tratado do Espaço Sideral afirma que o espaço sideral é "a província de toda a humanidade". Contudo, carente de uma linguagem transparente como a do Protocolo de Madri, o tratado parece exigir um órgão internacional para assegurar a distribuição justa da riqueza antes que entidades privadas, como a DSI e a Planetary Resources, possam tomar alguma coisa. De fato, o presidente dos EUA Dwight Eisenhower aludiu precisamente a isso quando, dirigindo-se às Nações Unidas em setembro de 1960, propôs ao mundo "avançar com um programa de cooperação internacional para usos construtivos e pacíficos do espaço sideral sob as Nações Unidas".

O espaço é de fato a província de todos nós, se por nenhuma outra razão, pelo fato de as tecnologias que trazem para cada vez mais perto a sua abundância serem impossíveis sem financiamento público. O dinheiro gasto somente na Estação Espacial Internacional totaliza cerca de 150 bilhões de dólares, uma cifra semelhante à das missões Apollo da NASA.[12] Do V2 ao Sputnik, e mesmo na SpaceX de hoje, os custos da exploração espacial foram socializados; é justo, portanto, que os ganhos também o sejam. O setor privado foi incapaz até mesmo de lançar em órbita um foguete de combustível líquido até 2008, 64 anos depois de um V2 deixar a atmosfera da Terra. Aí está a tão celebrada inovação do setor privado.

---

presidente Eisenhower de fato propôs que os princípios do Tratado da Antártida fossem aplicados ao espaço sideral e aos corpos celestes.

[12] Em 1973, seu custo foi calculado em 25,4 bilhões de dólares.

O capitalismo possui uma série de características úteis. Não obstante, nenhum de seus defeitos se compara à sua incapacidade de tolerar a abundância natural. Diante de tais condições de recursos – como no caso da informação, energia e mão de obra – o funcionamento da produção com fins lucrativos começa a falhar.

Tudo isso pode ser explicado pelo fato de que o capitalismo surgiu em um mundo fundamentalmente diferente daquele que agora vem à tona. Isso significa que ele assume um conjunto diferente de premissas – que o sistema tomou como permanentes, mas que eram, na verdade, contingentes. Diante de uma oferta ilimitada, praticamente livre para qualquer coisa, sua lógica interna começa a rachar; porque sua premissa central é que a escassez sempre existirá.

Só que agora sabemos que esse não é o caso.

7. EDITANDO O DESTINO: ENVELHECIMENTO E PÓS-ESCASSEZ NA SAÚDE

*Somos como os deuses –
talvez seja hora de ficarmos bons nisso.*

Stewart Brand

Uma espécie em envelhecimento

Em 2020, pela primeira vez na história da humanidade, alcançamos um número maior de pessoas com mais de 65 anos do que com menos de 5 anos. Até 2050 haverá mais pessoas com mais de 65 anos do que com menos de 14. Esta talvez seja a conquista mais importante de nossa espécie – em nenhum outro lugar da natureza os velhos excedem os jovens.

Embora certamente seja bem-vinda, tal mudança traz consigo inúmeros problemas, sobretudo o fato de que viver mais, ao mesmo tempo que se tem menos filhos, põe em risco formas de seguridade coletiva que presumem uma população "em idade de trabalhar" maior do que a de dependentes. De fato, essas duas primeiras condições já foram observadas em muitos países e estão atualmente se tornando globais. O que permanece incerto é se as aposentadorias públicas e os cuidados socializados aos idosos serão viáveis no futuro. Caso contrário, seria irônico: a afluência capitalista significa que mais de nós alcançamos a velhice, mas muitos não teriam os recursos necessários para ser assistidos.

*

Em meados do século XVII, o filósofo Thomas Hobbes descreveu a vida em estado de natureza, uma condição hipotética sem governo ou Estado de Direito, como "desagradável, brutal e curta". Essas palavras, particularmente a última, poderiam transbordar as margens da Inglaterra de Hobbes. Além da questão da guerra, tanto em sua terra natal quanto no exterior – relativamente constantes antes do século XX, mas particularmente severas nos anos 1640 –, aquele também era um mundo ausente da medicina moderna e onde os homens adultos raramente viviam além dos 40 anos. Em meados dos anos 1800, no entanto, isso mudou, à medida que a aplicação do método científico à saúde e à higiene fez com que a taxa de mortalidade de bebês e crianças diminuísse de forma drástica. As taxas de fertilidade antes altas, combinadas com mais crianças sobrevivendo até a idade adulta, inevitavelmente significavam um crescimento populacional sem precedentes entre aqueles países na vanguarda da Segunda Ruptura.

As consequências foram profundas. Embora tenha levado centenas de milhares de anos para que a população humana mundial chegasse a 1 bilhão em 1800, bastariam outros 120 para que ela dobrasse mais uma vez. Isso, no entanto, provou ser apenas o começo, e no final do século XX a população humana da Terra havia atingido 6 bilhões, com previsões para meados deste século de cerca de 9,6 bilhões. Se confirmado, isso significará que a população humana mundial terá aumentado dez vezes em cerca de 300 anos.

Duas outras tendências acompanharam essa explosão populacional. A primeira foi o aumento da expectativa de vida. Em 2015, o humano médio, em qualquer parte do mundo, poderia esperar alcançar 71 anos de idade – uma melhoria de quatro décadas em relação até mesmo ao início do século XX. A segunda foi uma correlação inversa, com taxas de fertilidade caindo à medida que um país se torna mais rico. Assim como a população de um país aumenta durante a industrialização, isso mais tarde se autoajusta conforme as taxas de natalidade caem, quando um certo nível de desenvolvimento é atingido. Assim, embora os últimos dois séculos tenham visto a população mundial aumentar, e o tempo entre as respectivas duplicações se tornar sucessivamente mais curto, isso agora está desacelerando, e muitos esperam que a população mundial atinja o seu auge no final deste século. Assim como no consumo de energia, parece que existe um limite "natural" para o crescimento demográfico.

Embora isso seja positivo sob a perspectiva da distribuição de recursos limitados – em meados do século xx, muitos consideravam que a taxa de crescimento populacional era passível de continuar indefinidamente –, os desafios apresentados pelo envelhecimento da sociedade são, no mínimo, ainda maiores.

Isso ficou claro em uma simulação realizada, em 2013, pela agência de classificação de crédito Standard & Poor's, que constatou que, como resultado do envelhecimento demográfico, 60% dos países analisados tinham previsão de ver seu status de crédito reduzido a lixo dentro de uma geração. Sua conclusão subsequente não surpreende: o *status quo* era insustentável e grandes reformas, desde o aumento da idade da aposentadoria até a retração do setor público, seriam necessárias. Um estudo maior, publicado três anos depois, revelou problemas menos urgentes, concluindo que apenas um quarto dos países parecia destinado a ter problemas conforme as pessoas vivessem mais tempo e as taxas de fertilidade continuassem a cair. Contudo, talvez o mais notável sobre as conclusões deste segundo relatório tenha sido a distribuição geográfica dos países que identificou – Ucrânia, Brasil, China e Arábia Saudita, todos enfrentando grandes problemas no futuro. Parece que a crise que se antecipa na assistência aos idosos nesses locais é maior do que qualquer modelo econômico ou conjunto de valores culturais.

Além disso, o envelhecimento desacelera o crescimento. Em 2016, a divisão de pesquisa da Reserva Federal dos EUA publicou um documento detalhando como a mudança demográfica tornará os bancos centrais impotentes no que diz respeito ao aumento das taxas de juros de longo prazo. Citando um exemplo baseado nas mudanças demográficas dos Estados Unidos, concluiu-se que "o baixo investimento, as baixas taxas de juros e o baixo crescimento da produção vieram para ficar [...]. A economia dos EUA entrou em uma nova normalidade". Estas tendências são observáveis nas Américas, Europa e Ásia. Embora a resposta política padrão nas últimas décadas tenha sido o apelo por maior imigração (com algumas exceções, como o Japão), dado que o envelhecimento é uma das consequências inevitáveis da Segunda Ruptura – uma experiência que tem visitado e continuará visitando todas as sociedades –, essa resposta é nitidamente inadequada. Ao passo que a África e a Ásia vivenciarem as mesmas tendências que a Europa e a América vivenciaram antes deles, o apelo para que imigrantes econômicos compensem a escassez de mão de obra será cada vez mais atendido com a pergunta: "Vindos de onde?".

Na maioria dos países desenvolvidos, particularmente na Europa, o menor crescimento já está se chocando com gastos maiores. No Reino Unido, os custos de saúde e da assistência social de longo prazo, da aposentadoria estatal e de outros benefícios deverão aumentar os gastos anuais em 2,5% do PIB a cada ano na década após 2020. Entre 2016 e 2030, a população britânica com mais de 65 anos crescerá em um terço, enquanto a parcela dos "mais idosos dos idosos" – aqueles com mais de 85 anos – quase dobrará. Enquanto os políticos falam constantemente sobre "equilibrar as contas", no contexto da mudança demográfica – bem como em um modelo econômico fracassado – é evidente que sob tais condições, grandes déficits orçamentários seriam permanentes.

Envelhecimento na Grã-Bretanha: austeridade sem fim

Em 2017, o Partido Conservador do Reino Unido perdeu sua maioria parlamentar. Sete semanas antes, quando Theresa May convocou uma eleição geral antecipada, qualquer coisa abaixo de uma vitória esmagadora parecia impossível. Embora houvesse muito a elogiar na forma como os trabalhistas se recuperaram naquela eleição,[13] é difícil ignorar o quanto a performance dos conservadores foi ruim – seu fundo do poço foi um dos grandes erros espontâneos da política moderna: o "imposto sobre a demência".

Ainda que a proposta tenha se revelado o ponto de virada da eleição, ela foi tanto uma resposta a uma necessidade de longo prazo quanto uma ingenuidade política. Sua lógica era simples: as pessoas que precisam de assistência social deveriam pagar por essa assistência por conta própria, até que o valor de seus bens, incluindo sua casa, chegasse a um patamar de 100 mil libras. Conquanto uma família nunca seria obrigada a vender um imóvel durante a vida de um paciente – os custos seriam recuperados somente após a morte –, para muitos isso equivalia a introduzir um novo imposto sobre a herança. Isso levou à raiva generalizada, particularmente entre sua base de eleitores, porque embora aparentemente progressista, a política criava

---

[13] E, igualmente, muito a se criticar na forma como conduziram a campanha nas eleições seguintes, que levou a uma derrota acachapante, seguido do estabelecimento de uma nova liderança partidária que imediatamente iniciou uma sabotagem generalizada aos militantes e parlamentares mais à esquerda no partido. (N.T.)

uma loteria na forma como os serviços médicos seriam pagos. Se alguém tivesse câncer, o custo do tratamento seria socializado por meio do Serviço Nacional de Saúde (NHS), enquanto quem tivesse demência ficaria à própria sorte. Os conservadores incluíram essa proposta política em seu manifesto, enquadrando-a como uma medida dolorosa, mas necessária, porque acreditavam erroneamente que sua vantagem nas intenções de voto era inalcançável.

E, no entanto, havia mais no "imposto sobre a demência" do que miopia política. As mudanças enfáticas propostas, que tanto indignaram os eleitores e ativistas conservadores de longa data, ao menos representavam uma resposta à crise do envelhecimento. Não importa quem governe e qual seja sua visão ideológica, o aumento da expectativa de vida e o declínio das taxas de fertilidade – duas tendências que, em última análise, terão impacto em todas as sociedades – colocam em questão a viabilidade da saúde e da assistência social socializadas. Junho de 2017 não será a última vez que um grande transtorno político será causado pela política em torno do envelhecimento.

※

Qualquer premissa de que as principais causas de morte permanecerão estáticas durante o próximo século ignora o quanto isso mudou nos últimos cem anos. Doenças infecciosas como tuberculose e influenza já foram as maiores assassinas de todas, mas, hoje, doenças relacionadas à idade respondem por cerca de dois terços da mortalidade global a cada ano.

Com efeito, em 2016 a principal causa de morte na Inglaterra e no País de Gales não era mais doença cardíaca, mas o Alzheimer e a demência – uma transformação significativa. Sendo esta a sexta principal causa de morte nos Estados Unidos, é razoável esperar que a demência por idade se torne cada vez mais prevalente à medida que a expectativa de vida melhorar (já em 2013, previa-se que a taxa global de demência deve triplicar até 2050). Dado o custo econômico dessa condição – 818 bilhões de dólares em 2015 –, já está claro que entre as finanças públicas estranguladas e a diminuição da força de trabalho em relação à população idosa uma grande mudança é inevitável. Em partes porque os desafios do envelhecimento e da saúde são exponenciais.

Semelhante a como a Lei de Moore significou um extraordinário progresso na tecnologia digital, há uma função exponencial entre as condições médicas relacionadas à idade e o progresso dos anos. Isso significa que o envelhecimento é uma questão muito maior do que até mesmo os pessimistas poderiam inicialmente supor: as chances de sofrer de Alzheimer quase duplicam entre 70 e 75 anos e dobram novamente entre 75 e 80 anos. Para sociedades progressivamente mais idosas, com concentrações cada vez maiores dos "velhos mais velhos", isso representa um desafio sem precedentes. Mesmo que possamos mitigar ou potencialmente curar doenças como câncer, problemas cardíacos e derrame cerebral, o simples acúmulo de doenças como o Alzheimer acabaria se revelando demais para ser gerenciado.

*

Mas aqui, como nas outras crises de desemprego tecnológico, mudanças climáticas e escassez de recursos, a Terceira Ruptura oferece uma solução que não só enfrenta o desafio, mas vai muito além dele. Assim como as outras respostas – em energia, mão de obra e recursos – ela é sustentada pela tendência à oferta extrema.

A razão é que embora o desejo de a informação "ser livre" possa inicialmente parecer limitado a áreas relativamente marginais como música, cinema e literatura – assim como a novas formas de ação coletiva e até mesmo a automação –, ele está destinado a ser da maior importância de todas na área da saúde. Talvez isso não deva ser uma surpresa. No fim das contas, todo organismo vivo é essencialmente um composto de material e informação – a diferença entre a bactéria *E.coli* e seu animal de estimação favorito é uma questão de complexidade e escala.

Enquanto a informação digital existe no código binário de zeros e uns, o DNA é organizado em vastas sequências de quatro tipos de bases nitrogenadas, C, G, A e T. Mesmo que nas últimas décadas tenhamos chegado a entender estes dados biológicos com cada vez mais detalhes, agora estamos à beira de algo ainda mais notável: sermos capazes de mudá-los facilmente.

A informação (genética) quer ser livre

Em 1953, Francis Crick e James Watson identificaram a estrutura molecular do DNA, "o mecanismo básico de cópia pelo qual a vida vem da vida", como Crick escreveria mais tarde a seu filho. No ano seguinte foi construído o primeiro transistor de silício. A partir daí, o desenvolvimento desses dois campos se tornaria cada vez mais conectado, pois as melhorias em nossa capacidade de compreender a base da vida e as instruções genéticas passaram a depender do progresso das tecnologias digitais.

Isso culminou em 2003, quando o Projeto Genoma Humano completou o mapeamento de todos os 3,2 bilhões de pares de bases do genoma humano. Lançado formalmente em 1990 com um orçamento de 3 bilhões de dólares, a maior parte do progresso foi feita em seus últimos anos, possibilitado não apenas por técnicas aperfeiçoadas, mas por um poder computacional maciçamente melhorado. De fato, quando o projeto caminhava para seu término, tornou-se cada vez mais nítido que as melhorias no sequenciamento genético não eram lineares, mas, como a Lei de Moore na computação, exponenciais. Além disso, 2003 acabou sendo apenas o começo. Apesar de ser uma tecnologia da informação desde o início, o progresso na engenharia genética nas décadas anteriores tinha ficado para trás em relação aos desenvolvimentos em outros lugares da computação. No entanto, o ímpeto adquirido durante esses últimos anos do mapeamento do primeiro genoma humano mudou decisivamente esse panorama, levando a perspectiva de terapias genéticas da dimensão da especulação plausível à da realidade.

Assim, enquanto foram necessários treze anos e bilhões de dólares para sequenciar o primeiro genoma humano, em 2007 o custo de realizar o mesmo processo para um único indivíduo havia caído para cerca de 1 milhão de dólares, uma queda muito mais acentuada na curva de preços do que qualquer outra tecnologia da informação. Assim como o trigo no tabuleiro de xadrez, quanto mais se avançava, mais incríveis se tornavam suas melhorias. O resultado foi que, em janeiro de 2015, o preço do sequenciamento do genoma de um indivíduo havia caído para 1 mil dólares, e dois anos depois a empresa de biotecnologia Illumina revelou uma máquina que esperava fazer o trabalho por menos de 100 dólares. Tão impressionante quanto o aperfeiçoamento na relação preço-desempenho é a rapidez que o processo leva: enquanto levou treze anos para mapear o primeiro genoma humano, a máquina da Illumina realiza a mesma tarefa em menos de uma hora.

Se tudo isso soa vertiginoso, é porque deveria mesmo – desde a virada do milênio, a queda do custo do sequenciamento genético é ainda mais surpreendente do que as melhorias exponenciais da Lei de Moore. Enquanto o desempenho de um chip de computador por dólar dobra a cada 24 meses, os custos do sequenciamento de um genoma têm caído por um fator entre 5 e 10 vezes ao ano. Mesmo que essa queda precipitada na relação preço-desempenho abrande – talvez se alinhando com as tendências em outros setores da computação por mais uma década –, o sequenciamento de um genoma poderia custar apenas 30 dólares até o final dos anos 2020. Isso por si só transformaria os cuidados em saúde, embora, segundo Raymond McCauley, que trabalhou anteriormente na Illumina, tal conclusão seja excessivamente pessimista. Sua opinião é que já nos primeiros anos da década de 2020 o sequenciamento de um genoma chegará a custar tão pouco quanto dar descarga em uma privada. Em outras palavras, será barato demais para sequer se pensar no seu custo.

Uma ilustração de quão rapidamente o campo está mudando é o Projeto BioGenoma Terra. Proposto pela primeira vez em fevereiro de 2017, ele é explicitamente modelado com base no Projeto Genoma Humano. Mas conquanto as realizações de seu predecessor tenham sido históricas, qualquer equivalência diminui a escala de ambição deste último. Em vez de mapear o genoma de um indivíduo humano, o Projeto BioGenoma Terra pretende sequenciar todas as formas de vida na Terra, desde organismos unicelulares até plantas e mamíferos complexos. Embora tal esforço não seja barato, com uma estimativa de vários bilhões de dólares, ainda custará bem menos do que mapear aquele primeiro ser humano na virada do milênio.

*

Mas quais os benefícios, de fato, de ter seu genoma regularmente sequenciado? Como isso ajudaria a fornecer assistência médica e enfrentar os desafios colocados pelas condições relacionadas à idade? Inicialmente, permitiria a detecção mais precoce possível de doenças como o câncer antes mesmo que os sintomas mais externos fossem discerníveis, transferindo a tendência da medicina do reativo para o preditivo. Nesse caso o derrame, o câncer e até mesmo o resfriado comum não viriam mais sem aviso prévio, já que poderiam ser previstos e tratados de maneiras antes inimagináveis. Esta prática preditiva, muito provavelmente, começaria no momento em que alguém nascesse.

Durante milênios, os seres humanos têm mantido uma multiplicidade de ritos de nascimento acompanhando a chegada de uma nova criança. Dentro da fé islâmica, o chamado à oração, ou *adhan*, são as primeiras palavras que um bebê deve ouvir, enquanto no judaísmo um bebê do sexo masculino deve ser circuncidado oito dias após o nascimento em uma cerimônia de *brit milah*. Por todo o nosso planeta, a nova vida é acompanhada de rituais ancestrais. Todavia, em um futuro não muito distante, a primeira coisa a que um recém-nascido estará sujeito – ao lado de vários costumes culturais – será ter todo o seu genoma sequenciado. Na verdade, já é uma prática comum em vários países que uma picada de sangue seja retirada no nascimento para testar condições como fenilcetonúria (PKU) e fibrose cística.[14]

Expandir isso para todo o genoma, porém, e depois submetê-lo a análise por uma IA permitiria o isolamento imediato de riscos específicos de mortalidade infantil, fazendo com que ela caísse ainda mais. A longo prazo, criaria um perfil detalhado de saúde – desde alergias até o risco de doença coronariana e câncer mais tarde na vida – assim como aconselharia testes de precisão ou tratamentos para condições como asma ou miopia. Se isso soa como um futuro distante, não deveria – o Instituto Nacional de Saúde dos Estados Unidos está gastando atualmente 25 milhões de dólares em cinco anos para testar um tratamento como esse. E isso antes do preço cair para menos do que uma barra de chocolate.

Notavelmente, isso seria apenas o começo para a medicina preventiva. Acontece que, assim como os fetos liberam seu DNA

---

[14] Em alguns casos, essas doenças podem ser tratadas: qualquer deficiência causada pela PKU pode ser evitada alimentando a criança com uma dieta específica que impeça a acumulação de fenilalanina (um aminoácido) no sangue.

na corrente sanguínea de mães grávidas, os tumores cancerígenos também o fazem. Isso significa que as biópsias de tecido, usadas para investigar protuberâncias suspeitas, seriam substituídas por exames líquidos, nos quais o DNA no sangue seria usado para detectar, rastrear e tratar o câncer. Como ocorre com as biópsias, o mesmo processo poderia substituir as mamografias e colonoscopias, não apenas por conveniência e custo – mas também por eficácia.

Além de reduzir significativamente as mortes relacionadas ao câncer, esse processo seria relativamente barato e tão fácil de implementar em países pobres quanto nos países ricos. Isso quer dizer que, assim como o telefone celular, os países de PIB baixo rapidamente desfrutariam de serviços de saúde impossíveis nas nações mais avançadas apenas algumas décadas antes. Atualmente, nossa visão de cuidados de saúde de primeira classe é uma tecnologia gigantesca e cara que pode ocupar uma sala inteira – não muito diferente dos computadores dos anos 1960 e 1970. Mas do sequenciamento do genoma dos recém-nascidos ao tratamento preventivo do câncer, os sequenciadores portáteis permitirão diagnósticos que substituirão o equipamento de salas inteiras. Assim como as infraestruturas de comunicações e energia, o crescimento da saúde de ponta no Sul Global será muito diferente da infraestrutura existente em lugares como a Europa e os Estados Unidos. Mais uma vez, as tecnologias da Terceira Ruptura permitirão efetivamente que alguns dos países mais pobres do mundo "saltem" de parâmetros convencionais para o desenvolvimento, o que significa que, daqui algumas décadas, países relativamente mais pobres poderão ter taxas de detecção de câncer mais impressionantes do que as sociedades mais ricas de hoje. Se eles de fato atingirão essa façanha, evidentemente, vai depender dos aspectos políticos de como a tecnologia é distribuída.

Se sequenciadores genéticos portáteis parecem algo fora da realidade – lembrando, talvez, o "tricorder médico" de *Star Trek* –, então não se preocupe, pois eles já existem. O sequenciador MinION, que custa 1 mil dólares e cabe na palma de sua mão, pesando apenas noventa gramas, pode sequenciar o genoma de organismos como o vírus Ebola várias vezes e em alta velocidade.[15] Mesmo que essa tecnologia ainda não seja capaz de lidar com a complexidade de um organismo como um ser humano, dada a prodigiosa melhoria na razão preço-desempenho, é apenas uma questão de quando tal inovação aparecerá.

Mas enquanto o sequenciamento genético deve mudar a prestação de serviços de saúde – criando uma medicina preventiva que nos permitirá responder a doenças antes mesmo de apresentarmos sintomas –, o maior avanço na biotecnologia será a terapia genética. Em termos das principais causas de morte cujo principal fator de risco é a idade, isso criará uma abundância na área da saúde que excederá até mesmo os desafios exponenciais colocados pelo envelhecimento da sociedade.

Oferta extrema em assistência médica: terapias genéticas

A engenharia genética não é nenhuma novidade. De fato, já alteramos conscientemente o genoma de várias espécies por 12 mil anos por meio da reprodução seletiva – uma das inovações centrais da Primeira Ruptura. Isso nos forneceu criaturas aptas para o trabalho e culturas, como o trigo, que eram resistentes, fáceis de cultivar e nutritivas. Embora tenhamos desenvolvido maestria nesses campos antes mesmo de termos cidades, escrita ou matemática, foi só no século XIX, por meio do trabalho de

---

[15] Vale ressaltar que o genoma da *E. coli* só foi sequenciado em 1997, o que representou a vanguarda da biotecnologia na época.

Gregor Mendel, que entendemos exatamente como tais mecanismos funcionam.

Depois dele, entretanto, a compreensão da herança genética passou a se assemelhar cada vez mais a uma ciência e não a uma arte. Em meados do século XX, nosso conhecimento do campo era tão impressionante que os humanos compreenderam como poderiam ser capazes de acelerar um processo visto em toda a natureza – a evolução – dentro de um laboratório. Enquanto o DNA passou a ser compreendido como responsável pela hereditariedade a partir de 1952, e o modelo de dupla hélice de Crick e Watson tenha sido formulado no ano seguinte, os primeiros animais geneticamente modificados não foram produzidos até o início dos anos 1970. Esse avanço foi provavelmente tão profundo quanto o transistor, o circuito integrado e até mesmo o motor a vapor de Watt. Em apenas algumas décadas, a ciência teórica havia se tornado tecnologia aplicada.

Embora seja de amplo interesse popular e a base de inúmeros filmes de Hollywood, esse salto histórico teve pouco impacto imediato na prestação de serviços de saúde. As técnicas necessárias eram proibitivamente caras e complexas, o que significou que por mais de uma geração os avanços no campo permaneceriam lentos. Mas como qualquer outra coisa sujeita a um desenvolvimento exponencial, o que parecia inércia logo deu lugar a um dilúvio de transformações.

*

A edição de genes é um tipo de engenharia genética no qual o DNA é inserido, apagado ou substituído no genoma de um organismo. É obtido com o uso de enzimas restritivas, ou "tesouras moleculares", das quais – até recentemente – havia três tipos: meganucleases, nucleases de dedos de zinco (ZFNs) e nucleases efetoras do tipo ativador de transcrição (TALENs). Ainda que haja uma variação significativa no preço de cada processo, e as

ZFNS e TALENS tenham sido desenvolvidas mais recentemente, todas elas permaneciam fora do alcance de todas as instituições, exceto as mais ricas. Assim como os computadores até o início dos anos 1970, a edição genética era uma exclusividade reservada aos pesquisadores de elite e estava sujeita a enormes despesas gerais. Como resultado, a experimentação e os testes eram raros, caros e lentos.

Isso mudou nos últimos anos, porém, com a chegada do CRISPR-Cas9. O CRISPR é uma nova abordagem que reduz os custos de edição genética em 99%, ao mesmo tempo que reduz o tempo de experimentação de meses para semanas. Embora ainda não esteja totalmente aperfeiçoado e nem sempre seja suficientemente preciso, o CRISPR é uma técnica programável e fácil de usar para praticamente qualquer laboratório, permitindo aos cientistas editar informações genéticas com eficiência sem precedentes. Assim como a SpaceX com a tecnologia de foguetes, o CRISPR-Cas9 não permite que os humanos façam nada particularmente novo. Em vez disso, ele ilustra como a informação que quer ser livre perturba a visão geral sobre a escassez e torna possível a oferta extrema. A forma como lidamos com a biologia, principalmente a nossa própria biologia, está para ser transformada tão radicalmente quanto a mão de obra com a automação, a energia com as alternativas renováveis e os recursos com a extração mineral fora do planeta.

A técnica em si é ao mesmo tempo simples e elegante. Isso porque o CRISPR, que significa "*Clustered Regularly Interspaced Short Palindromic Repeat*" [Repetições Palindrômicas Curtas Agrupadas e Regularmente Interespaçadas], imita o mecanismo imunológico das bactérias quando atacadas por um vírus na natureza. Confrontadas com tal situação, as bactérias pegam tiras do DNA do vírus e as inserem em seu próprio DNA usando uma enzima chamada Cas. Essas sequências recém-formadas são o CRISPR, que a bactéria então usa para produzir cópias de RNA para reconhecer o DNA viral e repelir futuros ataques. Embora esses processos tenham sido observados e compreendidos desde o início dos anos 1990, foi somente em 2013 que o CRISPR foi transformado em uma ferramenta adequada para a edição genética. Isso foi feito por meio da substituição do sistema bacteriano de RNA CRISPR por um RNA guia modificado que agora atuava como um sinal para informar uma enzima, chamada Cas9, o que rastrear. Isso permitiu que a enzima escaneasse efetivamente o genoma de uma célula para isolar uma combinação antes de cortá-la. Aplicando esse mesmo processo, os cientistas podem mudar ou adicionar DNA dentro de uma célula de uma maneira que lembra o cortar, copiar e colar – embora, por enquanto, uma leve margem de erro permaneça. Décadas após a confirmação de que o DNA é responsável pela herança genética, e mais de 60 anos desde a invenção do transistor de silício, a tecnologia da informação pode reprogramar sistemas biológicos com facilidade crescente.

Os governos de vários países, incluindo os EUA e o Reino Unido, já aprovaram o uso do CRISPR-Cas9 em embriões humanos e adultos. Você pode até mesmo comprar kits domésticos online usando o mesmo sistema para modificar bactérias em seu tempo livre. A alteração de bactérias para que brilhem no escuro como águas-vivas ou para que desenvolvam resistência a certas cepas de antibióticos poderia conquistar um Prêmio Nobel há 30 anos – hoje há crianças do ensino fundamental fazendo isso.

Testes com CRISPR-Cas9 já produziram resultados impressionantes em laboratórios em todo o mundo, criando "beagles bombados" sem miostatina, prevenindo a infecção pelo HIV em células humanas, revertendo parcialmente os efeitos da doença de Huntington em ratos de nove meses de idade e retardando a propagação do câncer. Parece cada vez mais provável que a edição genética em geral – e a CRISPR-Cas9 em particular – pode ajudar a eliminar uma série de condições herdadas geneticamente, visto que mais de três mil delas são causadas por uma única letra incorreta em nosso DNA – incluindo a doença de Huntington, fibrose cística e anemia falciforme. Isso por si só já representaria um progresso espetacular. Na segunda metade do século XX, a humanidade erradicou a varíola; na primeira metade do século XXI, poderia eliminar milhares de doenças genéticas. Para sempre.

Mas as possibilidades de edição genética vão além de mitigar, e até mesmo superar, condições herdadas geneticamente que impactam centenas de milhões de pessoas. O genoma poderia ser reprogramado para se tornar resistente ou mesmo imune a doenças como gastroenterite viral, HIV e Alzheimer, além de diminuir o risco de doença coronariana, proporcionar músculos mais esbeltos e ossos mais fortes. Tudo isso pode parecer um pouco exagerado, e antes da edição do genoma humano em escala tais esforços deveriam ser sujeitos a um vigoroso debate público. Mas qual é a diferença entre melhorar a nutrição em nome de resultados de saúde e otimizar nossa programação biológica? Pouca – e embora a combinação de ambos seja provavelmente o ideal, o segundo é muito mais preciso.

※

Desde 2016, o número de testes de edição de genes que empregam a técnica CRISPR-Cas9 já aumentou substancialmente. Já que a esmagadora maioria ocorre tanto na China quanto nos Estados Unidos, e estes agora tendo que correr atrás do prejuízo, alguns comentaristas estão se referindo a essa nova rivalidade como "Sputnik 2.0".

Mas embora tal comparação seja fácil de entender, existe uma diferença sísmica entre as inovações em biotecnologia hoje e o choque da Guerra Fria pela supremacia científica há meio século. Durante cinquenta anos após o lançamento do Sputnik em 1957, o custo da exploração espacial foi tão alto que somente os Estados, e as superpotências, para ser mais exato, podiam se dar ao luxo de participar. Técnicas como CRISPR-Cas9, em compensação, reduziram drasticamente os custos de entrada na edição genética, e visando curar o câncer ou criar armas biológicas de destruição em massa, a tecnologia necessária poderá em breve estar disponível por dezenas de milhares de dólares em vez de bilhões. As consequências disso, com o custo da edição do material genético – tanto de nós mesmos quanto de outras espécies – chegando cada vez mais perto de zero, são difíceis de se sobrestimar.

No entanto, estamos começando a ter vislumbres de como poderá ser esse futuro. No início de 2017, a FDA (agência de saúde dos Estados Unidos) foi contatada por David Ishee, dono de um canil localizado no Mississippi e apaixonado por *biohacking*. Ishee recentemente desenvolvera suas habilidades com o CRISPR-Cas9, conduzindo experimentos pessoais em seu laboratório de fundo de quintal. Ele esperava usar a técnica para eliminar uma condição hereditária comum aos dálmatas chamada hiperuricemia, que pode causar gota, e tinha enviado à FDA um esboço de seus planos. Tendo presumido que a aprovação da agência era uma mera formalidade, Ishee ficou surpreso por não receber nenhuma resposta.

Em 18 de janeiro daquele ano, a razão ficou clara quando a FDA divulgou uma proposta para regulamentar gado, suínos, cães e outros animais modificados com ferramentas de edição genética, incluindo o CRISPR-Cas9. Uma área anteriormente ambígua na fronteira entre a cultura do faça-você-mesmo e da tecnologia de ponta e de alto valor passaria agora a exigir aprovação federal e estaria sujeita a uma supervisão governamental significativa.

Isso veio como um golpe para Ishee, que disse à mídia que seria "mais fácil ensinar os criadores de cães a usar o CRISPR do que fazê-los entender porque a reprodução de raças puras ser uma coisa ruim". Sua opinião era que o material genético dos cães de pedigree não é de forma alguma "natural", para início de conversa, e que a CRISPR ofereceu um meio de corrigir os erros biológicos que eram o resultado da intervenção humana.

A FDA propôs tratar a porção editada do genoma de um animal como equivalente a um medicamento veterinário. Assim, como um novo comprimido, os animais modificados não poderiam ser vendidos ou mesmo oferecidos como um presente. Igualmente importante, é provável que os genomas editados poderiam estar sujeitos a direitos de propriedade intelectual e patente. Seria a batalha sobre o Napster, a rede P2P de compartilhamento de arquivos na virada do milênio, mas agora aplicada à biologia. Mesmo que a informação queira ser livre – ou pelo menos queira ser consistentemente mais barata ao longo do tempo –, isso não importa quando há negócios em curso e modelos de lucro a serem protegidos.

Embora existam justificadas preocupações sobre segurança que precisam ser gerenciadas e regulamentadas, transformar o DNA editado – incluindo o nosso – em uma mercadoria exclusivamente com fins lucrativos é inteiramente consistente com a lógica do capitalismo. Como já vimos em outros lugares, a escassez artificial tem de ser imposta para criar um mercado – caso contrário, ninguém pode ter lucro. Os comentários de Ishee em resposta ao anúncio talvez ofereçam um sinal, no entanto, de como poderia ser a ação direta à medida que a Terceira Ruptura se acelera: "Sinto que talvez o melhor seja ir em frente e produzir os animais saudáveis, e depois dizer às pessoas que achamos a cura para essa doença, mas a FDA não nos deixa usá-la".

Bem-vindo a Elysium

É possível traçar paralelos entre David Ishee e seus esforços de *biohacking* no Mississippi moderno e o filme *Elysium*, ambientado em 2154. Nele, a Terra foi devastada pelas mudanças climáticas e pelo que parece ter sido um colapso na economia formal. Como resultado, os ricos partiram para uma colônia fora do mundo chamada *Elysium* – um gigantesco habitat espacial que orbita a Terra. A diferença de qualidade de vida entre seus habitantes e os que ficaram para trás não poderia ser mais marcante.

Um dos muitos benefícios concedidos aos elysianos é o acesso aos *Med-Bays*, máquinas que podem curar doenças, aparentemente reverter o envelhecimento e regenerar partes inteiras do corpo. A trama central do filme gira em torno de Max da Costa – um ex-ladrão de carros que vivia entre as ruínas de Los Angeles – e seus esforços para acessar um *Med-Bay* após ter sido exposto a quantidades letais de radiação. A busca de Max é refletida pelos esforços de sua amiga de infância Frey, enquanto ela busca uma cura para sua filha jovem que está morrendo de leucemia. O único problema é que o uso dos *Med-Bays* é limitado exclusivamente aos cidadãos de Elysium e não funciona com mais ninguém. Isso significa que a única esperança para a filha de Frey e para Max é mudar o sistema operacional de todo o habitat, tornando sua tecnologia disponível para pessoas de fora como eles.

O filme culmina com um *hacker* chamado Spider carregando um programa a partir do cérebro de Max para reiniciar o sistema operacional de Elysium e estender a cidadania aos que estão na Terra. Pouco depois disso, os robôs partem para cuidar dos doentes e dos que estão morrendo. Em vez de um ato de caridade, eles estão simplesmente mantendo seu protocolo: cuidar dos elysianos.

Talvez não seja óbvio de imediato, mas *Elysium* é um filme sobre direitos. As tensões entre direitos humanos universais e os direitos negados ao cidadão; entre o direito à propriedade privada e o direito de acesso a formas públicas de assistência de saúde. Para a maioria das pessoas, ao menos intuitivamente, o direito à vida para alguns se sobrepõe ao "direito" a uma riqueza inimaginável para outros. É por isso que a cena final do filme é feliz, apesar de Max realizar o sacrifício definitivo.

Assim, além de ser uma história sobre um futuro plausível para a humanidade, *Elysium* também oferece uma parábola sobre como a Terceira Ruptura pode se desenvolver. Seu significado é óbvio: há tecnologia mais do que suficiente para que todos na Terra possam viver vidas saudáveis, felizes e gratificantes. O que atrapalha não é a inevitável escassez da natureza, mas a escassez artificial do racionamento do mercado e a garantia de que tudo, a todo custo, seja produzido com fins lucrativos.

Essa dissonância só se tornará mais exasperante com o tempo, especialmente tendo em vista as tecnologias médicas identificadas acima. É por isso que também precisaremos mudar o sistema operacional de nossa sociedade.

*

Talvez já estejamos vendo o mundo que *Elysium* retrata. Em dezembro de 2015, a SpaceX pousou seu foguete Falcon 9, tornando-o o primeiro propulsor reutilizável a entrar com sucesso no espaço orbital e retornar para um segundo voo. Foi um momento histórico para a tecnologia espacial ao revelar a importância crítica dos foguetes reutilizáveis para tornar essa indústria comercialmente viável.

Poucos meses antes, em setembro, imagens de uma criança morta em uma praia turca eram manchetes em todo o mundo. Alan Kurdi havia nascido três anos antes em Kobani, uma cidade no Curdistão sírio próxima à fronteira com a Turquia e ponto focal na guerra civil daquele país. Tendo fugido de sua casa durante um cerco sustentado pelo ISIS, a família de Kurdi voltou para lá em janeiro para partir apenas alguns meses depois, quando os combates começaram novamente. Como muitos de seus compatriotas, a família Kurdi procurou refúgio na Europa, e na madrugada de 2 de setembro, Alan embarcou em um barco ilegal para a ilha grega de Kos com seu irmão e seus pais. Em poucos minutos o navio virou. Às 6h30 da manhã, o corpo de Kurdi foi encontrado por habitantes locais em Bodrum. Em poucos dias, seu corpo, juntamente com o de sua mãe Rehana e irmão Ghalib, foram mandados de volta para Kobani para serem enterrados.

A família de Alan Kurdi, como milhares no verão de 2015, pretendia entrar na Europa em busca do santuário, da dignidade e da oportunidade que mereciam como seres humanos. Conquanto os países da Europa Ocidental possam não possuir as tecnologias médicas do Elysium, os foguetes reutilizáveis que foram pilotados com sucesso dentro de meses após a morte de Kurdi compõem uma analogia totalmente óbvia. Um mundo que em breve terá a tecnologia para sequenciar o genoma de cada organismo na Terra também permite que milhares se afoguem no Mediterrâneo a cada ano.

*

Apesar de as terapias genéticas e do sequenciamento genético no dia a dia não serem os *Med-Bays*, elas têm o potencial de causar sérias turbulências à prestação de serviços de saúde, visto que possivelmente eliminarão condições que debilitam ou matam milhões de pessoas por ano. Mais importante ainda, essas tecnologias, sustentadas por melhorias exponenciais e tendências à oferta extrema, não só nos permitiriam acompanhar os desafios únicos de saúde apresentados pelo envelhecimento da sociedade, mas até mesmo ultrapassá-los. Embora muitas vezes nos digam que não podemos nos dar ao luxo de manter sociedades cada vez mais idosas e que as formas socializadas de saúde seriam particularmente insustentáveis, a verdade é o oposto. As formas socializadas de assistência de saúde, como mostram estudos e mais estudos, são mais eficientes, além de mais equitativas. É somente as mantendo e as expandindo, e ao mesmo tempo integrando essas novas tecnologias, que a sociedade pode progredir. Essa verdade fundamental, combinada com a assistência de saúde se assemelhando crescentemente a um bem de informação, tem implicações muito mais profundas do que enciclopédias livres ou filmes gratuitos, e pode até mesmo decretar o fim das doenças hereditárias ou relacionadas à idade.

A alternativa? Que novas formas de desigualdade biológica não correspondam às formas de desigualdade econômica existentes, com os ricos alterando o DNA de seus descendentes para torná-los superiores ao resto de nós em todos os sentidos, minando a base dos direitos humanos modernos – que todos os seres humanos são criados iguais.

8. COMIDA SEM ANIMAIS: PÓS-ESCASSEZ NA ALIMENTAÇÃO

Bovinos são muito ineficientes na conversão de proteína vegetal em proteína animal. Na verdade, perdemos muita comida ao oferecê-la aos animais como um item intermediário.

Mark Post, inventor da carne de laboratório

Descobrimos como a vida realmente funciona e já não precisamos causar a morte para criar alimentos.

Vídeo promocional da Eat Just

Comida, excedente e rupturas

A Primeira Ruptura foi sobretudo uma revolução na alimentação. Ainda que antes dela nossos ancestrais possuíssem tecnologias simples como o fogo e ferramentas manuais de pedra, seu impacto era limitado antes do advento da agricultura. Consequentemente, qualquer censo da vida humana, mesmo que há 12 mil anos, revelaria uma população mundial de pouco mais de 5 milhões de pessoas, o equivalente à população atual da Irlanda.

Tudo começou a mudar à medida que o cultivo de lavouras e a criação de animais possibilitaram a existência de sociedades maiores e mais complexas. Nossos antepassados já não estavam mais sujeitos aos caprichos de outros predadores, à fome ou a desastres naturais. Agora, era possível se preparar para o futuro, criando excedentes durante períodos de abundância, bem como ferramentas e formas de infraestrutura a fim de expandir progressivamente tal abundância recém-adquirida.

Dada a frequência de histórias assustadoras envolvendo alimentos geneticamente modificados como a corporificação dos piores aspectos da tecnologia moderna, é irônico que muitos dos alimentos que hoje consideramos básicos tenham sido desenvolvidos por meio de modificação genética durante esse período. As cenouras, inicialmente cultivadas no Afeganistão há onze mil anos, já foram roxas e brancas, enquanto as bananas, a fruta favorita do mundo atualmente, tornaram-se estéreis e incapazes de semear desde que nossos ancestrais começaram a cultivá-las após a última Era do Gelo. Embora os críticos tenham razão ao dizer que uma correção tecnológica não é, isoladamente, suficiente para resolver questões de degradação ecológica e escassez de alimentos, em um sentido muito significativo a tecnologia é precisamente o que possibilitou o sucesso de nossa espécie à partida.

Um mundo forçado ao limite

Ao mesmo tempo que a história da ascensão da humanidade se baseia na agricultura e em sua habilidade única de reprogramar as dádivas da natureza, parece que tal inventividade alcançou os limites naturais do nosso planeta. Estes são mais óbvios do que nunca e podem se expressar de diversas maneiras. Entre elas, a mais marcante é um sexto evento de extinção em massa, no qual um em cada quatro mamíferos está prestes a desaparecer. Além disso, 90% dos maiores peixes em nossos oceanos já desapareceram, as geleiras que abastecem bilhões de pessoas com água potável estão começando a derreter e solos agrícolas estão ficando cada vez mais salgados, degradados pelos excessos da agricultura industrial. Em suma, os tesouros de nosso planeta – minerais, animais e plantas – estão sendo dizimados em um ritmo cada vez mais acelerado.

A razão é simples. A humanidade consome hoje recursos equivalentes a 1,6 Terras por ano, apesar de mais de dois bilhões de pessoas consumirem menos de 2 mil calorias diárias, o que parece sugerir que há gente demais. Mas, se este fosse o caso, a última coisa que poderíamos querer seria que os pobres desfrutem de estilos de vida e consumo como as pessoas dos países mais afluentes. Isso pareceria um problema para qualquer um que quisesse tratar de questões de desigualdade e pobreza globais, porque qualquer melhoria significativa em relação a elas pareceria exacerbar a degradação ambiental.

Mas não termina aí. Estima-se que a população humana da Terra aumente em mais 2 bilhões de pessoas até 2050. Com o objetivo de proporcionar uma dieta equilibrada a todos nós, 9,6 bilhões de pessoas, a Organização das Nações Unidas para Alimentação e Agricultura (FAO) acredita que a produção de alimentos precisaria aumentar em 70%. Em outras palavras, em meados deste século, a humanidade precisaria de recursos equivalente a mais de dois planetas Terra apenas para que todos possam ter um padrão de vida decente.

Até mesmo isso pode ser otimista, no entanto. Se todos fossem desfrutar da dieta do estadunidense médio na atualidade, consumindo aproximadamente 3.700 calorias por dia, precisaríamos dos recursos de mais cinco Terras no espaço de uma geração. Mesmo se considerássemos os Estados Unidos contemporâneo um modelo para o desenvolvimento global, da perspectiva da biocapacidade isso não seria nem remotamente possível.

Quando previsões razoáveis sobre o impacto das mudanças climáticas na agricultura são integradas a esse quadro, a situação fica ainda pior. Um relatório de 2009 previu que um aquecimento de três graus significaria uma redução de 50% na produção de trigo no sul da Ásia entre 2000 e 2050, assim como uma redução de 17% no arroz e de 6% no milho. E estamos falando de uma região com três dos oito países mais populosos do mundo: Índia, Paquistão e Bangladesh; países cujas populações devem aumentar ainda mais nos próximos anos. Além disso, as geleiras que abastecem os grandes rios do subcontinente indiano (os rios Brahmaputra, Ganges e Indo), que fornecem água potável a centenas de milhões de pessoas, estão começando a desaparecer. O mesmo estudo previu um declínio de 20% na produção de arroz e 16% na de trigo no leste asiático. Já na África subsaariana, cuja população deve dobrar até 2050, a produção de arroz recuaria em 14% e a de trigo em 22%. Para o Oriente Médio (que, assim como a África, está particularmente sujeito ao duplo desafio da crescente escassez de água e do rápido aumento populacional) a previsão é ainda pior, com a produção de arroz diminuindo em 30%, a de milho em 47% e a de trigo em 20%.

No entanto, isso não quer dizer que os países comparativamente mais ricos do Norte Global não seriam afetados. Dentro de um cenário de baixo aquecimento, as previsões sugerem que a produção de milho e soja nos EUA cairia 30% e 46%, respectivamente. Dado que o país é atualmente o maior exportador de grãos do mundo, isso seria um desastre não apenas nacional, mas também para o mercado mundial. Mesmo que outros países como Rússia e Canadá se tornassem potências agrícolas, essa situação poderia aumentar a possibilidade de conflitos em torno de recursos com seus vizinhos militarmente mais poderosos.

Esqueça a pós-escassez: entre o aumento populacional, as mudanças climáticas, a falta de água doce e a biocapacidade forçada ao limite, simplesmente evitar a fome generalizada até a metade deste século já seria uma conquista impressionante. Sendo assim, como o planeta poderia alimentar 9,6 bilhões de pessoas de forma sustentável?

*

Nos modelos atuais de produção alimentar, a resposta depende em grande parte do tipo de dieta adotada. Em um ano, o estadunidense médio consome 800 quilos de grãos em alimentos e na forma secundária de ração animal. Se fosse para tal média se tornar global, então o nível atual de produção de grãos, ligeiramente acima de 2 bilhões de toneladas, só poderia sustentar uma população global de apenas 2,5 bilhões. Por outro lado, se a média estivesse alinhada com a dieta mediterrânea, na qual cada pessoa consome cerca de 400 quilos de grãos por ano, a Terra poderia sustentar uma população duas vezes maior do que com a dieta estadunidense. Por fim, se todos nós comêssemos (direta ou indiretamente) a mesma quantidade de grãos que a média indiana, então os métodos atuais de produção alimentar poderiam sustentar uma população planetária de 10 bilhões, mais ou menos onde estaremos nas últimas décadas deste século.

Falando sem rodeios, é o consumo de carne e laticínios típico das dietas do Norte Global o que nos faz viver além de nossos meios ecológicos. Os níveis atuais de produção alimentar até poderiam atender a demanda para 2050, mas isso exigiria uma dieta típica com ausência quase total de proteína animal.

Há pelo menos algumas boas notícias, entretanto. Embora a população humana da Terra tenha explodido desde o início da Segunda Ruptura, é provável que atinja um pico de 10 bilhões neste século e, depois disso, diminua ou permaneça estável. Do ponto de vista das bocas para alimentar, isso significa que não será tão diferente do presente – um acréscimo de 3 bilhões de pessoas, equivalente ao crescimento populacional desde 1974. Na verdade, é o aumento de expectativas para as dietas, combinado com o declínio da produção agrícola como resultado das mudanças climáticas, que representa o maior obstáculo para acabar com a fome no mundo.

*

Alegações sobre o aumento populacional e os limites naturais da Terra não são nenhuma novidade. Com efeito, Thomas Malthus, um dos mais importantes pensadores do início da história da Economia política, era obcecado pelo assunto. Em seu polêmico *Ensaio Sobre o Princípio da População*, de 1798, Malthus observou como qualquer aumento na produção alimentar resultava em um crescimento populacional em vez de uma melhoria no padrão de vida médio. Sua conclusão foi drástica: "Nestas condições, será inevitável que a pressão demográfica seja superior à capacidade do planeta em fornecer meios de subsistência ao homem, assim a morte prematura visitará a raça humana".

Malthus não foi único em tal raciocínio. William Jevons, um economista inglês dos anos 1860, observou como motores a vapor mais eficientes, de maneira contraintuitiva, resultavam em um aumento no consumo de carvão, em vez de uma diminuição – uma observação desde então referida como o "Paradoxo de Jevons". Entre Malthus e ele, o veredicto parecia ser o mesmo: a inventividade humana, por mais vasta que seja, nunca seria capaz de acompanhar seus apetites vorazes.

No entanto, a história da agricultura durante a segunda metade do século XX indica o contrário. Embora alimentar um mundo de 9 bilhões possa parecer impossível, especialmente no contexto mais amplo das cinco crises, a realização mais importante dos últimos 60 anos sugere que isso pode ser feito: a Revolução Verde.

Comida como informação: a Revolução Verde

Atualmente, a área destinada à agricultura é de cerca de 37,5% das terras na superfície terrestre, mais ou menos o mesmo que no final dos anos 1970. Ainda assim, nosso planeta tem capacidade para alimentar três bilhões de pessoas a mais, enquanto o consumo médio de calorias aumentou e a privação alimentar diminuiu. Só nas últimas duas décadas, o número de pessoas que passam fome caiu pela metade, para cerca de 10% da população mundial. Tudo isso foi alcançado enquanto um número cada vez menor de pessoas trabalhava na agricultura.

Isso sugere que deve existir outra maneira de alimentar 9 bilhões de pessoas, que garanta que haja comida mais do que suficiente para todos, sem a necessidade de racionamento ou mudança de hábitos alimentares. De fato, pode existir uma maneira na qual os alimentos seriam tão abundantes que, assim como a energia, a mão de obra e os recursos minerais, eles se tornariam virtualmente gratuitos, e seu valor derivaria do conteúdo informativo em vez de insumos como a terra ou o esforço humano.

*

Embora muitas pessoas talvez nunca tenham ouvido falar dele, Norman Borlaug foi uma das figuras mais importantes do século XX. Um ano após completar seu doutorado em 1942, Borlaug ocupou um cargo de pesquisador agrícola no México, onde desenvolveu variedades de trigo semi-anão de alto rendimento, uma cultura que o país não conseguia produzir em quantidades suficientes. Essas variedades modificadas gastavam mais energia fazendo crescer grãos comestíveis, em vez de gastá-la com longos caules não comestíveis como outras variedades, e tinham o benefício adicional de serem resistentes a doenças. Financiada pela ONU, por diversas agências governamentais dos EUA e pela Fundação Rockefeller, essa foi a mais moderna pesquisa agronômica à época, mais de uma década antes de entendermos como o DNA e a hereditariedade funcionam de fato.

A produção mexicana de trigo rapidamente prosperou. Em 1956, o país já se tornara autossuficiente nesse cultivo e, em 1964, exportava meio milhão de toneladas. Em duas décadas, a maior parte do trigo do país já era oriunda dos grãos de Borlaug. Mas os problemas com a produção de alimentos se estendiam para muito além do México. Em um mundo de países recém-libertos dos impérios europeus, o espectro da fome em nível global era mais premente do que nunca. O subdesenvolvimento econômico resultante do colonialismo, combinado com o crescimento populacional e a relativa fraqueza das estruturas estatais, parecia uma mistura perigosa em um mundo repleto de incertezas.

Por esse motivo, em 1961, quando a Índia se encontrava no limiar de uma situação de grande fome, Borlaug foi convidado a aplicar seus conhecimentos no país. A região do Punjab havia sido selecionada para testes com culturas recém-desenvolvidas, criadas pelo então novo Instituto Internacional de Pesquisa de Arroz, ou IRRI. Assim como no México, depois disso a Índia daria enormes saltos como resultado de seu programa de melhoramento vegetal, de desenvolvimento da irrigação e do uso de agroquímicos. No entanto, é possível argumentar que o fator decisivo tenha sido a adoção da variedade de arroz IR8, um grão semi-anão desenvolvido pelo IRRI. Segundo pesquisas de 1968, a Índia era capaz de produzir cinco toneladas por hectare sem fertilizante e quase 10 toneladas em condições ideais, um aumento de 900% em relação às variedades tradicionais de arroz do país. Nesse mesmo ano, o biólogo Paul Ehrlich publicou o best-seller *The Population Bomb* [A Bomba Populacional], no qual detalhou como a fome, particularmente na Índia, mataria centenas de milhões de pessoas nas décadas seguintes. De maneira inequívoca, ele escreveu: "Não sei como a Índia conseguirá alimentar mais 200 milhões de pessoas até 1980".

Mas ela conseguiu, e enquanto a expectativa de vida dobrava. Um país historicamente assolado pela fome causada pela colonização tornou-se o principal exportador de arroz do mundo no início do século XXI. Tal sucesso inesperado foi o legado de

Borlaug, do IRRI e da Revolução Verde em geral, cujo princípio central era que a comida é, em última análise, informação. E, como sabemos, qualquer informação pode ser reprogramada.

Completando a Revolução Verde

Grande parte da Revolução Verde, que transformou em especial a agricultura asiática, envolvia a difusão de técnicas e infraestrutura já comuns às nações industrializadas. Isso incluía projetos modernos de irrigação, bem como o uso de pesticidas químicos e fertilizantes sintéticos. Seu aspecto principal, no entanto, foi a adoção de variedades de cultivo amplamente melhoradas e geneticamente modificadas. É por isso que a produção de trigo triplicou desde o início dos anos 1970 entre os países em desenvolvimento, possivelmente salvando 1 bilhão de vidas nesse processo.

Mas e se essa Revolução Verde, que nos permitiu alimentar mais pessoas do que nunca e usar menos mão de obra para isso, fosse apenas o começo? E se, em vez de habitarmos um planeta esgotado, estivéssemos apenas começando a entender como nosso domínio sobre a natureza poderia trazer uma abundância quase ilimitada? Se a informação quer ser gratuita (e a generosidade da natureza é um arranjo de informação altamente complexo), então por que deveria existir fome?

*

A primeira Revolução Verde aparentemente teria desconcertado Malthus, Jevons e Ehrlich, confirmando que nossa inteligência coletiva é suficiente para satisfazer nossos apetites. Porém, como aconteceu com tantas outras coisas no século XX, não quer dizer que não tenha havido um custo. Combustíveis fósseis foram queimados como nunca, acelerando as mudanças climáticas, habitats naturais foram destruídos, rios e lagos envenenados e o solo tornou-se cada vez menos fértil. O século passado pode ter provado que os pessimistas estavam errados, mas ainda parece que estamos com os dias contados. Seria um adiamento temporário.

Não menos importante é o tratamento dos animais neste paradigma de agricultura ultraeficiente. As práticas agrícolas da era contemporânea podem fornecer maiores quantidades de proteína, carboidratos e gordura, mas além de esgotarem o planeta, também causam imenso sofrimento à vida senciente. Milhões de pintinhos machos são macerados vivos juntos das suas cascas em esteiras transportadoras porque não podem pôr ovos. As galinhas criadas em granjas de gaiola passam a vida inteira em um espaço do tamanho de uma folha de papel A4, recebendo um fluxo de antibióticos para impedir infecções. As vacas são inseminadas artificialmente e forçadas a parir pelo menos uma vez por ano para produzir leite continuamente. Em circunstâncias naturais, elas dão de mamar aos bezerros durante nove meses a um ano, mas os bezerros nascidos em propriedades leiteiras são retirados da mãe poucos dias após nascer – uma experiência traumática para ambos os animais. Os machos não têm utilidade para os produtores de leite, de modo que mais de 100 mil bezerros são abatidos anualmente no Reino Unido.

A produção de alimentos altamente automatizada pode alimentar mais pessoas do que nunca, mas tamanha matança é algo a que poucas pessoas gostariam de assistir ou mesmo ficar sabendo.

Carne sintética: carne sem animais

Com exceção de certos organismos extraordinários no fundo do oceano, quase toda a vida na Terra é abastecida pelo Sol. Plantas e algas se nutrem por meio de uma reação química alimentada pela energia solar chamada fotossíntese, combinando o gás carbônico do ar com a água. Isso é feito com clorofila, um pigmento verde que dá cor a esses organismos e que é responsável por capturar a energia do Sol. O mesmo processo ocorre com o fitoplâncton nos oceanos, pequenos organismos responsáveis por metade do oxigênio do planeta e que são a base de quase toda a vida marinha.

Essas formas de vida movidas a energia solar fornecem energia para herbívoros como bisontes, elefantes e zooplâncton na natureza, e para animais domésticos como ovelhas e vacas. Estes, por sua vez, formam a base da dieta carnívora, seja para predadores como grandes felinos, peixes de maior porte ou seres humanos e animais domésticos. Os humanos costumam criar e comer animais onívoros e herbívoros; além de serem mais fáceis de alimentar, eles têm níveis mais altos de gordura corporal, o que significa que há um maior volume de calorias a serem consumidas.

No entanto, em comparação com uma dieta à base de plantas, a criação de animais continua sendo energeticamente intensiva e ineficiente na conversão de energia solar em alimentos. Uma família de Bangladesh que vive à base de arroz, feijão, vegetais e frutas, por exemplo, pode subsistir em menos de meio hectare. Já um cidadão estadunidense médio, que consome mais de 120 quilos de carne por ano, requer até vinte vezes mais. Se examinarmos os insumos necessários para produzir um quilo de proteína de soja em comparação com a proteína animal, esta utiliza doze vezes mais terra, treze vezes mais combustíveis fósseis e quinze vezes mais água, sendo que a soja é um produto vegetal reconhecidamente ineficiente.

Quase um terço da superfície utilizável do planeta é dedicada direta ou indiretamente à pecuária, e a alimentação animal é a maior parte da produção agrícola global. Um estudo da Universidade Cornell constatou que, enquanto 302 milhões de hectares eram destinados à pecuária nos Estados Unidos, apenas 13 milhões de hectares eram utilizados para o cultivo de hortaliças, arroz, frutas, batatas e feijão. Uma lacuna tão enorme revela que os produtos de origem animal são uma forma altamente ineficiente de utilizar recursos finitos para a produção de alimentos.

Além disso, a pecuária contribui com 14% de todas as emissões de gases do efeito estufa causadas pelos seres humanos e, de acordo com um relatório da ONU de 2006, gera maiores quantidades de gás carbônico do que os automóveis. Enquanto isso, 69% das captações de água doce do mundo são destinadas à agricultura, a maior parte na produção de carne. Uma vaca consome em média cerca de 42 mil litros de água por ano. Isso significa que, para produzir um quilo de carne moída, são necessários cerca de 1.700 litros de água em média; para uma dúzia de ovos, espantosamente, são usados 2.500 litros. E tudo isso em um mundo onde 3,4 milhões de pessoas morrem de doenças relacionadas à água a cada ano.

O mais impressionante de tudo é que, depois de utilizar toda essa água, energia, terra e mão de obra, para não falar das emissões de gases de efeito estufa gerados como subproduto, cerca de metade da carcaça do animal é desperdiçada. Uma novilha de 450 quilos produz, em média, 276 quilos de rendimento de carcaça, o que é reduzido para 195 quilos de cortes para o varejo após a remoção dos ossos e da gordura. Quando se considera a pele e os cascos, dois anos de processos digestivos, a consciência, a respiração ou simplesmente a movimentação do animal, a comida derivada de uma vaca começa a parecer um incrível desperdício como meio de transformar a energia solar em carne e leite.

*

Dados os desafios das mudanças climáticas, a escassez de recursos e o aumento da população, é nítido que o mundo precisa comer muito menos carne. De preferência, deveríamos eliminá-la completamente da nossa alimentação. Mas e quanto à liberdade de escolha? Afinal, os seres humanos podem estar melhor adaptados para comer frutas e vegetais, mas somos onívoros e os animais fornecem uma fonte saborosa de proteína. Em muitos países, o consumo de carne é visto como parte de uma herança cultural mais ampla, e, independentemente dos riscos para a saúde e da necessidade de salvar o planeta, esses sistemas de valor levam décadas para serem alterados, se é que isso vai acontecer.

Contudo, como em todas as outras crises examinadas até aqui, existe uma solução em paralelo com um paradigma que parece completamente insustentável. Acontece que poderíamos alimentar mais pessoas com alimentos melhores, salvar o planeta e reduzir a demanda energética, tudo isso ao mesmo tempo que praticamente acabaríamos com o sofrimento animal na agropecuária. De certa forma, isso representa o culminar da Revolução Verde e do alimento se tornando um bem de informação. É a agricultura celular.

O hambúrguer de 325 mil dólares

Em 2008, um professor holandês chamado Mark Post apresentou a prova de conceito para aquilo que ele chamava de "carne cultivada". Cinco anos depois, em um estúdio de TV londrino, Post e seus colegas comeram um hambúrguer que haviam cultivado em laboratório usando esses mesmos princípios. Secretamente financiado por Sergey Brin, do Google, o percurso da placa de Petri até o prato havia custado aproximadamente 325 mil dólares, o que tornava aquela a refeição mais cara da história. Felizmente, os resultados foram promissores, e o consenso foi de que o hambúrguer "chegou perto da carne, mas não é tão suculento". Eis a confirmação de que o conceito de Post funcionava. A questão seguinte era até que ponto seria possível refiná-lo, expandir sua escala e deixá-lo mais barato. Muito mais barato.

É provável que Post seja lembrado pela História como a pessoa que levou o campo da agricultura celular ao grande público. É improvável, no entanto, que seja ele quem o aperfeiçoe, dado o grande número de indivíduos e organizações que têm trabalhado nesse segmento cada vez mais concorrido. A agricultura celular pode ser entendida como uma abordagem que projeta novos mecanismos para recriar alimentos existentes. Embora grande parte da atenção até agora tenha sido dada à carne de laboratório, suas possibilidades vão muito mais longe, estendendo-se ao queijo sem vacas e leveduras que podem fazer com que vegetais tenham sabor de carne malpassada. É como se o trabalho de Norman Borlaug estivesse chegando na outra metade daquele tabuleiro de xadrez exponencial.

*

Sustentada pelas mesmas tecnologias da Terceira Ruptura, definida pelo declínio dos custos da informação e pelo progresso exponencial na tecnologia digital, não é coincidência que o advento da agricultura celular tenha ocorrido basicamente ao mesmo tempo que o sequenciamento genômico, a inteligência artificial para o consumidor e os automóveis autônomos. No fim das contas, isso resultará em um mundo onde a produção de carne, couro, leite e ovos não mais precisará de animais.

A abordagem de Post é fácil de se entender, mesmo que não seja de se executar. Primeiro, retira-se uma pequena amostra de músculo de um animal antes de isolar o tecido de células-tronco que pode ser redimensionado em um biorreator. Em seguida, fornece-se às células calor e alimento, com oxigênio, açúcar e minerais. Após um período de 9 a 21 dias, elas crescem e se transformam em músculo esquelético e podem ser colhidas. No momento, essa abordagem não funciona com todos os tipos de carne, especialmente aquelas cuja composição é altamente complexa e contém gorduras adicionais. Mas isso não ocorre com peixes, crustáceos e aves, cujo teor de proteína magra faz com que sejam candidatos perfeitos para a fase inicial de inovações na área. Evidências preliminares sugerem que as células musculares das aves podem não precisar sequer de uma estrutura que sirva como "esqueleto" em torno da qual crescer, como a carne vermelha, podendo ser cultivadas em um barril semelhante a um vaso ou em um biorreator, não muito diferente de como se fabrica cerveja.

Contudo, o mais provável é que os primeiros produtos desse tipo sejam de carne de peixe. Talvez faça sentido que os últimos animais caçados em larga escala para alimentação estejam entre os primeiros a serem cultivados de forma sintética para o mercado consumidor. Uma produtora do ramo, a Finless Foods, espera colocar seu produto no mercado no início da década de 2020, desenvolvendo filés de peixe sintéticos "em um ambiente semelhante ao de uma cervejaria". O candidato mais provável era o conceituado atum-rabilho, um peixe que o CEO da empresa, Mike Selden, acreditava que poderia ter um preço competitivo já ao entrar no mercado.

Ainda mais impressionante do que o conceito original por trás da tecnologia são as melhorias na relação preço-desempenho desde então. Enquanto o hambúrguer original de Post custou 325 mil dólares para ser produzido em 2013, apenas três anos depois, a Memphis Meats, sediada nos EUA, produziu a primeira almôndega cultivada por 1 mil dólares. Ainda que possa parecer muito, representou uma queda significativa no preço, com 113 gramas de carne custando menos de 2% daquele primeiro hambúrguer de Post. Mas não parou por aí: um ano antes, Post, agora na Mosa Meats, já havia alegado que o processo do qual ele foi pioneiro poderia produzir carne bovina em laboratório por 80 dólares o quilo, o que significa que um hambúrguer usando carne cultivada poderia custar apenas 12 dólares, uma redução de mais de 99% no custo de quatro anos antes – e tudo isso ainda sem uma produção em escala verdadeiramente industrial.

Isso não quer dizer que não existam grandes obstáculos para a produção comercialmente viável de bifes que não necessitem de vacas, visto que, atualmente, o material no qual as células-tronco crescem é o soro fetal de bezerro. O uso de produtos animais para alimentar tecidos animais "sintéticos" vai contra o objetivo principal, embora aqueles que estão na vanguarda do setor afirmem que uma alternativa vegana não está distante.

A outra grande questão é a energia, especificamente para carne sintética de animais como porco, vaca e frango. Enquanto os frutos do mar sintéticos podem crescer à temperatura ambiente, a carne de mamíferos precisa de uma temperatura próxima à do nosso corpo. Ou seja, embora qualquer mudança para a carne sintética possa oferecer grandes economias no uso da terra, nas emissões de gases do efeito estufa, na mão de obra e na água, a quantidade de energia consumida pode ser maior. Não obstante, com as tendências já delineadas em relação às energias renováveis e à conservação do calor, esse é um preço relativamente baixo a se pagar.

Dada a sobrecarga ecológica da produção atual de carne, bem como sua intensa demanda por recursos escassos, a carne sintética poderia oferecer uma mudança de paradigma. O CEO da Memphis Meats, Uma Valeti, considera que os produtos sintéticos ocuparão a maior parte do mercado, mas não a totalidade, especificando: "Não estamos querendo acabar com todas as formas de pecuária. Somos contra a criação intensiva, não contra a criação familiar, mas esta só consegue suprir uma minúscula fração da demanda mundial por carne".

Todavia, Mike Selden, CEO da Finless Foods, discorda, colocando maior ênfase nos direitos e bem-estar animal. "Ultrapassamos a necessidade de matar animais e destruir o meio ambiente para obter alimentos. Podemos fazer bem melhor com a tecnologia que temos". Independentemente de quem tiver razão, as vantagens da carne sintética estão de acordo com as tendências de oferta extrema. Mais do que simplesmente dar conta dos desafios das mudanças climáticas e do crescimento populacional, esta tecnologia permite uma abundância sem precedentes. Basta imaginar: carne barata, saudável, deliciosa, sem sofrimento animal, sem antibióticos e sem riscos sanitários.

*

Apesar de a carne sintética ser o aspecto mais proeminente da agricultura celular e já ter atraído uma grande quantidade de capital de risco, ela é também a mais difícil de se aperfeiçoar tecnicamente. Além do mais, enquanto certos tipos de carne como peixe, carne moída e peito de frango poderão ser comercialmente escaláveis em breve, cortes específicos como costela, bisteca, ou mesmo o bacon gordo, serão muito mais difíceis de replicar. O grande avanço deve vir da aplicação do mesmo processo usado para o crescimento de tecido muscular nas gorduras e, em seguida, usando uma impressora 3D para "imprimir" bifes, fatias de bacon ou até mesmo uma coxa de cordeiro.

Começaremos a ver esses produtos à venda já no início desta década – com efeito, no final de 2018, a Eat Just lançou seu primeiro nuggets de frango. De preço inicialmente alto, ficarão reservados a consumidores ricos preocupados com o meio ambiente, que prezam o consumo ético em detrimento do sabor. Mas, conforme a década for passando, isso mudará, e a carne sintética se tornará cada vez mais comum, em especial nos pratos em que a carne moída e temperada é utilizada, como em almôndegas, hambúrgueres e cachorros-quentes.

Se a carne sintética substituísse completamente as formas atuais de produção de carne, ela ofuscaria até mesmo as conquistas da Revolução Verde. Seria imensa a economia de terra, água e mão de obra humana, assim como a redução das emissões de metano e de gás carbônico – algumas estimativas afirmam que a produção de carne sintética poderia utilizar 90% menos terras e água do que a produção no modelo atual. Um relatório de 2011 conduzido pelas Universidades de Amsterdã e de Oxford concluiu que a carne cultivada poderia consumir 45% menos energia, 99% menos terra e 96% menos água do que a carne convencional, sem mencionar a redução de 96% nas emissões de gases de efeito estufa. O mesmo relatório afirmava que se os EUA adotassem a carne sintética, a provável redução nas emissões de gases de efeito estufa seria equivalente a tirar 23 milhões de carros das estradas do país; sendo que a substituição de um único hambúrguer de carne cultivada, em vez do "de verdade", economizaria água equivalente a mais de 50 banhos de chuveiro.

Uma vez que o consumo de carne e laticínios deve duplicar entre 2000 e 2050, a carne sintética não seria apenas uma coisa bacana para se ter – ela será fundamental para atender às crescentes demandas das pessoas ao redor do mundo. Dado o que aconteceu com os custos de produção durante a década desde que foi conceitualizada, é provável que o preço da carne sintética não só seja competitivo em relação à carne animal, mas, em um futuro não muito distante, seja muito mais barato. Tudo isso ao mesmo tempo que aliviamos o sofrimento e reduzimos o uso de recursos finitos. A opinião pessoal de Post é que a carne sintética será competitiva em termos de preço dentro de 20 anos. A verdade é que, devido ao poder da curva de experiência, pode ser ainda mais cedo.

Carne de vegetais

No entanto, a agricultura celular se estende além da carne sintética. Na realidade, a produção de carne moída, filés e peitos a partir de células-tronco continua sendo um processo incrivelmente demorado, pelo menos por enquanto, e, embora esses produtos possam se popularizar dentro de uma geração, para algumas pessoas isso não é rápido o suficiente. É por isso que a Impossible Foods escolheu uma abordagem diferente ao tentar criar produtos veganos que sejam indistinguíveis da carne. Mas em vez de "cultivar" proteínas de carne, eles pensam que podem fazer isso tornando proteínas que não são de carne mais parecidas com as encontradas nos animais.

A ciência por trás de seu modelo, que por enquanto se concentra no seu carro-chefe, o Impossible Burger [Hamburguer Impossível], é muito mais simples do que criar carne animal sem animais. Entretanto, ela permanece no âmbito da agricultura celular porque sua intenção é criar mecanismos biológicos para produzir alimentos já existentes. Enquanto a abordagem preferida por pessoas como Mark Post é criar carne sintética eliminando o animal de um conjunto de processos biológicos, a Impossible Foods quer ir ainda mais longe e usar apenas vegetais. Pode parecer estranho, mas talvez não deveria – afinal, da perspectiva de um *biohacker*, uma vaca é apenas uma reação química que converte pasto e oxigênio em carne bovina.

Parte do apelo de optar por tal modelo é que grande parte da abundância da natureza permanece desconhecida. Abrangendo coletivamente 8 bilhões de proteínas, 108 milhões de gorduras e 4 milhões de carboidratos, a composição da maioria das 353 mil espécies de plantas do planeta permanece pouco compreendida. Do ponto de vista da Impossible Foods, essas são nada menos que as ferramentas da natureza para eliminar o açúcar processado, o sal e, sim, até mesmo a carne de nossa dieta.

O que lidera essa revolução na reengenharia de nossos alimentos é o grupo heme, o ingrediente secreto do Impossible Burger. Heme é o grupo de moléculas que dá cor ao sangue e que ajuda a transportar oxigênio nos seres vivos, mas, ainda mais importante para a Impossible, ele é responsável pelo sabor rico e semelhante ao do ferro que associamos a uma suculenta carne bovina malpassada.

Embora o heme seja abundante em tecidos musculares animais, ele também pode ser encontrado em diferentes lugares na natureza, particularmente em plantas e leguminosas que capturam nitrogênio. O único problema é que se quiséssemos substituir as fontes animais por fontes vegetais, precisaríamos de aproximadamente 0,4 hectares de soja para produzir um único quilo de leg-hemoglobina. Foi aí que a Impossible Foods encontrou uma solução. A empresa pegou genes que codificam a proteína e os inseriram em uma espécie de levedura chamada *Pichia pastoris*; ela então foi alimentada com açúcares e minerais, o que a fez crescer e se replicar. Trata-se, novamente, de fazer crescer um alimento – nesse caso, um ingrediente específico – de uma forma não muito diferente da fabricação de cerveja.

No caso do Impossible Burger, o grupo heme é o elemento que confere o sabor, a textura e o cheiro de "carne". Tirando isso, as gorduras e proteínas animais são substituídas por vegetais, como trigo, óleo de coco e batatas. Embora a refeição resultante não seja um verdadeiro hambúrguer como um feito de carne sintética seria, a meta é criar hambúrgueres e outros alimentos que eventualmente sejam indistinguíveis de seus equivalentes de carne. Ainda que a carne sintética possa ser competitiva, em termos de preço, em uma geração, produtos de empresas como a Impossible Foods já estarão à venda: atualmente, a empresa produz meio milhão de quilos de "carne vegetal" moída por mês. Até 2019, os investidores haviam apostado quase 275 milhões de dólares na Impossible Foods; contudo, se considerarmos o tamanho do mercado mundial de carne, de mais um trilhão de dólares, e sua rápida expansão apesar das limitações de nosso planeta, parece um investimento prudente.

Mais do que carne

Seja cultivando carne ou modificando geneticamente leveduras para criar ingredientes, as ambições da agricultura celular não se limitam à criação de carne sem animais. Na verdade, os princípios são mais facilmente adotáveis com outros alimentos, tais como leite, claras de ovo e até vinho.

Atualmente, o leite parece ser o mais fácil de todos e, por ser um ingrediente tão importante em uma gama de produtos de origem animal (creme de leite, manteiga, iogurte, queijo, entre outros), um substituto eficaz causaria um enorme impacto. Além disso, centenas de milhões de pessoas são intolerantes à lactose ou preferem não consumir laticínios por questões éticas, o que torna o leite um ponto de partida natural para qualquer pessoa que deseje se envolver na agricultura celular. Claro, há uma variedade de leites de castanhas e de soja por aí, mas nenhum deles tem o mesmo sabor e, mais importante ainda, eles não conseguem acompanhar o ritmo da crescente demanda mundial.

A Perfect Day Foods é uma das primeiras empresas que se considera capaz de enfrentar o desafio de produzir leite de vaca sem vacas. Para isso, seus cofundadores, ambos formados em engenharia biomédica, obtiveram uma cepa específica de levedura do Departamento de Agricultura dos Estados Unidos e inseriram nela uma sequência de DNA de vaca – tudo muito parecido com o que a Impossible Foods fez com o grupo heme. Em seguida, fermentaram a levedura com açúcar, de maneira novamente semelhante à fabricação de cerveja, e fizeram proteínas lácteas "reais" – tanto a caseína quanto a proteína do soro de leite (*whey*). Estas, por sua vez, foram combinadas com gorduras nutrientes à base de plantas para produzir leite sem lactose. Essencialmente, é o mesmo processo de fermentação que ocorre nos quatro estômagos de uma vaca; a diferença é que não se gasta energia no restante do animal, não há subprodutos indesejados, como metano e dióxido de carbono, e o consumo de terra e de água é significativamente menor.

Depois temos os ovos. Os substitutos da clara de ovo não são novidade, afinal, um dos produtos veganos de maior sucesso comercial nos últimos anos é o substituto de maionese Just Mayo. De uma maneira similar ao hambúrguer da Impossible Foods, a Eat Just analisou inúmeras fontes vegetais que possuíam as propriedades emulsificantes da clara de ovo para fazer a maionese. Depois de analisar onze ingredientes vegetais como substitutos potenciais, foi escolhida uma variedade específica de ervilha amarela canadense, um tipo de ervilha seca que possui exatamente as propriedades certas e que não requer nenhuma modificação genética.

Mas, apesar de impressionante, isso ainda não abarca as centenas de outras receitas que precisam de ovos, para não mencionar seu uso em omeletes, confeitaria ou quando preparados isoladamente. É aí que entra a EVERY Company. A empresa desenvolveu uma maneira de replicar com precisão as claras de ovo sem uma única galinha. Não surpreende que o processo comece com uma cepa geneticamente modificada de levedura usada para "cultivar" claras de ovo e todas as suas doze proteínas. Os benefícios potenciais são evidentes de imediato: ovos mais baratos, sem risco de salmonela ou gripe aviária e sem necessidade de antibióticos. Além disso, são mais sustentáveis, com emissões muito menores de gases de efeito estufa e, mais uma vez, utilizando menos terra e água. A ciência por trás disso é promissora e, com a ambição de comercializar suas claras de ovos sintéticas já no início desta década, a EVERY Company pode desempenhar um papel importante para acabar com as questões de bem-estar associadas à produção de ovos em gaiolas industriais e, ao mesmo tempo, possibilitar, um produto mais saudável e mais barato.

Mas e quanto às gemas de ovo necessárias para fazer massas e omeletes, por exemplo? A EVERY Company também pretende produzir um produto semelhante, mas, até lá, a Eat Just terá o terreno livre para si, após ter lançado no verão de 2018 seus ovos mexidos Just Scramble [Só Mexer], feitos a partir de um extrato de feijão moyashi.

O socialismo do champanhe[16]

A agricultura celular não está limitada às necessidades da vida. Na verdade, as coisas começam a ficar muito interessantes com o vinho, que, ao contrário da maioria dos alimentos e bebidas, tem um perfil gustativo altamente específico, dotando cada garrafa de um status e valor distinto. E, embora o processo de potencial replicação do vinho seja diferente dos alimentos considerados acima, isso significa que, talvez mais do que qualquer outro alimento ou bebida, ele seja passível de se tornar um bem de informação.

A única barreira, até agora, tem sido nossa incapacidade de coletar ou replicar as informações necessárias. Se pudéssemos fazer isso, uma garrafa de *magnum vintage* começaria a se assemelhar a um MP3.

A singularidade de cada uva, *terroir* e ano é parte do romantismo em torno do vinho. Para os paladares refinados, um Château Margaux de 1990 é uma bebida totalmente diferente da garrafa de vinho *claret* de mesa do supermercado. De uma perspectiva comercial, isso faz do vinho um ótimo ponto de partida para as empresas de biotecnologia, pois é altamente popular, mas tem múltiplas faixas de preço. Se o que pensamos

---

[16] No mundo anglófono, "*champagne socialist*" ou "socialista do champanhe" é uma expressão usada como insulto pela direita, com uma conotação semelhante à de "esquerda caviar" ou "socialista de iPhone", utilizados pela direita brasileira. (N.T.)

sobre a racionalidade econômica estiver minimamente correto, então os incentivos certos existem para que o vinho esteja na vanguarda da revolução dos alimentos sintéticos.

Isso explica por que uma empresa chamada Endless West (anteriormente Ava Winery) entrou de cabeça no setor. Ela não apenas acredita que pode recriar vinhos sem uvas e sem fermentação, mas também que, em última instância, conseguirá reproduzir o sabor exato de determinadas variedades de uva, solos e safras. A empresa planeja fazer isso por meio da montagem molecular, adotando uma abordagem de "escanear e imprimir" na catalogação dos vinhos existentes, para depois recriá-los com uma mistura precisa de aminoácidos, glicerina, açúcares e etanol. O produto final poderia ser uma garrafa clássica a um preço extremamente reduzido – e eles já tentaram replicar um Dom Pérignon de 1992 (embora nunca o tenham lançado).

Mas como o vinho possui um perfil de sabor altamente complexo, a empresa voltou-se para o uísque, lançando o Glyph, o que chamam de o primeiro "*spirit* molecular" do mundo. Se a abordagem da Endless West funcionar, como acontece em tantos outros lugares no contexto da Terceira Ruptura, isso tornaria as bebidas alcoólicas de alto valor de outrora em um bem de informação. De um dia para o outro, a mais cara das garrafas, cujo valor é uma função de sua escassez, estaria tecnicamente sujeita a replicação infinita. Além do mais, esse processo exigiria muito menos terra, água e mão de obra e poderia até mesmo ser totalmente automatizado. É irônico que o incansável repúdio lançado aos radicais de esquerda sobre como estariam se entregando ao "socialismo do champanhe" possa ser uma descrição adequada de nosso futuro não muito distante.

Por enquanto, esses vinhos são facilmente distinguíveis dos verdadeiros; o vinho Moscato da marca é descrito por um crítico como apresentando "aroma e sabor de plástico" e cheirando à "artificialidade". Não obstante, com o uísque a história foi outra: o *Washington Post* o descreveu como tendo toques de alcaçuz e maçã e um sabor melhor que o da garrafa do "reserva familiar de 21 anos" da Pappy Van Winkle, um dos *bourbons* mais apreciados do mundo.

*

Além da enorme economia de mão de obra, tempo, energia, terra e água, a biologia sintética será a base de uma relocalização histórica da produção de alimentos. A carne sintética, que não precisa de luz solar, parece ser ideal para a agricultura vertical, urbana, enquanto a economia óbvia de terras viria a alterar fundamentalmente nossa relação com a natureza.

Isso poderia trazer uma série de benefícios, incluindo a reconstrução de vastas áreas silvestres destruídas pelo desmatamento e pela Revolução Industrial – certamente de grande utilidade como sumidouros de carbono na tentativa de mitigar as mudanças climáticas. Concomitantemente, o fim da distribuição mundial de alimentos, ao menos em seu formato atual, evitaria quantidades colossais de desperdício. Atualmente, um ingrediente de uma refeição nos EUA viaja em média 2.500 quilômetros antes de ser consumido, enquanto 70% do preço final de um alimento vem do seu transporte, armazenamento e manuseio. Em uma sociedade que enfatize a abundância energética por meio da eficiência, bem como a oferta extrema, a ideia de consumir 127 calorias de combustível para transportar uma caloria de alface americana dos EUA para o Reino Unido, como é atualmente o caso, será, com razão, vista como absurda.

Na realidade, assim como na edição genética, é bem possível que culturas do faça-você-mesmo acompanhem o crescimento da produção hiperlocal, com nosso tempo livre sempre crescente sendo dedicado à fabricação caseira de bifes de chuleta e queijo Gruyère, tanto quanto hoje se faz com cerveja ou cidra.

PARTE III
PARAÍSO ENCONTRADO

A invenção, é preciso admitir com humildade, não consiste em criar algo a partir do nada, mas a partir do caos.

Mary Shelley

Com a abolição da propriedade privada, teremos um individualismo verdadeiro, belo e saudável. Ninguém vai desperdiçar sua vida acumulando coisas e os símbolos das coisas. As pessoas irão viver. Viver é a coisa mais rara do mundo.

Oscar Wilde

9. APOIO POPULAR: O POPULISMO DE LUXO

Queremos tudo.

Nanni Balestrini

Contra a tecnocracia elitista

As tecnologias da Terceira Ruptura já estão criando um conjunto de disposições em relação ao mundo. Como resultado, todos os aspectos da vida social, da propriedade ao trabalho, e até mesmo a escassez, estão sendo transformados.

Dessa observação surgem várias questões: como essas disposições podem ser transformadas em poder político? Como romper a distância entre o futuro que pensávamos ser oferecido e a decepção do presente? Como traduzimos problemas aparentemente pessoais e individuais em um ousado e enfático "nós"?

A resposta a todas as três perguntas começa com uma admissão. Mesmo que a tendência à oferta extrema signifique que tudo se tornará permanentemente mais barato – da alimentação ao transporte e vestuário – em consequência da queda de preço de cada fator de produção graças ao papel central da informação, na ausência de uma política adequada isso apenas levará a novas formas de exploração. Marx expressou perfeitamente quando escreveu: "O maquinário mais desenvolvido, portanto, força o trabalhador a trabalhar mais tempo do que o selvagem, ou do que ele mesmo trabalhava com as ferramentas mais simples e rudimentares."

Em resposta a essa admissão, há uma afirmação: uma política de sucesso que busque submeter as possibilidades da Terceira Ruptura às necessidades das pessoas em vez do lucro deve ser populista – do contrário, certamente fracassará. O realismo capitalista é simplesmente adaptável demais para uma política radical de administração e tecnocracia, o que significa que qualquer ruptura precisa ser compreensível para a maioria das pessoas, em uma linguagem que elas entendam de imediato. Além do mais, os benefícios sociais mais amplos da mudança para o Comunismo de Luxo Totalmente Automatizado devem ser vistos como um paralelo do florescimento em uma escala pessoal em vez de um sacrifício em nome de algum bem maior. É a política do guru da autoajuda – seja exatamente quem você deseja ser – inserida em um programa mais amplo de transformação política: você só poderá viver sua melhor vida sob o CLTA, portanto, lute por isso e recuse o jugo de um sistema econômico que pertence ao passado.

*

O populismo é uma política que se recusa a reconhecer o senso comum predominante na gestão da economia. Consequentemente, uma boa parte de seus críticos, os mais seduzidos pelo realismo capitalista, o ataca com base na premissa incorreta de que não há alternativa ao neoliberalismo. À medida que o *status quo* for ameaçado pelas cinco crises, bem como pelas consequências de longo prazo de 2008, cada vez mais tais defesas se darão por meio de apelos ao antiutopismo em vez de como qualquer coisa positiva ou propositiva. Assim, mesmo os porta-bandeiras do *establishment* poderão admitir que os padrões de vida estão piorando, ou que a sociedade está retrocedendo em muitas medidas, mas, responderão eles, pelo menos não estamos em Ruanda nos anos 1990 e nem somos servos medievais. Tal posição significa a morte da própria ideia de futuro, juntamente das ideias de iluminismo e de progresso – anteriormente pilares ideológicos do capitalismo liberal – trocados por uma visão da boa sociedade como sendo aquela na qual o declínio é ligeiramente mais lento do que poderia ser.

Outros críticos, que podem concordar sobre a escala e mesmo sobre a necessidade urgente das mudanças, argumentarão que tal caminho radical só deveria ser perseguido por uma pequena elite tecnocrática. Esse impulso é compreensível, mesmo que imperdoável; a suspeita de que a democracia desencadearia "as turbas" é tão antiga quanto a própria ideia de democracia. Além disso, uma mudança superficial exclusivamente no nível dos formuladores de políticas públicas é mais fácil de se imaginar do que a construção de um movimento político de massas – e muito mais simples de se executar como uma estratégia. No entanto, a verdade é que qualquer determinação social imposta sem o consentimento das massas, especialmente dadas as energias turbulentas desencadeadas pela Terceira Ruptura, simplesmente não vai durar.

É por isso que, para o tipo de transformação necessária, e para que ela dure em um mundo cada vez mais em desacordo com a sabedoria do passado, é necessária uma política populista, que combine cultura e governo com ideias de renovação pessoal e social. Uma política que, para tomar emprestado um termo, invente o futuro. Qualquer coisa abaixo disso não será o bastante.

*

Uma política populista convoca – e afirma representar – "o povo". Embora essa categoria não exista como uma entidade permanente e imutável, o que prevalece são parâmetros que elevam certos tipos de traços sociais ou capacidades que reúnem as pessoas. É por isso que o "povo étnico" é definido pela comunidade de sangue e terra; o "povo democrático", pelo ato compartilhado de forjar uma autoridade legítima por meio de eleições; e o "povo ignorante", por uma elite benevolente que generosamente os mantém à distância ou que os defende de si mesmos. A própria essência do populismo é determinar quem "o povo" realmente é, tornando visíveis – e poderosos – aqueles elementos que de outra maneira seriam enquadrados como incompetentes, perigosos ou dóceis demais para transformar a sociedade.

Assim como foi o caso da Segunda Ruptura na Europa do início do século XIX, o populismo é a única maneira de administrar o tipo de transformação que devemos enfrentar. Naquele momento, o sentido dado a um mundo em mudança foi encenado por meio de novas formas de união como o nacionalismo (liberal e autoritário), o imperialismo, o racismo e o socialismo. A conjuntura atual exige algo semelhante, nos convocando a criar uma política coletiva que vá além da escassez, do trabalho e das formas estreitas de individualidade e de identidade oferecidas pelo neoliberalismo. A noção de que uma classe dominante será capaz de administrar tal transição – para o bem ou para o mal – no interior de tal fratura civilizacional não é apenas errada, é absurda. Além do mais, se novas formas apropriadas de união não forem criadas, aqueles autoritarismos inventados por gerações anteriores retornarão.

O vermelho e o verde

Esse populismo de "luxo" deve ser tanto vermelho quanto verde: vermelho, porque coloca as energias da Terceira Ruptura a serviço da humanidade – no processo, intensifica a liberdade pessoal de maneira sem precedentes; e verde, porque sabe que as mudanças climáticas são inevitáveis e que superar os combustíveis fósseis é uma questão de urgência crítica. Além de que, em vez de reduzir nossa qualidade de vida, compreende como a transição para as energias renováveis oferece uma ponte para a abundância energética – permitindo sociedades mais prósperas do que anteriormente possível sob os limites mesquinhos dos combustíveis fósseis.

Uma política ecológica verde sem uma política vermelha de riqueza compartilhada não será capaz de obter o apoio popular. Por outro lado, a promessa de abundância vermelha baseada em combustíveis fósseis e escassez de recursos será vitimada pela degradação climática, deixando os pobres do mundo expostos a uma devastação jamais vista. É por isso que a única política adequada para combater a mudança climática é a reivindicação do CLTA – conduzida pelo impulso para se levar vidas mais plenas e expandidas, não diminuídas.

Para o movimento verde do século XX, isso é heresia. No entanto, são eles que, por muito tempo, imprudentemente fizeram eco à afirmação de que o "o negócio é ser pequeno" e que a única maneira de salvar nosso planeta seria recuando da própria modernidade. O CLTA enfrenta esse comando, distinguindo o consumo sob o capitalismo fóssil – com seu deslocamento, publicidade onipresente, empregos inúteis e obsolescência programada – da busca de uma vida boa em condições de oferta extrema. Com o CLTA, conheceremos mais partes do mundo do que antes, comeremos variedades de alimentos das quais nunca ouvimos falar e levaremos uma vida equivalente – se assim o desejarmos – àquelas dos bilionários de hoje. O luxo passará a permear tudo, à medida que a sociedade baseada no trabalho assalariado se torna uma relíquia histórica tanto quanto o camponês feudal e o cavaleiro medieval.

Mais do que o niilismo vazio dos ultrarricos de hoje, cuja ascensão para além da escassez encontra sua expressão patética no consumo ostentador, o processo de construção do CLTA não apenas nos deixará como legado os recursos necessários para nos fazer felizes, mas também um senso de propósito comum.

Além de tudo, o populismo de luxo rejeita a *folk politics* [política folclórica] de consumo ético e da esfera do "local" como inerentemente virtuosa. A extensão das soluções necessárias para lidarmos com as cinco crises é planetária e, embora a ação muitas vezes se dará perto de casa – como demonstram os capítulos seguintes –, reconhecer a escala histórica e global de qualquer resposta é fundamental. Nossas ambições precisam ser prometeicas porque nossa tecnologia já está nos tornando deuses – então, podemos também nos tornar bons nisso.

Não obstante, deve permanecer espaço para as campanhas "de base", que levem adiante a alternativa pós-escassez ao mesmo tempo que atacam um *status quo* quebrado. As campanhas em torno do desinvestimento em combustíveis fósseis oferecem um exemplo de como isso funcionará. Em vez de clamar por justiça climática por meio de apelos para baixar o volume da modernidade, a crítica aos combustíveis fósseis está situada dentro do quadro mais amplo de que eles são um obstáculo para padrões de vida ainda mais elevados. Em comparação com a energia solar e eólica, os hidrocarbonetos são tão inadequados para as necessidades do nosso século quanto o fora para o século anterior a queima de gordura de baleia para se obter luz. Desenterrar e queimar depósitos minerais para obter energia é tão século passado.

A mesma abordagem é necessária para resistirmos à extração de gás de xisto, o exemplo mais flagrante da miopia do "escassezismo" em meio às brasas finais da Segunda Ruptura. Embora uma parte dessa resistência seja continuar perseguindo proibições puras e simples, como as que já estão em vigor na França, Alemanha e em Nova York, isso deve ser feito juntamente com a reivindicação por algo melhor. Aqui, as pessoas que defendem a causa devem clamar pela alternativa lado a lado com as comunidades que são alvo das atividades de fraturamento hidráulico, exigindo direitos indígenas, democracia local e reforma agrária radical, juntamente da exigência do fim das perfurações do solo. A esse respeito, movimentos no Alasca, Canadá e Austrália já servem como exemplos impressionantes, sem mencionar o caso de Balcombe, uma pequena vila no Condado de Sussex, na Inglaterra, onde uma coalizão de ativistas e moradores se opôs aos planos de fraturamento hidráulico ao mesmo tempo que exigia a alternativa de energia solar de propriedade comunitária. O apelo por energia limpa deve se tornar sinônimo não apenas da expectativa de queda permanente de custos, mas também de propriedade comum. Prosperidade, democracia e bens comuns não apenas conectados, mas mutuamente constitutivos.

Além de promover uma política vermelha e verde que revive ideais de progresso e de abundância comum, esse novo populismo também será focado no luxo. O CLTA, ao contrário do mundo do neoliberalismo realmente existente, não exigirá sacrifícios constantes no altar do lucro e do crescimento. Quer seja sobre "pagar a dívida para as gerações futuras", como nossos políticos repetem ansiosamente, ou sobre o crescimento econômico e o aumento dos salários que sempre vai chegar "no próximo ano", está ficando cada vez mais claro que os bons tempos não irão voltar. O que permanece ausente, no entanto, é uma linguagem, capaz de articular isso, que seja acessível e emocionalmente ressonante.

Isso porque, por trás de tais súplicas – venham elas de Erdoğan, Trump, Theresa May ou do Banco Central Europeu – está uma casta esotérica de administradores que ninguém mais consegue entender direito. Sua linguagem econômico-matemática se assemelha ao alto latim dos sacerdotes europeus quando explicavam a natureza das coisas a camponeses analfabetos que jamais poderiam ter sequer a esperança de entender. Aos Dez

Mandamentos, tudo o que eles acrescentam é que o crescimento econômico – de qualquer tipo – é bom, contanto que as massas de devotos devem manter de pé sua fé, trabalhando mais e gastando mais do que nunca.

Essa demanda por oferendas constantes pelos contribuintes, famílias trabalhadoras ou "guerreiros", enquanto os padrões de vida seguem estagnados, significa que agora estamos vivenciando aquilo que o socialismo do Bloco Oriental sofreu após a década de 1970. Duas marcas conspícuas daquela época caracterizam nosso presente de maneira semelhante: a queda do crescimento econômico e uma hegemonia ideológica desmoronando. As palavras dos sacerdotes caem cada vez mais em ouvidos surdos, o que significa que muitas pessoas agora se voltam para outras crenças – frequentemente mais antigas – para dar um sentido ao aparentemente absurdo.

Assim, o retorno do "povo" como o principal ator político é inevitável, seja na forma da ralé que as elites patrícias defendem de seus próprios desejos; do *volk* enraizado em terra, sangue e solo, como testemunhado no renascimento da extrema-direita; ou das massas como um sujeito potencialmente transformador que faz a História. Crescentemente, muitos passam a compreender que os problemas que enfrentamos são enormes e sem precedentes, e intuitivamente passam a entender que as soluções necessárias devem ter uma escala semelhante. Portanto, dadas as possibilidades da Terceira Ruptura, prometa a eles aquilo que eles merecem – prometa tudo.

Tudo contra o vazio de um sistema em colapso, com seu chamado para que labutemos em troca de ainda menos do que já temos. Tudo contra a farsa de identidades que já não fazem sentido ou que que não passavam de mitos de pouca utilidade desde o início. Tudo, exceto a reivindicação de luxo para todos. A oferta de ser quem você deseja ser, em vez de sua vida ser moldada por forças fora do seu controle.

Quando tivermos alcançado esse cume e ultrapassado a escassez, tendo direcionado os dividendos da Terceira Ruptura para as necessidades de todos nós, então mesmo aqueles de menor compaixão refletirão sobre o mundo de hoje com pesar e pena. Pesar, por tanto potencial perdido, por todas as histórias nunca escritas e vidas que poderiam ter sido muito mais; e pena, especialmente por aqueles que acreditavam que um regime de escassez forçada os tornava melhores que os outros.

Não estamos em 1917

O CLTA não é o comunismo do início do século XX, nem será alcançado por meio da tomada do Palácio de Inverno. A razão para isso é que, até as décadas iniciais da Terceira Ruptura, o comunismo era tão impossível quanto o fora o excedente antes da Primeira Ruptura ou a eletricidade antes da Segunda. Em vez disso, foi o socialismo, ainda definido por escassez e empregos, que se tornou a esperança em todo o mundo.

As tecnologias necessárias para se chegar a uma sociedade pós-escassez e pós-trabalho – centrada em energia renovável, automação e informação – estavam ausentes no Império Russo, ou mesmo em qualquer outro lugar, até o final dos anos 1960. De fato, em meio aos esforços para alcançar as economias capitalistas mais avançadas da Europa e da América, os bolcheviques se tornaram estudantes da ciência taylorista da produtividade, aplicando-se à tarefa de subordinar o tempo humano à produção econômica com eficiência sempre crescente. Na verdade, eles não tinham muita alternativa.

Acontece que a suspeita inicial de Marx de que os países destinados a liderar a revolução seriam aqueles na vanguarda da modernidade capitalista estava correta – só que agora sabemos que isso significa tecnologia tanto quanto política, visto que a Terceira Ruptura é um precursor tão necessário quanto a consciência de classe e a luta coletiva. Criar o comunismo antes da Terceira Ruptura é como criar uma máquina voadora antes da Segunda: seria possível concebê-la – exatamente como o fez ninguém menos que o gênio Leonardo Da Vinci –, mas não criá-la. Isso não era por uma falha de vontade ou de intelecto, mas simplesmente uma inevitabilidade histórica.

Além do mais, os meios pelos quais a revolução de 1917 venceu e foi defendida, por meio de um golpe antiliberal e mais tarde sujeita à invasão militar de todas as grandes potências, limitaram ainda mais a possibilidade de transformação social. Inevitavelmente, isso deu forma a um regime que se tornou extremamente hierárquico. Dadas as probabilidades que enfrentou, tanto dentro como fora de suas fronteiras, sua sobrevivência por sete décadas continua sendo uma das grandes conquistas políticas do século passado.

Independentemente de especulações históricas sobre o que poderia ter sido, o CLTA é diferente. Em vez disso, reconhece a centralidade dos direitos humanos, principalmente o direito à felicidade pessoal, e busca construir uma sociedade na qual todas as pessoas possam ter acesso aos recursos necessários para promover esse fim. É uma política centrada em torno do reconhecimento, como disse Franklin Roosevelt certa vez, de que pessoas necessitadas não são pessoas livres. Na ausência de acesso a tais recursos – moradia, educação, transporte, saúde, informação –, a liberdade como própria autoria não pode ser considerada como algo que existe de forma significativa. Fins liberais, e especificamente o objetivo do indivíduo ser o único em posição para determinar seu caminho na vida, são impossíveis sem meios comunistas. É impossível à maioria das pessoas encontrar felicidade e significado enquanto essas coisas forem mercadorias – sujeitas ao lucro e não às necessidades.

Precisamos compreender que as formas adequadas de organização política, bem como as utopias que construímos, dependem dos tempos em que vivemos. Assim como o CLTA é apropriado para um mundo onde a tecnologia nos deixa no limiar de uma abundância anteriormente impensável, a forma-partido que emergiu em resposta a sociedades fechadas e subdesenvolvidas faz cada vez menos sentido. Isso também vale para formas de organização operária, radicais ou reformistas, que possuem como premissa errônea a existência de uma sociedade de trabalho que dura para sempre. Essa sociedade não vai durar, e essa nem deve ser nossa ambição política. O papel do movimento operário é libertar a classe trabalhadora – e, portanto, toda a sociedade –, não salvar um sistema falido que está morrendo.

Os veículos para a transformação política mudam, assim como os mundos que buscamos alcançar. Agora devemos construir um partido dos trabalhadores contra o trabalho – um partido cuja política seja populista, democrática e aberta, ao mesmo tempo que lute contra o *establishment* que, por meio de seu poder sobre a sociedade civil e o Estado, não descansará em sua tentativa de garantir que o CLTA nunca venha a ocorrer.

Eleitoralismo e sociedade

O CLTA só é possível agora por causa dos desenvolvimentos da Terceira Ruptura, e a revolução que prenuncia não é simplesmente aquela que substitui uma classe dominante por outra, e sim a que traz consigo uma mudança mais abrangente nas ideias, relações sociais e tecnologias – o que, de maneira memorável, Marx chamou de modo de produção. O que isso exige de nós, por sua vez, é transformar esse novo entendimento em um sujeito coletivo com reivindicações específicas.

Nesse sentido, a política eleitoral serve a um propósito vital. A maioria das pessoas só consegue ser politicamente ativa por breves períodos. Até certo ponto, isso é lamentável – a excrescência de uma cultura que intencionalmente cultiva a apatia e restringe um senso mais amplo de poder popular. No entanto, é também uma resposta natural para muitos que, exaustos com o ritmo, as exigências e a monotonia do trabalho, sem falar dos compromissos familiares e da sobrecarga sensorial do mundo moderno, não estabelecem um espaço permanente de engajamento político em suas vidas. O problema não é, portanto, que a maioria das pessoas não se importe com a política, mas sim que não podem se dar ao luxo de se importar em face de tantas demandas concorrentes. Embora durante a última década, com o *status quo* oscilando entre a inércia e o colapso, isso tenha mudado ligeiramente, essa mudança não deve ser exagerada – pelo menos por enquanto.

Isso representa mais uma razão para que o CLTA, inserido em um populismo de luxo, precise se engajar na política eleitoral dominante. No fim das contas, muitas vezes é apenas em torno das eleições que amplos setores da sociedade – principalmente os mais explorados – estão abertos a novas possibilidades quanto ao funcionamento da sociedade e são capazes de perceber como questões antes distintas compartilham causas comuns e potenciais soluções. Além disso, o ato de votar – mesmo se visto como desprovido de muito poder em si mesmo – pode catalisar uma mudança para formas mais profundas de participação e ativismo. Isoladamente, a política eleitoral não nos dará o mundo que queremos, mas aliada a um movimento constante para tornar aparente a todos o potencial da Terceira Ruptura – juntamente da necessidade de uma resposta política coletiva – ela dá forma aos parâmetros daquilo que é possível.

Além do mais, deve-se reconhecer que o fluxo da história vai além da política, eleitoral ou não. Na mudança para o CLTA, precisaremos de novas ideias, relações sociais, formas de vida diária e relacionamentos com a natureza. As ideologias políticas do passado muitas vezes, em seu detrimento, se concentraram em apenas um desses aspectos, às custas de outros: muitos anarquistas contemporâneos tendem a manter as relações sociais como proeminentes – como se elas fossem distintas das ideias, da vida diária e do trabalho. O leninismo, por sua vez, enxerga como crítica a produção e, por extensão, a subjetividade da classe trabalhadora, ao passo que ignora um mundo cujas ideias e tecnologias mudaram enormemente em relação às do início do século xx. Em outros lugares, os utopistas tecnológicos, como os ideólogos californianos do Vale do Silício, veem a tecnologia como o principal meio para construir um futuro melhor, quase que separado da política, da sociedade e da história. Por fim, certos ambientalistas têm privilegiado as relações com a natureza e a forma como nos vemos no cosmos, principalmente no que se refere a outras formas de vida, como força primária a orientar sua política. Frequentemente, isso ocorre às custas de uma análise de classes para compreender a exploração e a produção sob o capitalismo e de como esse sistema inerentemente se opõe ao que eles desejam.

Dadas as severas diferenças entre o presente e o mundo que aguarda para ser construído às sombras da Terceira Ruptura, a escolha é mais complexa do que abraçar o eleitoralismo ou renunciar ao poder do Estado. Em vez disso, devemos adotar a disposição do CLTA, adequando-a a cada parte do conjunto que faz a história. Em cada caso, o ímpeto guia deve ser sempre o mesmo: alcançar o reino da liberdade e um mundo além da escassez e dos empregos; um lugar onde haja a liberdade universal de ser quem queremos ser, e uma abundância tão plena que pareça quase espontânea. Isso exige participar da política eleitoral e até mesmo do governo, mas não se limitar a eles.

Contra o globalismo, pelo internacionalismo

O CLTA é internacionalista, pois compreende a natureza integrada da economia mundial e dos fluxos de bens, pessoas, capitais e sistemas climáticos. Baseia-se em valores universais conquistados do Haiti à China, por mais de dois séculos. Aceita que o Estado-nação, como ferramenta para os poderosos, tenha concentrado a riqueza em certos lugares em detrimento de outros. Dizer que um país é menos desenvolvido do que outro não é diminuí-lo, mas reconhecer que o sistema global tem intencionalmente buscado provocar tal situação. A questão não é mudar as palavras que usamos, mas a realidade que elas descrevem.

Uma das maiores barreiras a essa transformação é o culto ao globalismo, cuja retórica padrão é sobre como os desafios que enfrentamos são tão profundos que só podem ser resolvidos por meio de coordenação internacional. Seja sobre mudança climática, migração ou escassez de recursos, ouvimos repetidamente o mesmo mantra: nenhuma nação pode resolver esses problemas isoladamente. Isso pode muito bem ser verdade, mas, até agora, esse tipo de discurso tem servido mais à inércia política do que à ação decisiva – e talvez essa seja a intenção.

O exemplo mais decisivo são as mudanças climáticas: a Cúpula da Terra, no Rio de Janeiro em 1992, foi o momento em que o mundo começou a compreender as consequências devastadoras do aquecimento global. A conclusão resultante foi imediata e passaria a dar forma às premissas globalistas por décadas: como em escala esse desafio era verdadeiramente planetário, apenas a cooperação entre os Estados seria adequada. Qualquer coisa menos que isso estava destinada a não ser o bastante.

Ainda assim, desde então, as emissões de carbono aumentaram significativamente; os anos imediatamente posteriores à crise financeira global foram os piores em emissões em todo o registro histórico. A abordagem atual para as mudanças climáticas não tem a ver com "trabalharmos juntos", e sim com a passividade apresentada como parceria. O reflexo de se apontar para a necessidade de soluções globais – sempre conjugadas a uma forma de globalização econômica intercambiável com o capitalismo de mercado – tem permitido que as elites escapem à sua responsabilidade. Aqui, a "coordenação global" representa apenas o complemento internacional para o realismo capitalista, permitindo que os maiores poluidores – que também são as nações mais poderosas – evitem mudar sua trajetória.

É por isso que devemos reimaginar e replicar a política de protótipos do século XIX – que em si já era uma resposta à Segunda Ruptura, conforme ela reformulou a sociedade em escala global pela primeira vez. Em vez de integração, precisamos de imitação, e o poder do exemplo demonstrável parece muito mais atraente do que os interesses das elites enquadrados como um compromisso multilateral. Em resposta aos protótipos, o culto ao globalismo insiste que na melhor das hipóteses eles são ineficazes e, na pior, um retorno à década de 1930 – quando os Estados-nação deram as costas pela última vez a uma ordem global decadente. Essa retórica é análoga ao antiutopismo por meio do qual o realismo capitalista prevalece no nível nacional: nada nunca muda – e esse é o ponto.

Uma política baseada em protótipos não poderia ser diferente disso, ao enfatizar a ação e a decisão, por menores ou limitadas que sejam, em detrimento da cooperação retórica. Quando quisemos conectar o mundo por meio de trens, cabos e estradas, isso se deu por meio do exemplo e da imitação. Quando desejamos alfabetização e saneamento universais, ocorreu o mesmo. Quando buscamos democracia e formas de governo que atendessem às necessidades das pessoas comuns, foi olhando para outros lugares e dizendo: "por que não nós?". Agora, o mesmo impulso deve ser aplicado na criação de instituições, culturas e tecnologias para lidar com os problemas da nossa época – das alterações climáticas ao envelhecimento da população ou o desemprego tecnológico. Isso exige uma admissão básica que tem soado como heresia para grande parte da esquerda desde que Fukuyama declarou que a História havia acabado: uma ação rápida e eficaz só pode acontecer por meio de Estados-nação. A completa descarbonização, em certos aspectos, não representa um desafio maior do que a construção de estradas, a alfabetização universal ou a eletrificação. É hora de todos nós pararmos de esperar e passarmos, uma vez mais, a fazer história.

Ao descrever o capitalismo e o que vem depois dele, Marx escreveu incisivamente sobre como a História contém várias partes em movimento:

> Na produção social da própria existência, os homens entram em relações determinadas, necessárias, independentes de sua vontade; essas relações de produção correspondem a um grau determinado de desenvolvimento de suas forças produtivas materiais. A totalidade dessas relações de produção constitui a estrutura econômica da sociedade.

Ele acrescentou como, de maneira simultânea, essas novas relações materiais também criavam relações mentais,

> a base real sobre a qual se eleva uma superestrutura jurídica e política e à qual correspondem formas sociais determinadas de consciência. O modo de produção da vida material condiciona o processo de vida social, política e intelectual. Não é a consciência dos homens que determina o seu ser; ao contrário, é o seu ser social que determina sua consciência.

Marx prossegue, dizendo algo de suprema importância, especialmente considerando o que está acontecendo com o mecanismo de preços dos bens de informação, mesmo de acordo com tipos como Paul Romer e Larry Summers:

Em uma certa etapa de seu desenvolvimento, as forças produtivas materiais da sociedade entram em contradição com as relações de produção existentes, ou, o que não é mais que sua expressão jurídica, com as relações de propriedade no seio das quais elas se haviam desenvolvido até então. De formas evolutivas das forças produtivas que eram, essas relações convertem-se em entraves. Abre-se, então, uma época de revolução social. A transformação que se produziu na base econômica transforma mais ou menos lenta ou rapidamente toda a colossal superestrutura.

Essa superestrutura, que compreende a cultura popular compartilhada, a forma como compreendemos a natureza e até mesmo como criamos nossas próprias personalidades, está em processo de reconstrução. Uma política apropriada para o CLTA compreende isso e se insere em cada terreno, pautada sempre por um lema simples: liberdade, luxo e a busca pela pós-escassez.

10. PRINCÍPIOS FUNDAMENTAIS: A RUPTURA COM O NEOLIBERALISMO

> *Queimem o neoliberalismo, não as pessoas.*
>
> Clive Lewis

O colapso da Carillion e da Linha da Costa Leste

Embora o CLTA seja o projeto político adequado à Terceira Ruptura, ele representa um momento histórico que exigirá décadas para se desenrolar, assim como a Segunda Ruptura após a máquina a vapor de Watt. Isso não é motivo para ficar esperando, no entanto. Em vez disso, devemos começar onde estamos, por meio do rompimento com o neoliberalismo e da construção de alternativas viáveis.

Assim, mesmo que o horizonte político seja de um mundo além do trabalho e da escassez, a tarefa mais urgente é descartar uma ortodoxia construída com base em sindicatos fracos, mercados de trabalho precários, salários em queda e privatizações – em uma palavra, romper com o neoliberalismo. Em cada esfera, a maré deve ser revertida e, ao fazê-lo, colocada dentro de um compromisso explícito com a criação de um mundo inteiramente diferente do presente.

*

Essa ruptura deve começar com o desligamento da máquina de privatização e terceirização. A razão é simples: sua lógica prevalecente exige que todo bem público – desde saúde e educação à moradia – seja sacrificado no altar do lucro privado e do valor para os acionistas. Nesse sentido, a privatização e a terceirização devem ser vistas como as duas faces da mesma moeda. Enquanto a primeira ocupou o centro do palco para minar o fornecimento de bens públicos pelo Estado – com indústrias inteiras privatizadas em massa durante os últimos cinquenta anos –, a segunda provou ser igualmente eficaz na canalização dos lucros privados, mantendo um verniz de propriedade e responsabilização públicas. As consequências disso têm sido tornar os trabalhadores mais pobres e degradar os serviços, muitas vezes em nome da "escolha do consumidor", ao mesmo tempo que se drena riqueza e conhecimento locais das comunidades.

Um sumário simplificado dos fracassos da terceirização é o colapso da Carillion, uma empresa de construção e "gestão de instalações" que declarou falência no início de 2018. Com cerca de 90% do trabalho da Carillion sendo terceirizado, aproximadamente 30 mil empresas enfrentaram as consequências de sua má gestão ideologicamente motivada. Enquanto isso, os fundos de *hedge* na City de Londres[17] ganharam centenas de milhões especulando com a sua morte.

Um dos passatempos favoritos dos pensadores do *establishment* é questionar a própria existência do neoliberalismo, apesar do fato de alguns dos historiadores e cientistas sociais mais ilustres do mundo terem escrito extensivamente sobre ele. Uma resposta suficiente para sua linha de questionamento, entretanto, seria simplesmente pronunciar o nome do antigo gigante da construção. De que outra forma seria possível explicar a lógica por trás de uma empresa financiada por contratos do governo

---

[17] *City* é a maneira como se referem à região que concentra o núcleo do mercado financeiro em Londres, de maneira semelhante à Wall Street em Nova York. (N.T.)

que, quando entra em colapso, pune os trabalhadores e recompensa a economia de cassino da especulação financeira?

A função econômica da Carillion, especialmente após 2010, não teria feito sentido em qualquer outra época. Com a imposição da austeridade, porém, a empresa tinha um papel vital a desempenhar, pois ela – junto com empresas semelhantes como Serco, Sodexo, Capita e G4S – fazia pressão para baixar os salários enquanto a Grã-Bretanha se tornava o segundo maior mercado de terceirização do mundo.

Com o imperativo de promover cortes no setor público, especialmente nos governos locais, ao mesmo tempo que demonstrariam a superioridade do setor privado, essas empresas desempenharam um papel crítico na transferência de centenas de milhares de empregos que pagavam menos aos trabalhadores. Na verdade, o "milagre" do emprego no setor privado da Grã-Bretanha após 2010 só foi possível por causa da terceirização. Seu sucesso, contudo, estava vinculado de maneira hostil à queda dos salários, aumento da pobreza no trabalho e estagnação da produtividade.

A vertiginosa velocidade da queda da Carillion mostra como, em sua configuração padrão, a terceirização empobrece os trabalhadores e, pior ainda, pode causar o caos em setores inteiros da economia. Isso não apenas compromete a entrega de serviços e infraestrutura essenciais, como o faz nas costas de trabalhadores precários. Além disso, multinacionais como a Carillion na prática usam os recursos públicos para intensificar a pobreza local, enquanto proporcionam retornos aos acionistas da empresa que moram em outros lugares – geralmente em cidades maiores e mais ricas. Esse modelo não é apenas assustadoramente eficaz em sua capacidade de impor a queda dos salários, mas também em garantir que o capital abandone vilas e cidades deixadas para trás como nunca. Como resultado, é responsável tanto pela desigualdade de renda quanto pela desigualdade regional.

*

Todavia, embora o colapso da Carillion tenha demonstrado a lógica perniciosa da terceirização, nem mesmo isso foi o suficiente para igualar a estupidez do que aconteceu com a Linha Principal da Costa Leste da Grã-Bretanha – conectando as capitais de Edimburgo e Londres via trem. A linha retornou à propriedade pública em 2009, quando sua operadora Stagecoach disse que as margens de lucro eram muito baixas no contexto da recessão, e posteriormente se tornou um polo de excelência, ganhando doze prêmios do setor e exigindo o menor nível de investimento governamental como porcentagem de sua receita total em comparação com qualquer operador privado. Sim, você leu corretamente: o único provedor ferroviário em propriedade pública precisava de menos financiamento do contribuinte do que qualquer um dos privados. Não surpreende que, apesar de funcionar extraordinariamente bem, a Linha da Costa Leste tenha sido reprivatizada em 2013 – isso antes de ter de ser "temporariamente" renacionalizada mais uma vez em 2018, quando não conseguiu gerar lucro para seus proprietários privados, apesar dos subsídios. Embora a história da Linha Principal da Costa Leste seja quase engraçada, a tragédia é que a piada é sobre nós.

Assim, como os provedores ferroviários privados da Grã-Bretanha – e suas empresas de terceirização – nada mais são do que máquinas projetadas para extrair valor para os acionistas às custas dos trabalhadores e usuários dos serviços, além de custarem uma fortuna ao contribuinte por meio de subsídios, as empresas ferroviárias britânicas cobram algumas das tarifas mais exorbitantes da Europa; o relatório do empresário Roy McNulty, publicado em 2011, concluiu que os custos foram 40% mais altos em comparação com os operadores de propriedade estatal no continente.

A razão pela qual as palavras de certos políticos ressoam quando dizem que o sistema é "manipulado" é porque, quando se trata da sempre crescente gama de serviços públicos sujeitos à privatização e terceirização, o que eles estão dizendo descreve com precisão a realidade cotidiana. A privatização não significa melhorar os resultados ou os serviços, mas perseguir uma agenda política de redistribuição de riqueza da maioria da sociedade para uma pequena elite. Isso não é nem mesmo o "livre mercado", mas um híbrido bizarro que alia as piores características do capitalismo de mercado e do socialismo de Estado.

O Veículo do Desenvolvimento de Haringey

Apesar de não ser tão economicamente abrangente como o colapso da Carillion, ou tão absurdo como o caso da Linha Principal da Costa Leste, a ascensão e queda do HDV, o *Haringey Development Vehicle* [Veículo de Desenvolvimento de Haringey] no norte de Londres oferece outro exemplo do moedor de carne neoliberal em ação.

Um esforço conjunto coordenado pelo governo local do Partido Trabalhista e a incorporadora imobiliária Lendlease, tinha como intenção responder ao duplo problema da crise habitacional e da redução dos orçamentos locais pelo governo central como resultado da austeridade. Nesse aspecto, é um reflexo da terceirização, na qual a solução para o desemprego são empregos cujos salários aumentam a pobreza enquanto o HDV pretendia construir casas que as pessoas comuns não conseguiriam comprar. Em um bairro de Londres onde o preço médio de uma casa já equivalia a 15 anos do salário médio, o HDV não seria uma solução para a crise imobiliária – ele a aprofundaria.

Esse circuito de retroalimentação não é acidental. O neoliberalismo reduz a capacidade dos órgãos públicos de gastar dinheiro e, simultaneamente, intensifica problemas sociais como a falta de moradia e a pobreza. Isso significa que as únicas opções disponíveis para resposta – mesmo que os atores públicos tenham uma visão diferente – são cada vez mais voltadas para o mercado. É como um ouroboros – a cobra da mitologia antiga que come sua própria cauda –, intencionalmente projetado para criar desigualdade e um Estado fraco e incapaz.

O fato de o HDV ser supervisionado por um conselho local governado pelo Partido Trabalhista era significativo. Ao contrário da Linha Principal da Costa Leste, não foi um exemplo óbvio de ideologia partidária, na qual a irracionalidade beira o fanatismo. Em vez disso, é um caso instrutivo sobre como o neoliberalismo pode imbricar-se em um tecido de necessidade; a máxima de que "não há alternativa" se torna uma profecia autorrealizável.

O incêndio de Grenfell

A máquina neoliberal tem consequências humanas que vão além de planilhas e dados econômicos – além, até mesmo, da pobreza no trabalho e de uma vida definida pelo pagamento de aluguéis cada vez mais altos aos proprietários ricos e de taxas aos acionistas das empresas. Por piores que já sejam, esses pontos empalidecem diante de sua expressão histórica mais nítida em uma geração: o esqueleto abandonado da Torre Grenfell – um bloco residencial de 24 andares no oeste de Londres onde, em junho de 2017, 72 pessoas perderam suas vidas.

Poucos dias após uma eleição geral na qual Theresa May perdeu sua maioria parlamentar como primeira-ministra, ocorreu um incêndio que devastaria o prédio de uma maneira não vista na Grã-Bretanha por décadas. A principal explicação para a rápida e chocante propagação do fogo pelo edifício – concluído em 1974 e intencionalmente projetado para minimizar as possibilidades de um evento desse tipo – foi a instalação de revestimento inflamável vários anos antes, combinada com padrões de segurança deficientes e a falta de extintores em funcionamento; todos esses problemas foram destacados antes do incêndio pelo Grupo de Ação do Grenfell, formado por residentes.

O revestimento em si, composto principalmente de polietileno, é tão inflamável quanto o petróleo. Os avanços na ciência de materiais significam que deveríamos estar construindo casas mais seguras e eficientes do que nunca. Em vez disso, prevalece uma abordagem de cortes de custos para abrigar os pobres, e de priorização da estética externa para residentes mais ricos. No caso de Grenfell, isso significou que atalhos foram tomados e vidas acabaram perdidas.

Esse não é um ponto político menor e demonstra as consequências muito reais da "autorregulação". Foi sob o governo Thatcher que os padrões de segurança contra incêndios nas residências foram desregulamentados no Reino Unido, enquanto requisitos que antes constituíam exigências eram abandonados para se tornarem "diretrizes" que a indústria de construção poderia escolher implementar ou ignorar. Meses antes de Grenfell, alguns parlamentares conservadores haviam falado abertamente sobre como o Brexit significaria que essa abordagem poderia ser levada ainda mais longe; Jacob Rees-Mogg, um proeminente parlamentar de direita, refletiu sobre como a saída da Grã-Bretanha da União Europeia oferecia a chance de continuar reduzindo os padrões ambientais e de segurança: "Poderíamos dizer que se é bom o suficiente na Índia, é bom o suficiente aqui. Não haverá nada para nos impedir de fazer isso."

John McDonnell, na época o chanceler (responsável pela política econômica) no gabinete paralelo[18] do Partido Traba-

---

[18] No sistema eleitoral britânico, o partido que não está no poder mantém um "gabinete paralelo", ou "gabinete à sombra" [shadow cabinet], formado pelas pessoas que assumiriam cada um dos

lhista, causou consternação entre os membros do mesmo *establishment*, que leva Rees-Mogg tão a sério, ao rotular o caso de Grenfell como "assassinato social", alegando que "foram tomadas decisões políticas que resultaram nas mortes dessas pessoas". Ainda assim, foi o parlamentar do Partido Trabalhista Clive Lewis quem despertou a maior ira de todas quando tuitou uma imagem da torre destruída junto com as palavras "queimem o neoliberalismo, não as pessoas". Isso despertou bufadas de ódio em alguns setores, mas talvez mais porque aqueles ansiosos para defender o *status quo* perceberam que grande parte do público concordaria com o deputado trabalhista.

Embora não fique imediatamente aparente – e essa é a intenção quando um estabelecimento político se coloca como se fosse toda a realidade –, Grenfell foi o resultado de escolhas políticas manifestas. As mudanças regulatórias introduzidas por Thatcher e estendidas sob o Novo Trabalhismo representavam uma característica central da ideologia neoliberal: os resultados ideais seriam mais prováveis quanto menos se interferisse e quanto mais se permitisse que o equilíbrio do mercado fizesse seu trabalho. Anteriormente, essa mesma ideologia perniciosa já havia fornecido cobertura para terceirizações, privatizações e projetos de "regeneração" urbana, mesmo que os fatos indicassem que não deveriam ser realizados. Agora, ela havia feito com que pessoas morressem em suas camas.

*

Apesar da magnitude dessas questões, uma ruptura com tudo isso não é apenas plausível, mas cada vez mais fácil de se divisar. Além de puxar o freio de mão de um presente cada vez mais

---

ministérios caso o partido chegasse ao poder no momento. Os membros desse grupo apresentam críticas às políticas implementadas pelo gabinete em exercício e propostas alternativas para suas respectivas pastas. (N.T.)

disfuncional, seria também o primeiro passo para o CLTA. As principais características dessa ruptura seriam três, consistindo na relocalização de economias por meio de aquisições progressivas e protecionismo municipal; socialização das finanças e criação de uma rede de bancos locais e regionais; e, finalmente, a introdução de um conjunto de Serviços Básicos Universais [UBS, na sigla em inglês de *"Universal Basic Services"*], o que tornaria grande parte da economia nacional em propriedade pública. Ainda que parte disso se assemelhasse às nacionalizações do século passado, com boa parte não será assim.

Mas antes que mudanças em nível nacional possam ser implementadas por governos de esquerda radical, podemos começar localmente de maneira imediata. Na verdade, à sua maneira, uma revolução vinda de baixo já começou.

O primeiro passo para dar um fim ao neoliberalismo: o modelo de Preston

Dois séculos atrás, Preston, a cidade natal do inventor Richard Arkwright, estava na vanguarda da Segunda Ruptura uma vez que, juntamente de vilas e cidades por toda Lancashire, ela abraçava as novas tecnologias de energia a vapor e carvão. Mais recentemente, entretanto, Preston se tornou um marco do atraso: suas atividades industriais foram para outros lugares e sua vantagem inicial na Revolução Industrial se exauriu há muito tempo. Como resultado, seu futuro econômico se assemelhava ao da Grã-Bretanha em geral, e sua melhor aposta era atrair o máximo possível de empregos de baixa produtividade no setor de serviços. Isso explica por que, até 2011, os políticos locais apostariam até suas casas na proposta de construção de um shopping center, chamado Tithebarn, que, segundo sua estimativa, criaria milhares de novos empregos.

Assim, quando o projeto do Tithebarn finalmente foi por água abaixo, os políticos da cidade se viram sem ideias. A verdade é que a crise econômica global iniciada vários anos antes tornara o desenvolvimento muito improvável, independentemente da vontade do governo local. Com base em um modelo econômico de varejo e consumidores endividados, os números já não faziam sentido. Dentro do contexto mais amplo de austeridade e cortes de gastos, imposto de forma mais dura sobre os governos locais, as perspectivas para a economia de Preston pareciam mais sombrias do que nunca.

Mas então algo surpreendente aconteceu, e Preston transformou em oportunidade aquilo que parecia ser um revés terminal. Isso foi feito inspirando-se na cidade estadunidense de Cleveland e sua resposta a problemas semelhantes que enfrentaram alguns anos antes. Lá, a resposta a uma crise orçamentária fora heterodoxa e sem precedentes: o governo local se recusou a adotar o remédio padrão de privatização e terceirização – e concentrou-se em energizar a economia da cidade por meio da aquisição de "instituições-âncora", como escolas, hospitais e universidades. Com o tempo, essa abordagem se provou um sucesso, tanto que ela passou a ser chamada de "modelo de Cleveland".

Sua adoção em Preston, relativamente única no contexto do Reino Unido, proporcionou o mais inesperado dos triunfos. Trabalhando com o Centro de Estratégias Econômicas Locais (CLES), com sede em Manchester, o Conselho de Preston se aproximou das instituições-âncora da cidade em 2011, propondo redirecionar o máximo possível de seus gastos para a economia local. Seis concordaram em participar. Esse esforço cooperativo entre instituições civis e públicas significou que os contratos com foco local cobririam desde merenda escolar a projetos de construção em grande escala. Tudo isso significou que, embora as instituições âncora locais gastassem 38 milhões de libras em Preston em 2013 e 292 milhões em Lancashire, em

2017 esses números haviam aumentado para 111 milhões e 486 milhões de libras, respectivamente. Embora por si só isso já fosse impressionante, não é o suficiente para ilustrar a extensão das mudanças alcançadas pelas aquisições com foco local, e um efeito multiplicador decolou na cidade à medida que as libras circulavam continuamente por toda a economia local. Como resultado, mesmo que depois de 2008 os salários reais dos trabalhadores no centro de Lancashire tenham caído, da mesma forma que ocorreu por toda a Grã-Bretanha, em Preston – apesar da austeridade – eles na verdade subiram.

Onde outras autoridades locais privatizavam, Preston desenvolvia seus próprios negócios, até mesmo encorajando cooperativas de trabalhadores. No final de 2016, a cidade foi escolhida como o melhor lugar do noroeste da Grã-Bretanha para se morar e trabalhar, à frente de Manchester e Liverpool. Dois anos depois, recebeu o reconhecimento como a cidade mais aprimorada da ilha.

Replicar o modelo de Preston é o primeiro passo para a construção de uma alternativa econômica que rompa com o neoliberalismo sem precisar do poder estatal nacional. Apesar de seus resultados estarem em contextos locais, as consequências seriam significativas. No Reino Unido, por exemplo, o sistema público de saúde do NHS, sozinho, emprega surpreendentes 1,4 milhão de pessoas. Juntando a isso as escolas, faculdades, universidades e outras instituições públicas do país, fica nítido que há escala suficiente para refazer radicalmente a economia britânica de baixo para cima. Tudo isso em um país que, pelos padrões internacionais, é fortemente inclinado para o capital nacional.

*

A ambição de dar escala ao modelo de Preston vai além da simples limitação de danos ou mitigação dos piores excessos de austeridade. Longe de ser o salva-vidas do socialismo, ele representaria o primeiro passo pelo qual as economias regionais e nacionais seriam revividas. Rua por rua, vila por vila, cidade por cidade.

Isso seria alcançado com o protecionismo municipal, por meio do qual as empresas locais e pertencentes aos trabalhadores seriam ativamente favorecidas em relação às multinacionais e gigantes da indústria. Isso não só ofereceria um meio rápido de reverter a privatização, mas, simultaneamente, ajudaria a construir uma alternativa mais resiliente e socialmente justa. Enquanto os interesses primários do sistema atual são cortar custos e maximizar o valor para os acionistas, com a adoção do modelo de Preston as desigualdades regional e de renda seriam mitigadas e uma gama muito mais ampla de modelos de propriedade emergiria. Na realidade, significaria que as únicas empresas capazes de concorrer a contratos locais específicos teriam que atender a critérios específicos, seja ter sua sede a uma certa distância (talvez dez quilômetros ou dentro do território municipal ou regional); ser uma cooperativa de propriedade dos trabalhadores; oferecer produtos orgânicos ou utilizar energia renovável. O valor para os acionistas seria substituído por esses tipos de métricas no cálculo do que faz mais sentido.

Negócios do povo, bancos do povo

Grande parte disso não será possível sem acesso a crédito, visto que a dificuldade de acesso a financiamento se apresenta como o maior obstáculo para cooperativas e empresas pertencentes a trabalhadores.

Essas empresas tendem a sofrer com a limitação de acesso ao financiamento de longo prazo nas economias capitalistas, já que as instituições convencionais são céticas quanto a empréstimos a empresas sobre as quais não possuem controle. Essa falta de apoio leva a um subinvestimento e a uma tendência à desestabilidade em momentos de estresse financeiro, tornando os negócios cooperativos suscetíveis à aquisição por empresas maiores que podem acessar o crédito com mais facilidade. Isso explica por que, apesar de suas vantagens quanto à produtividade "estática" em relação às organizações convencionais, durante períodos mais longos, as empresas pertencentes aos trabalhadores são estruturalmente deficientes – e justifica o porquê de atualmente representarem uma parte tão pequena da economia.

Qualquer um dos maiores bancos nacionais – que no Reino Unido detêm cerca de 80% dos depósitos – prefere emprestar 10 milhões de libras a uma única grande empresa do que 50 mil a duzentas empresas menores. Portanto, se quisermos nos afastar do modelo de economias baseadas em oligopólios e da fuga de capitais, a criação de uma rede de bancos locais e cooperativas de crédito será de suma importância.

Também aqui um maior enfoque no setor público fornece parte da solução, uma vez que os grandes fundos de pensão dessas mesmas instituições-âncora oferecem capital mais do que suficiente para começar. Embora os sindicatos britânicos com razão resistam à austeridade em nível nacional, eles têm cerca de 200 bilhões de libras do dinheiro de seus membros investidos em pensões. Ao colocar isso em bancos de desenvolvimento locais, eles poderiam não apenas criar mais empregos, mas também garantir melhores retornos para seus membros. Claro, o lucro não seria o objetivo primordial, mas como escreveu John Clancy, seus retornos de investimentos em ações estrangeiras muitas vezes se mostram claramente abaixo do esperado, o que significa que os fundos estão procurando ativamente por investimentos mais sustentáveis e, se necessário, locais.

Em consonância com o novo *ethos* do protecionismo municipal, de maneira semelhante esses bancos teriam restrições em seus empréstimos tanto por montante quanto por área geográfica. Além disso, sua prerrogativa seria maximizar o valor social tanto quanto os retornos, com foco na transição energética e na aceleração de setores específicos, bem como no financiamento de uma nova onda de negócios de propriedade dos trabalhadores.

Os benefícios positivos do crescimento da economia cooperativa e de propriedade dos trabalhadores estão bem documentados, ajudando a abordar desde a baixa produtividade até o subinvestimento em pequenas e médias empresas – sem mencionar a redução da desigualdade econômica e regional. Mais importante, porém, no contexto da Terceira Ruptura, essas empresas oferecem um meio prático pelo qual a sociedade pode encontrar um caminho em meio à marcha da automação e, em última análise, da inteligência artificial. Apesar dos imensos desafios de ambos, existe uma solução política para um mundo onde a mão de obra pode muito bem se tornar capital: dar os meios de produção aos próprios trabalhadores.

Além dessa rede de bancos locais, o governo central criaria órgãos de investimento nacionais e regionais para financiar não apenas empresas, mas também infraestrutura essencial que oferece retornos sociais – seja reduzindo emissões ou comprando capital fixo que permita às empresas de propriedade dos trabalhadores fazer mais com menos. Como veremos no próximo capítulo, em combinação com mudanças dramáticas nas atribuições dos bancos centrais nacionais, isso significará uma transformação do papel das finanças na economia.

O retorno do Estado: Serviços Básicos Universais

Por mais animadores que sejam, o protecionismo municipal e a adoção generalizada do modelo de Preston não são suficientes de maneira isolada. Ele pode representar o freio de mão ajudando a reverter a privatização, ao mesmo tempo que fornece um terreno fértil para expandir os negócios de propriedade dos trabalhadores, mas isso faz diferença quando se trata de colocar o potencial da Terceira Ruptura nas mãos do povo. É por isso que os Serviços Básicos Universais devem ser oferecidos junto desse modelo.

A forma clássica de expressar essa ideia é a nacionalização, quando o governo assume a propriedade e o controle de uma série de indústrias e serviços. Esse modelo é familiar para muita gente. Após a Segunda Guerra Mundial, o moderno Estado de Bem-Estar Social, especialmente na Europa, foi um ator central em grande parte da economia – desde energia e educação até o comando da manufatura e da mineração. Em outros lugares, países que realizavam experimentos com formas de socialismo de Estado, muitas vezes sob a influência política da URSS, chegaram a dispensar por completo a produção voltada ao mercado, privilegiando aquilo que chamavam de direitos econômicos – especialmente o direito ao trabalho – acima de direitos civis e políticos. Mesmo nas economias de mercado misto, entretanto, havia aspectos dessa segunda abordagem; talvez o exemplo mais óbvio seja o Serviço Nacional de Saúde (NHS) da Grã-Bretanha. Criado em 1948, ele continua sendo um dos maiores sistemas de saúde com financiamento público do mundo.

Embora os críticos do NHS gostem de pintá-lo como desatualizado, antiquado e incapaz de acompanhar as demandas de um mundo em rápida transformação, a verdade é o oposto disso. Apesar do subfinanciamento, ele é consistentemente classificado entre os melhores sistemas de saúde das nações ricas, provando ser especialmente notável quando se trata de eficiência. Enquanto os EUA gastam cerca de 17% de seu PIB com saúde – aproximadamente 9.892 dólares por pessoa ao ano –, a Grã-Bretanha gasta apenas 4.192 dólares. Ainda assim, é ela quem oferece cobertura universal e desfruta de melhores resultados em uma série de medidas-chave, desde mortalidade infantil até mortes no parto e expectativa de vida.

À medida que as cinco crises se desdobram – do envelhecimento da sociedade às mudanças climáticas e ao desemprego tecnológico – não será o caso de já não ser possível pagar sistemas como o NHS, como muitos dos políticos atuais estão tão ansiosos em afirmar. Em vez disso, será necessária uma rejeição de modelos menos eficientes que não sejam universais ou gratuitos no ponto de uso. Além dessa ser a forma mais ética de distribuir a abundância possibilitada pela Terceira Ruptura, as cinco crises também exigem universalismo do ponto de vista da eficiência.

Longe de ser uma ideia de interesse marginal, os UBS têm se tornado cada vez mais centrais nos debates contemporâneos sobre a prestação de serviços públicos. Isso é mais evidente em um relatório de 2016 intitulado *Social Prosperity for the Future* [Prosperidade Social para o Futuro], publicado pelo Instituto Para a Prosperidade Global (IGP), da University College London (UCL). Mesmo que o relatório não tenha estabelecido suas propostas explicitamente no interior do contexto da Terceira Ruptura, ele as situou em um conjunto de desafios comparáveis aos das cinco crises, identificando seis bens públicos – além da saúde – que deveriam ser reconstituídos para se assemelharem mais ao modelo de saúde do NHS da Grã-Bretanha. São eles: educação, democracia e serviços jurídicos, abrigo, alimentação, transporte e informação.

O relatório do IGP fez questão de enfatizar que os UBS não são apenas uma resposta a crises cujo surgimento é relativamente recente, mas também o meio pelo qual os cidadãos podem desfrutar de uma vida mais plena, acessando os recursos necessários para serem quem desejam ser. Assim, a esperança mais ampla é mitigar a "falta de liberdade" – a dependência de forças econômicas além de nosso controle que, para quase todos nós, determinam como a vida acaba se desenrolando.

Nem todos os sete serviços descritos no relatório da UCL são necessários na transição para o CLTA – pelo menos não inicialmente. Na verdade, junto do protecionismo municipal e de uma economia liderada pelos trabalhadores, partimos do pressuposto de que apenas cinco deles precisam ser estabelecidos: moradia, transporte, educação, saúde e informação. Na forma de Serviços Básicos Universais, a intenção para cada um deles é tornar-se um bem público gratuito e acessível a todos – não como mercadorias para troca e lucro, mas como recursos fundamentais sobre os quais construir nossas vidas. Isso não quer dizer que a propriedade privada de moradia, por exemplo, seria proibida – ela não seria, mas haveria uma garantia de que o Estado atenderia às necessidades de moradia de um indivíduo, se necessário. A produção voltada ao mercado e o mecanismo de preços perdurariam, mas se tornariam cada vez mais raros nas áreas classificadas como serviços básicos universais. Com a energia, mão de obra e recursos, bem como a informação, querendo ser gratuitos, a História e a oferta extrema estariam do lado dos UBS.

Como consequência, os UBS se difundirão de maneira incremental. Nos transportes, eles poderão se assemelhar ao *Freedom Pass* [Passe de Liberdade] do Reino Unido – que permite viagens gratuitas em serviços de ônibus locais para maiores de 60 anos – e ser estendido a todos. É uma medida sensata – como já vimos, os transportes se situam na interseção da pós-escassez de energia e trabalho; a oferta extrema de energia renovável (no lado da energia) e direção autônoma (no lado do trabalho) significam que os custos do transporte público cairão vertiginosamente. Isso deve beneficiar os usuários, cidadãos e trabalhadores – não os que recebem lucros. O serviço básico universal da expansão progressiva do transporte público gratuito é a melhor forma de garantir exatamente isso.

Da mesma forma, na área da saúde, o surgimento de tecnologias de custo ultrabaixo nas áreas de sequenciamento genético, terapias e edição gênica quer dizer que, daqui a algumas décadas, a saúde pública será mais barata de se administrar a cada ano que passa. Mas isso só trará benefícios coletivos se rejeitarmos a noção de que a edição de genes seria como os medicamentos e que deveriam estar sujeitos a patentes e à motivação dos lucros. Em vez disso, ao tornar ganhos da saúde uma verdadeira tecnologia, a informação deve ser socializada conforme eliminarmos doenças herdadas geneticamente como Parkinson, Huntington e a doença falciforme – bem como fizemos com a varíola no século xx.

Mesmo essas conquistas, tremendas e sem precedentes, representariam apenas o primeiro passo, já que a chegada do sequenciamento genético virtualmente gratuito – o que nos permitiria praticamente eliminar a mortalidade infantil e localizar cânceres no estágio zero – transferiria a medicina do responsivo ao preventivo. Novamente, em vez de impulsionar os lucros de empresas privadas ao mesmo tempo que deixa sem emprego milhões de profissionais da saúde, isso deveria significar assistência médica gratuita e universal para todos. A alternativa de se permitir o racionamento de mercado em condições de tamanha abundância, e para questões que são literalmente de vida ou morte, é uma barbaridade.

As mesmas tendências são evidentes em moradia, educação e informação – compreendida aqui como a produção de mídia e conectividade com a internet. Daqui a poucas décadas, pagar um bilhete de ônibus, uma conexão com a internet, uma mensalidade universitária ou alugar uma casa não precisará ser um problema. Em cada exemplo, o pagamento poderá parecer algo tão contraintuitivo quanto se hoje você fosse cobrado para abrir uma conta de e-mail ou para verificar a exatidão de uma data na Wikipedia. E por que não deveria ser assim? No fim das contas, recursos, energia, saúde, trabalho e alimentação – assim como a informação – querem ser gratuitos. É essa tendência fundamental que sublinha a razão pela qual uma oferta de serviços básicos universais em constante expansão, alinhada com a oferta extrema, deve ser uma exigência central para a política do século XXI.

*

Junto de uma transição para o protecionismo municipal, a implementação de UBS criaria um papel muito maior para o Estado – mas devido à oferta extrema, talvez não tão grande quanto se possa imaginar. O Estado será crucial na contratação de cooperativas de trabalhadores locais para construir casas, hospitais e escolas, bem como na prestação de serviços de alimentação, manutenção, limpeza e apoio. No modelo neoliberal, esses serviços representam o marco zero da economia da terceirização, pois os trabalhadores estão sujeitos a constantes ataques aos seus salários e padrões de trabalho, enquanto os usuários enfrentam resultados cada vez piores. Na transição para o CLTA, no entanto, e com os UBS assumindo uma posição central na economia, a alavancagem de instituições-âncora tende apenas a se expandir. Embora a automação vá eliminar tantos empregos quanto possível, os trabalhos que permanecerem – provavelmente por causa do Paradoxo de Moravec – serão crescentemente realizados por empresas pertencentes aos trabalhadores, transformando por completo a forma como nos relacionamos com a sociedade, o trabalho e uns com os outros.

É importante ressaltar que os UBS devem ser representados como um conjunto expandido de direitos, uma melhoria das constituições que surgiram lado a lado com a Segunda Ruptura em lugares como a Córsega, os Estados Unidos, a França e o Haiti. Os direitos legais e políticos continuarão a ser de absoluta importância, mas haverá um crescente reconhecimento de que eles significam bem pouco sem o acesso a recursos econômicos e sociais. Finalmente, teremos percebido que os fins liberais de realização pessoal e de autoria de si mesmo significam bem pouco sem meios socialistas. A tecnologia da Terceira Ruptura, combinada com a política do CLTA, finalmente os colocarão ao nosso alcance.

Descarbonização

Muito embora o envelhecimento da sociedade possa ser o maior problema durante o próximo meio século, sem dúvidas as mudanças climáticas representam o maior desafio que a humanidade precisa enfrentar. Mesmo que sua escala seja tão significativa, exatamente porque essas mudanças irão se desdobrar de uma maneira multigeracional – e, portanto, imprevisível –, são as gerações atuais que precisarão tomar medidas decisivas.

No entanto, mais do que simplesmente uma intervenção determinando a capacidade futura de nosso planeta de manter a vida, a política em torno da transição energética também precisa articular sua ambição de levar energia ilimitada para ricos e pobres do mundo. Esse é o prêmio oferecido com as energias solar e eólica, quase tanto quanto salvar o planeta, e deve ser afirmado como tal quando exigimos a transição energética ao lado dos UBS. A mudança para energias renováveis não irá apenas mitigar sistemas climáticos cada vez mais caóticos, mas também proporcionará maior prosperidade para todos nós.

Porém, embora as oportunidades sejam enormes, e o escopo político para a integração entre a ecologia e o desenvolvimento econômico esteja cada vez mais nítido, há pouco tempo para agirmos. A realidade é que temos de descarbonizar a economia mundial até meados deste século para termos qualquer chance de impedir o aquecimento além de dois graus centígrados.

A demanda, portanto, é tão audaciosa quanto simples. O Norte Global precisa reduzir suas emissões de dióxido de carbono a uma taxa de 8% ao ano durante a década de 2020. A partir de 2030, o Sul Global terá de embarcar na mesma jornada, precisamente na mesma taxa. Se formos bem-sucedidos, isso significará uma transição global completa para a energia renovável até 2040. Obviamente, é mais fácil falar do que fazer, e uma transição completa para a energia renovável em pouco mais de duas décadas seria o maior feito de ação coletiva na história humana. Mas a verdade é que não temos alternativa. Felizmente, a tecnologia que já possuímos significa que isso é totalmente possível. O que faltou, até agora, é vontade política.

Na verdade, não precisamos inventar novos meios de gerar e armazenar energia renovável. Em vez disso, precisamos acelerar o progresso de tecnologias já disponíveis. Mesmo nas tendências atuais, conforme detalhado no Capítulo 5, os combustíveis fósseis se tornarão cada vez mais obsoletos ao longo das próximas décadas. O desafio, então, é acelerar essa mudança e, ao mesmo tempo, garantir que o Sul Global não seja deixado para trás de uma forma semelhante à industrialização do início do século XIX. Uma maior ênfase nas nações em desenvolvimento servirá para acelerar a descarbonização, especialmente considerando que toda a nova demanda energética entre agora e 2035 deverá vir do Sul Global. Além disso, a transição para as energias renováveis não se trata apenas de promover a adoção de tecnologias verdes, que estão a caminho de qualquer maneira (embora não rápido o suficiente), mas também de garantir que elas estejam nas mãos das pessoas. Graças à sua natureza modular e distribuída, essa revolução deve significar tanto sustentabilidade quanto a democratização da energia.

Tal como com a ampliação das empresas e cooperativas de propriedade dos trabalhadores em nível municipal, o mecanismo pelo qual isso será levado a cabo são as finanças sob controle social. No Norte Global, onde a descarbonização em massa começará, isso será muito mais simples de se administrar, pois muitos países já atingiram um teto em termos de população e de uso de energia *per capita*. Além disso, eles tendem a desfrutar de instituições estatais robustas e uma base significativa de capacidade energética renovável.

A economia liderada pelos trabalhadores será financiada por instituições locais e restritas geograficamente. Mas, devido à reduzida janela de tempo da qual dispomos, o financiamento da transição energética terá de ser de responsabilidade de instituições muito maiores, como Bancos Nacionais de Investimento em Energia (BNIES), que operarão por meio de centros regionais e capitalizados – dependendo do país – na casa das centenas de bilhões de libras.

Além de financiar a geração e armazenamento de energia renovável para edifícios públicos, residências e espaços de trabalho, com essa nova infraestrutura sendo democraticamente controlada em nível local, esses bancos também oferecerão crédito para cooperativas energéticas locais. Tais medidas serão acompanhadas pelo financiamento de programas de eficiência energética, cuja intenção será tornar desnecessários os sistemas convencionais de aquecimento e onipresentes os sistemas inteligentes e a iluminação por LED. Há décadas sabemos como minimizar o consumo de energia para o aquecimento – o principal problema nos países mais frios da Europa, Rússia e América do Norte –; o problema é que as soluções baseadas no mercado fracassaram em concretizar essas transformações. Com isso em mente, a taxa de mudança poderia facilmente exceder a meta anual de 8% para os países mais frios – especialmente quando se considera que eles provavelmente poderiam reduzir o consumo de energia pela metade simplesmente por meio da conservação de calor inteligente.

Em 2030, os países mais ricos do mundo teriam suas emissões de CO_2 reduzidas para praticamente zero, seus cidadãos mais pobres já não estariam mais sujeitos ao flagelo da pobreza energética e de mortes em excesso no inverno. Além do mais, isso seria apenas o começo, porque as tecnologias que possibilitam tudo isso – ao contrário dos combustíveis fósseis – seguirão ficando cada vez mais baratas.

*

Para o Sul Global, a solução será mais complexa. Enquanto a tarefa nos países mais ricos é acelerar um conjunto de tendências já observáveis, para países com PIB mais baixo, mudanças substanciais na globalização realmente existente serão fundamentais. Isso significa que a tarefa é um tanto mais difícil aqui, pois necessita de uma resposta coordenada multilateralmente. Contudo, como já foi delineado, é no Sul Global que as recompensas da abundância energética são as maiores. Mais do que simplesmente "recuperar o atraso", muitos desses países – em virtude da boa sorte geográfica – desfrutam do maior potencial solar da Terra. Apesar da transição e substituição dos combustíveis fósseis significar que a energia ficará permanentemente mais barata para todo mundo, independentemente de onde vivam, é quase da mesma importância o fato de que países historicamente subdesenvolvidos desfrutarão de uma vantagem comparativa.

Um exemplo é a Arábia Saudita. Apesar de ser um país rico, resultado de sua fartura em petróleo, como outros países no Oriente Médio, grande parte da África e sul da Ásia, o país possui um enorme potencial solar. Embora possa não surpreender o fato de que o Reino Árabe esteja se envolvendo crescentemente com tecnologia solar, a escala de um acordo negociado no início de 2018 foi chocante – construir 200 terawatts de capacidade solar em todo o país até 2030. Para fins de contexto, isso é quatro vezes o pico de uso em todo o Reino Unido, um país com mais do que o dobro de sua população. Enquanto a Arábia Saudita possui os fundos para construir uma infraestrutura historicamente inédita –, quando concluída será o maior desenvolvimento solar da história; são exatamente essas a escala e a ambição necessárias para o mundo ir além dos combustíveis fósseis até 2040.

Todavia, dado que a maior parte do Sul Global carece de recursos desse tipo, qualquer dependência de petrodólares para o financiamento da transição é inadequada. Tal como com os países mais ricos, isso resultará em Bancos Nacionais de Investimento em Energia combinados com reformas significativas no Banco Mundial – organização que hoje em dia é responsável principalmente por fornecer empréstimos aos países mais pobres para programas de capital. Atualmente composto por duas instituições – o Banco Internacional para Reconstrução e Desenvolvimento (bird) e a Associação Internacional de Desenvolvimento (aid) –, seu objetivo declarado é a redução da pobreza global por meio da promoção de investimento estrangeiro e comércio internacional. Porém, apesar de o propósito pretendido ser louvável, não pode haver muitas dúvidas de que o Banco Mundial tem falhado. Isso ocorre porque sua compreensão do desenvolvimento é construída sobre um compromisso ideológico com o livre-comércio e uma visão de mundo que, no contexto da Terceira Ruptura, faz cada vez menos sentido.

À medida que nossas tecnologias avançam para a oferta extrema, essa fidelidade ao fundamentalismo de mercado servirá apenas para consolidar a pobreza em vez de eliminá-la. Sem reconhecer esse problema, o capitalismo global vai subdesenvolver essas regiões de forma mais aguda do que nunca, o que significaria que aquelas que deveriam ser as potências energéticas do amanhã continuarão incapazes de garantir o acesso à eletricidade para seus cidadãos.

É por isso que, dadas as demandas de transição a partir dos combustíveis fósseis no Sul Global – juntamente com o que pode significar uma transição bem-sucedida para o desenvolvimento econômico e as mudanças climáticas –, um terceiro órgão deveria ser adicionado ao Grupo Banco Mundial. Chamado de Banco Internacional para a Prosperidade Energética, sua missão seria ajudar a criar BNIES em países mais pobres, que seriam financiados por um novo One Planet Tax [Imposto Mundial Unificado]. O propósito desse imposto, de extensão global, seria simples: canalizar recursos de países ricos – que são de longe os maiores responsáveis pelas mudanças climáticas – para os mais pobres, que deverão sofrer desproporcionalmente suas consequências mais adversas.

As receitas desse imposto seriam aumentadas com a imposição de uma taxa de 25 dólares sobre cada tonelada de CO_2 emitida em países de PIB elevado. Além de ajudar a financiar a transição energética no Sul Global, isso também criaria um incentivo adicional entre as nações mais ricas para a descarbonização durante a década que se inicia em 2020, sem mencionar o estímulo para um mercado de tecnologias de sequestro de carbono. Uma projeção razoável é que só isso já levantaria cerca de 250 bilhões de dólares por ano – uma quantia nada insignificante. Se a medida não conseguisse arrecadar tudo isso, o que representaria um sucesso do ponto de vista da descarbonização, o restante seria gerado por países que pagariam diretamente ao fundo, com base no seu PIB *per capita*.

Além de capitalizar os Bancos de Investimento em Energia em alguns dos países mais pobres do mundo, cujo papel seria exatamente o mesmo de seus equivalentes no Norte Global, o Imposto Mundial Unificado também pagaria pela transferência tecnológica e pela pesquisa e desenvolvimento em soluções renováveis modulares adaptadas a ambientes de baixa infraestrutura e baixa renda. Nesse ponto, o objetivo seria criar um análogo energético do que foi a telefonia móvel para o início do século XXI. A difusão de energia abundante em países de baixa renda em nada se assemelhará com as infraestruturas nacionais do século passado. Se os painéis fotovoltaicos domésticos se espalharem tão rapidamente quanto os telefones celulares desde os anos 2000, abismos aparentemente intransponíveis entre os ricos e os pobres do mundo em eletricidade, água potável e padrões de vida serão superados em um período extraordinariamente curto. Seria uma revolução energética – com características asiáticas e africanas.

No caso de uma descarbonização completa até 2040, à medida que os Estados soberanos financiam não apenas a difusão, mas também a propriedade democrática da infraestrutura de energia verde, a conquista se estenderá para além de prevenir mudanças climáticas descontroladas – por mais magnífico que fosse. Também significaria que os países historicamente mais pobres ao longo do equador possuiriam algumas das energias mais abundantes e mais baratas da Terra. Isso, juntamente do fornecimento de Serviços Básicos Universais, sustentaria saltos semelhantes em saúde, educação e moradia, permitindo um desenvolvimento significativo como nunca visto, e ajudando a romper as cadeias de dependência econômica que têm caracterizado séculos de pilhagem e exploração. Em meio a apelos recentes por reparações para expiar as injustiças históricas do comércio de escravos no Atlântico e dos impérios europeus, um Imposto Mundial Unificado transformaria uma ideia oportuna em uma demanda concreta: os países mais ricos devem pagar pela energia limpa dos mais pobres.

11. RECRIAR O ESTADO CAPITALISTA

Em suma, mede tudo, exceto aquilo que faz a vida valer a pena.

Robert Kennedy

Dinheiro para nada[19]

Embora haja uma longa história do Estado garantindo o fornecimento de certos bens, principalmente no século XX, é a ideia de uma Renda Básica Universal (RBU) que parece ter atraído maior curiosidade nos últimos anos. O motivo para isso não é difícil de entender. Muitos estão convencidos de sua aptidão para abordar vários aspectos das cinco crises, sendo capaz de responder, de maneira única, à "conjunção de uma desigualdade crescente, uma nova onda de automação e uma consciência mais aguda dos limites ecológicos ao crescimento".

O impulso por trás da RBU é tão simples quanto dos Serviços Básicos Universais, exceto que, em vez de certos bens serem gratuitos no ponto de uso para todos, cada cidadão recebe uma quantia fixa de dinheiro em intervalos regulares. Trata-se, em uma compreensão simples, de um salário sem trabalho.

Para aqueles ansiosos em proclamar o potencial radical e disruptivo da RBU, essa separação entre o pagamento e o trabalho representaria um desafio ao próprio capitalismo, minando sua vital função disciplinar sobre os trabalhadores que têm de vender

---

[19] No original, "*Money for Nothing*", como na canção dos Dire Straits. (N.T.)

sua mão de obra para viver. No mínimo, afirmam seus defensores, isso serviria para fortalecer os trabalhadores em relação ao capital – da mesma forma que fizeram os sindicatos nos séculos XIX e XX – oferecendo uma solução social-democrata imediata no contexto da automação e do desemprego tecnológico.

Pode ser que tudo isso acabe se comprovando, mas a verdade é que não sabemos realmente, porque a RBU nunca foi testada anteriormente em escala suficiente. O que podemos ter certeza, entretanto, é que suas consequências dependeriam do ambiente político mais abrangente no qual ela seja introduzida. Em um governo progressista ou socialista, a RBU pode muito bem se provar uma medida potente que empodera as pessoas comuns e lhes dê a capacidade de exigir salários mais altos. Alternativamente, ela pode vir a ser o meio pelo qual se complete a mercadificação total do Estado de Bem-Estar Social, uma capitulação ao neoliberalismo em vez de uma alternativa a ele. É sua gama de possibilidades, de potencialmente libertadora até um thatcherismo com anabolizantes, que explica por que dois dos mais importantes pensadores da história do neoliberalismo, Milton Friedman e F.A. Hayek, podem ser citados entre seus entusiastas.

Uma crítica mais imediata à RBU, no entanto, e também uma crítica mais fácil de se antecipar em detalhes, é que ela custaria uma quantia enorme ao mesmo tempo que suas realizações não seriam especialmente grandes. Em 2016, o *think tank* britânico Compass modelou uma RBU que pagasse 284 libras por mês para cada adulto em idade produtiva e quantias menores para as outras pessoas. Ela seria fornecida juntamente dos programas sociais existentes, em vez de substituí-los, adicionando 170 bilhões de libras por ano aos gastos públicos – o equivalente a 6,5% do PIB do país e mais do que é atualmente destinado ao Sistema Nacional de Saúde.

No entanto, apesar de um investimento tão maciço, os retornos projetados se mostram nitidamente abaixo do esperado. O Compass estima que, mesmo com essa intervenção extraordinária, a pobreza infantil cairia apenas de 16% para 9% no Reino Unido, enquanto a pobreza dos aposentados permaneceria praticamente a mesma, em 14%. Como disse Luke Martinelli: "Uma RBU acessível é inadequada e uma RBU adequada é inacessível". Dadas as somas envolvidas, medidas muito mais progressistas deveriam ser miradas em vez disso.

É por isso que um programa de Serviços Básicos Universais seria preferível, pois o direito universal a recursos específicos, como moradia e saúde, seria politicamente mais robusto do que um salário e mais facilmente integrado no contexto de um populismo de luxo. Os UBS também fazem um sentido mais intuitivo para o público em geral, lembrando a propriedade nacional – cujo retorno é cada vez mais popular em vários países. Compare isso com a RBU, uma política cujas consequências são incertas para todos os envolvidos, exceto pelo fato de que representaria, de longe, a maior despesa governamental.

Além do mais, a preferência pelos UBS em vez de uma RBU faz muito sentido no contexto da Terceira Ruptura e da virada para a oferta extrema. À medida que o preço de tudo se aproxima cada vez mais do zero, a produção voltada à troca e ao lucro será colocada em apuros, o que significa que o mecanismo de preços é uma forma crescentemente ineficiente de se alocar recursos. Além do mais, os UBS iniciam o trabalho do comunismo no presente, articulando recursos necessários para uma vida digna – da moradia à saúde – como direitos humanos em vez de potenciais fontes de lucro. Pessoas necessitadas não são pessoas livres, e os UBS colocam um fim a essas necessidades de maneira decisiva.

Bancos centrais como planejadores centrais

No cerne dos sistemas de mercado modernos reside uma fraude fundamental: dizem que a antiga economia soviética era centralmente planejada, com a infame agência Gosplan no coração da vida econômica da URSS. As economias capitalistas modernas, em comparação, seriam "livres", uma vez que atores autônomos participam de trocas no mercado para maximizar seus próprios interesses e, felizmente, também promover o bem-estar geral.

Só que isso não é verdade. O planejamento central é uma característica significativa nas economias de livre mercado, do Walmart ao Amazon. Porém, o principal local onde ocorre esse planejamento são os bancos centrais, cujas decisões – apesar das alegações de que seriam imparcialmente tecnocráticas – são baseadas em prioridades políticas para a inflação, nível de emprego e preços de ativos. Os bancos privados realizam algo semelhante em menor escala, decidindo quais projetos receberão uma parcela dos recursos da sociedade e impondo o "julgamento do mercado" sobre aqueles que perdem dinheiro.

A reivindicação de "independência" de bancos centrais, uma das políticas públicas favoritas no apogeu do realismo capitalista durante os anos 2000, é uma conjectura tão absurda quanto o próprio fim da História. Aqui, os atores centrais nas economias capitalistas modernas, que fazem escolhas específicas que privilegiam certos grupos às custas de outros, imaginam a si mesmos como atores neutros, cujo "bom senso", em vez da ideologia, prevalece.

Além de destacar o fato de que as próprias decisões dos bancos centrais são profundamente políticas, o objetivo para aqueles que buscam o CLTA deve ser defender abertamente uma atividade bancária política. Em vez de se unir aos clamores pelo "fim dos bancos centrais", uma frase ouvida com crescente regularidade na direita libertária, a resposta deveria ser o oposto: exigir que o planejamento consciente e intencional no coração do capitalismo moderno seja readaptado para fins socialmente úteis em vez de outros socialmente destrutivos. O fato de o Banco da Inglaterra e do Federal Reserve dos EUA compartilharem várias características com a Gosplan soviética deveria ser a base para esperanças políticas, e não ser lamentado por obstruir a mítica operação de um mercado "verdadeiramente" livre. Tal coisa nunca existiu, nem poderia.

*

Então, o que fazer com os bancos centrais do início do século XXI? Assim como com a introdução do protecionismo municipal, os UBS e a transição para uma infraestrutura energética pós-carbono, a mudança será decisiva e incremental. O que precisa acontecer imediatamente, porém, é o fim das políticas monetaristas que privilegiaram uma inflação baixa à custa de todo o resto. Esse pilar central do neoliberalismo – vendido como parte de um conjunto mais amplo de políticas públicas durante os anos Thatcher e Reagan – fora identificado como necessário para lidar com problemas inflacionários que progressivamente passaram a assediar as economias do Norte Global após o início dos anos 1970. Depois disso, diziam os ideólogos, o crescimento econômico sustentável só seria possível com uma inflação baixa e controlada, e os bancos centrais teriam de desempenhar um papel de liderança na nova ortodoxia. Todavia, como já discutido, o crescimento médio do PIB tem caído a cada década desde então. Tem se tornado mais e mais difícil argumentar que o objetivo da inflação baixa seria qualquer outra coisa que não beneficiar os detentores de ativos e credores sobre as pessoas endividadas. Em suma, o monetarismo e a ideologia da inflação baixa são apenas uma parte de um sistema fraudulento que serve ao capital especulativo e aos ricos às custas de todo o resto.

É por isso que na transição para o CLTA o papel dos bancos centrais mudará mais uma vez, e a ênfase será transferida de uma inflação baixa – atualmente o Banco da Inglaterra tem uma meta de 2% ao ano – para salários crescentes, alta produtividade e moradia a preços acessíveis. Isso seria parte de um programa mais abrangente para politizar os bancos centrais como planejadores centrais e democratizar essas instituições supostamente "neutras".

Em termos de como os bancos centrais poderiam manter sob controle os preços dos imóveis – atualmente uma importante fonte de valor e lucros nas economias financeirizadas – um artigo publicado pelo *think tank* IPPR em julho de 2018 é instrutivo. O artigo defende que as medidas necessárias são relativamente diretas e intuitivas, pois o Comitê de Política Financeira do Banco da Inglaterras está na melhor posição para definir uma meta para a inflação dos preços das casas – semelhante à maneira como o Comitê de Política Monetária se encontra atualmente encarregado da inflação dos preços ao consumidor. Sob tal meta, o Banco da Inglaterra teria como objetivo manter a inflação nominal dos preços das casas em zero, enquanto o Serviço Básico Universal de moradia seria garantido por meio de um programa de construção de casas em massa pelos governos central e local. O relatório descreve como essa meta seria alcançada com o uso de ferramentas macroprudenciais, como requerimentos de capital, relações de empréstimo-valor e dívida-renda, ao mesmo tempo que se restringiriam as compras de propriedades residenciais britânicas no exterior. Isso, junto com a construção de milhões de novas casas, quase certamente significaria que os preços de moradia cairiam no intervalo de uma geração.

Com relação à produtividade, metas semelhantes seriam dadas aos bancos centrais – algo recentemente defendido pelo Partido Trabalhista britânico. Isso incentivaria o financiamento da economia produtiva, em vez da economia especulativa, e ao mesmo tempo aumentaria os salários juntamente da proporção de capital fixo em relação ao capital variável. A automação que atende às necessidades das pessoas deve ser o cerne da política monetária tanto quanto da política fiscal.

Reprimindo a economia especulativa

Além de financiar a economia do amanhã – seja em nível nacional com os bancos centrais, conforme estes se voltam para métricas significativas além da inflação, ou com bancos locais e regionais financiando negócios pertencentes aos trabalhadores –, permanece a tarefa crítica de reduzir o tamanho e o poder da economia financeira especulativa. Em muitos países, especialmente na Grã-Bretanha e nos Estados Unidos, limitar os preços das casas seria um passo importante na direção dessa conquista. Ademais, afastar a ênfase do combate à inflação significaria que os credores deixariam de desfrutar do viés estrutural de que atualmente dispõem.

Contudo, é também evidente que protocolos adicionais serão necessários na gestão dos fluxos de capital. Um imposto sobre transações financeiras aplicado no comércio de moedas seria um meio óbvio de controle de capital. Esse imposto seria cobrado em duas taxas variáveis: a mais baixa, que poderia ser de apenas 0,005%, seria aplicada às transações do dia a dia a fim de conter a volatilidade, enquanto uma taxa mais alta seria implementada no caso de ataques especulativos ou grandes saídas de capital – uma probabilidade que deve se intensificar à medida que cada vez mais países voltem as costas ao neoliberalismo. As condições necessárias para a implementação da taxa mais alta, que seria algo como um "imposto sobre ganhos inesperados" – sobre os lucros obtidos a partir de ataques especulativos –, seriam novamente determinadas pelos bancos centrais. Ainda assim, independente disso, representaria um instrumento crucial contra os interesses financeiros globais, cuja principal arma é a mobilidade de capital por entre as fronteiras.

Mas isso não é tudo, porque a peça final na mudança da arquitetura financeira para permitir a transição para o CLTA é talvez a mais importante, envolvendo a progressiva socialização dos mercados financeiros e de capital.

Um mercado de capitais socializado

À medida que o fim se aproximava para a URSS e o Bloco Oriental no final da década de 1980, intelectuais dissidentes estavam ansiosos para tirar lições de um sistema que, apesar de suas melhores intenções, naquele momento estava falhando em oferecer padrões de vida elevados em pé de igualdade com o Ocidente. Włodzimierz Brus e Kazimierz Łaski foram dois desses pensadores, economistas socialistas e seguidores do distinto marxista-keynesiano Michał Kalecki. Em *From Marx to the Market* [De Marx ao Mercado], publicado na Inglaterra em 1989, eles avaliaram as perspectivas da economia socialista com a derrocada do projeto soviético. Ambos haviam sido influentes defensores de reformas democráticas por décadas; Łaski foi forçado a deixar a Polônia em 1968 e Brus em 1972.

From Marx to the Market oferecia uma revisão estendida de uma argumentação apresentada por Brus em 1961 em *The General Problems of the Functioning of the Socialist Economy* [Os Problemas Gerais do Funcionamento da Economia Socialista]. Nessa obra, fortemente influenciada pelo pensamento de Kalecki, ele argumentava que tanto a democracia quanto os mecanismos de mercado eram necessários na transição para o socialismo.

Essa argumentação foi aprofundada em 1989, com Brus e Łaski alegando que sob o socialismo de mercado as empresas de propriedade pública teriam de ser autônomas – da mesma forma como o são nos sistemas capitalistas de mercado – e que isso exigiria um mercado de capital socializado. Nos países do socialismo realmente existente, mesmo em 1989, isso soava como uma heresia tão grande quanto no início dos anos 1960, uma vez que tal pensamento estava em desacordo com as indústrias controladas nacionalmente, de cima para baixo, que vieram a dominar a paisagem econômica não apenas da URSS, mas de outros países como Cuba e Coreia do Norte.

Em vez de os monólitos industriais nacionais serem elogiados como o arquétipo da eficiência econômica, os autores defendiam um tipo completamente diferente de socialismo, declarando que "o papel do Estado-proprietário deve ser separado do Estado como autoridade responsável pela administração [...]. As empresas têm de ser separadas não apenas do Estado em seu papel mais amplo, mas também umas das outras". Para seus críticos, essa linha de raciocínio soava como uma preocupante reminiscência do capitalismo e da produção com fins lucrativos.

Não obstante, na prática esse seria o aspecto das cooperativas e empresas de propriedade dos trabalhadores, implantadas sob o protecionismo municipal como delineado no capítulo anterior. Com a introdução de Serviços Básicos Universais e uma intervenção histórica na descarbonização da economia, esses tipos de empresas poderiam rapidamente se tornar a espinha dorsal das economias pelo Norte e Sul globais. Mas a propriedade dos trabalhadores precisará de finanças socializadas, com o crédito favorecendo explicitamente as empresas e cooperativas cujos objetivos forem além do lucro. Como resultado, bancos nacionais de investimento – juntamente com bancos municipais e BNIES – precisarão ser fundados, e seu papel será especificamente ampliar a oferta extrema, sustentar os SBU e amenizar as cinco crises.

O fim do PIB

Peter Drucker pode ter sido o principal teórico da informação na economia moderna, mas o fez como um teórico da administração – e não como economista ou historiador. Foi essa obsessão com a gestão que inspirou sua citação mais memorável: "O que você não pode medir, você não consegue administrar" – uma das frases favoritas dos executivos por décadas e agora o cartão de visitas da cultura do desempenho orientado por dados.

Isso é tão verdade nas políticas públicas quanto em qualquer outro lugar. Embora seja fundamental delinear as políticas necessárias para romper com o neoliberalismo e iniciar a mudança para o CLTA, isso não significa muito se, além disso, não forem criadas métricas de sucesso. Se continuarmos a medir coisas que significam pouco para tratarmos as cinco crises – ao mesmo tempo que fracassamos em captar a essência do valor à medida que a informação se torna progressivamente mais importante – então, sejam quais forem os méritos que a reforma do banco central ou os SBU possam ter, a busca pelo CLTA não será capaz de realizar o seu objetivo. Simplificando, precisamos de novas maneiras de medir o sucesso que sejam apropriadas para a Terceira Ruptura, em vez da Segunda. Em última análise, isso significa deixar para trás o mundo do Produto Interno Bruto (PIB).

*

Hoje, o PIB é a principal medida da atividade econômica. Quando o PIB está crescendo, pode-se dizer que a economia está crescendo; quando ocorre o contrário, marca-se uma recessão. A informação que ele expressa é o valor de todas as transações econômicas dentro de um período fixo, geralmente um ano – ou seja, todos os bens e serviços que são produzidos, vendidos e comprados.

Dada a sua centralidade em qualquer discussão sobre que tipo de modelo econômico é preferível, é fácil presumir que a ideia de PIB seria tão antiga quanto o próprio capitalismo – como se tivesse sido inventada por gente como Adam Smith ou David Ricardo. No entanto, pelo contrário, trata-se de um desenvolvimento relativamente recente, idealizado pelo economista Simon Kuznets na década de 1930 em resposta à Grande Depressão. Na realidade, o imperativo central das sociedades modernas – que o crescimento econômico deve ser perseguido como um fim em si mesmo – só começou a reinar supremo um século e meio após o início da Segunda Ruptura.

Talvez seja ainda mais surpreendente o fato de que o ceticismo a respeito dela é quase tão antigo quanto a própria medida. Em 1968, Robert Kennedy falou sobre como "em suma, [o PIB] mede tudo, exceto aquilo que faz a vida valer a pena", enquanto o próprio Kuznets advertiu que "o bem-estar de uma nação dificilmente pode ser inferido a partir de uma medida da renda nacional". Mesmo para seu inventor, o PIB sempre foi limitado para se compreender os determinantes mais amplos de uma sociedade verdadeiramente bem-sucedida.

Todavia, além desses julgamentos mais antigos sobre a maneira frequentemente fervorosa como o PIB era usado, em torno do final da década de 1980 outra crítica começou a surgir. Naquele momento, alguns diziam, ele não era mais capaz de medir nem mesmo o crescimento econômico de maneira adequada. A mais famosa expressão dessa crítica veio do economista Robert Solow quando afirmou, em 1987, que "é possível ver a era do computador por toda parte, menos nas estatísticas de produtividade". Essa conclusão foi uma resposta ao "paradoxo da produtividade" que tanto perturbava os economistas da época – a saber, como o investimento em tecnologia da informação na década de 1980 teve um impacto aparentemente insignificante nas medidas de produtividade, que na verdade desaceleraram ao longo da década.

Mas e se, em vez de as tecnologias digitais estarem falhando em aumentar a produtividade, as mudanças por elas introduzidas fossem tão significativas a ponto de exigir toda uma nova maneira de medir o seu sucesso? E se estivermos apenas no início de uma mudança econômica tão profunda que, conforme a Terceira Ruptura continuar se desdobrando, o PIB se mostrará progressivamente mais incapaz de capturar todo o valor que está sendo criado?

Eu diria que isso está acontecendo agora. A oferta extrema está causando deflação em muitos setores, e a Terceira Ruptura está evaporando faixas inteiras do PIB. À medida que o custo marginal de produção de bens e serviços se aproxima de zero em mais e mais setores, o resultado é que ocorrerão mais as transações gratuitas, não mercantis. Mesmo onde o mercado é capaz de dar uma resposta e manter certos bens dentro do mecanismo de preço – conforme comprovado com o modelo do Spotify como resposta ao compartilhamento digital de arquivos – a oferta extrema ainda significa uma circulação monetária líquida reduzida. Hoje, poucos pagariam 15 libras por um álbum de música, algo que há duas décadas todos no Norte Global consideravam natural. Isso explica por que 20 anos após o início da digitalização da indústria musical, o seu valor de mercado permanece substancialmente menor, mesmo apesar da popularidade crescente de serviços de *streaming* como Spotify e Tidal. Em 1999, a indústria da música gerou receitas no valor de cerca de 14,6 bilhões de dólares nos Estados Unidos, caindo para 7,65 bilhões em 2016 – e isso sem contar a inflação.

Em termos de como entendemos o PIB convencionalmente, esses números deveriam significar um desastre – refletindo como menos pessoas estariam ouvindo seus músicos favoritos do que antes. Exceto que a verdade é o oposto disso. A oferta extrema de bens de informação – dos quais a música é um exemplo paradigmático – significa que mais pessoas estão ouvindo mais música do que nunca, só que isso está falhando em aparecer nos números que consideramos mais importantes.

Outro exemplo que vai além das premissas estabelecidas sobre a economia de mercado é a Wikipédia. Gratuita e coproduzida quase inteiramente por uma equipe de voluntários, é superior a qualquer outra enciclopédia já criada. De fato, o sucesso da Wikipédia significou que em 2012, depois de ser impressa por 244 anos, sua famosa rival, a Encyclopaedia Britannica, se tornou totalmente online. Embora suas edições impressas anteriormente fossem vendidas por 1.400 dólares, o novo serviço digital custava apenas 17 dólares por mês – e ainda assim não tinha esperança de competir. Enquanto alguns ridicularizam a importância da Wikipédia como uma fonte à qual recorrer, pergunte a si mesmo quanto você já a usou e, em seguida, quanto valor você atribuiria a isso. Eu garanto que é muito mais do que zero. O fato de 99% de seus artigos estarem entre os dez primeiros resultados de qualquer pesquisa do Google fala por si só.

Essas duas tendências – de preços deflacionários na economia de mercado e de produção de mais coisas gratuitas em seus equivalentes não mercantis – acabarão por tornar o PIB irrelevante como um meio de medir a qualidade de vida das pessoas, especialmente quando o Estado pós-capitalista acelerar tais tendências. Isso, junto com a implementação de serviços básicos universais, significa que o PIB só vai se deteriorar como uma medida significativa de qualquer coisa, por mais limitado que ele já seja. Além do mais, ele não será capaz de calcular as coisas que mais importam no contexto das cinco crises, incluindo o CO_2 atmosférico, a saúde e a longevidade dos idosos, degradação ambiental, acesso a ar puro e água potável, bem-estar mental e trabalho que seja socialmente e emocionalmente satisfatório.

É por isso que o Estado pós-capitalista se moveria em direção a um "índice de abundância" que levasse tudo isso em consideração, ao mesmo tempo que integraria o modelo econômico emergente de cada vez menos coisas sendo pagas com dinheiro. Inicialmente, um índice como esse integraria as emissões de CO_2, eficiência energética, custo energético decrescente, recursos e mão de obra, a extensão de fornecimento dos Serviços Básicos Universais, tempo de lazer (tempo fora de um emprego remunerado), saúde e expectativa de vida e a felicidade autodeclarada. Tal medida composta, sem dúvida adaptada a uma variedade de diferenças regionais e culturais, seria a forma pela qual avaliaríamos o desempenho das economias pós-capitalistas na passagem para o CLTA. Representaria um placar para o progresso social, avaliando o sucesso da Terceira Ruptura em servir ao bem comum.

Assim como levou gerações para que a Segunda Ruptura encontrasse sua medida de progresso com o PIB, a Terceira Ruptura está enfrentando um desafio semelhante. O que sabemos com certeza é que um modelo já emergente – com menos trocas monetárias e um deslocamento para aluguéis – cria abundância demais para ser medida com precisão pelos meios atualmente disponíveis. Isso só vai se intensificar com o passar do tempo.

Os serviços básicos universais serão fundamentais na transição para o CLTA e ficarão progressivamente mais fáceis de serem fornecidos. Mas a medida do sucesso não pode ser o volume de transações por meio do sistema de preços – isso seria usar a definição de progresso que pertence a um mundo que já está morrendo.

12. CLTA: UM NOVO COMEÇO

O socialismo não é o último e perfeito produto da evolução ou o fim da História, mas, em certo sentido, apenas o início.

Isaac Deutscher

A relação entre tecnologia e política é complicada. Melvin Kranzberg fez a melhor exposição disso ao delinear as seis leis da tecnologia, cuja primeira diz: "A tecnologia não é boa nem ruim; tampouco é neutra". Em outras palavras, a maneira como a tecnologia é criada e utilizada, e para a vantagem de quem, depende dos contextos políticos, éticos e sociais dos quais ela emerge. Parafraseando Marx, a tecnologia faz história – mas não sob circunstâncias de sua própria criação.[20]

Talvez seja isso que Kranzberg quis dizer com sua sexta lei: "Toda a História é relevante, mas a História da tecnologia é a mais relevante". A tecnologia pode não determinar a História, mas pode causar rupturas e lhe dar forma como nada além dela. O salto tecnológico da Primeira Ruptura corporifica essa lei. As cidades, a cultura e a escrita – elas próprias o fundamen-

---

[20] Evidentemente, trata-se de uma brincadeira do autor com o célebre trecho de Marx sobre como as pessoas fazem a sua história: "Os homens fazem a sua própria história; contudo, não a fazem de livre e espontânea vontade, pois não são eles quem escolhem as circunstâncias sob as quais ela é feita, mas estas lhes foram transmitidas assim como se encontram. A tradição de todas as gerações passadas é como um pesadelo que comprime o cérebro dos vivos." [Marx, Karl. *O 18 de brumário de Luís Bonaparte*. São Paulo: Boitempo, 2011, p. 25] (N.T.)

to para formas de organização social de complexidade sempre crescente – foram moldadas pela agricultura, pela domesticação de animais e plantações e por uma compreensão prática da hereditariedade.

Isso não quer dizer que a tecnologia determina todos os caminhos. De fato, é possível argumentar que as tecnologias da Segunda Ruptura – principalmente a máquina a vapor de Watt – foram apenas o elemento final na transição mais ampla para o capitalismo. No caso, a inovação industrial veio depois de Estados centralizados, do surgimento de uma classe de trabalhadores sem-terra e de certas ideias sobre propriedade privada e intelectual. Portanto, embora as tecnologias possam anunciar novos momentos na História, elas também dependerão daquilo que ocorreu anteriormente.

A Terceira Ruptura parece expressar ambas as tendências. Em vez de tecnologias como inteligência artificial, energias renováveis e edição genética representarem fontes exógenas de perturbação do *status quo*, elas se desenvolveram lado a lado com novas ideias sobre a natureza, a individualidade e as formas de produção.

Consideremos o movimento verde como um exemplo. Em qualquer transição bem-sucedida para a carne sem animais – conforme descrito no Capítulo 8 – sua visão de mundo, impulsionada ao longo de décadas de ativismo, terá desempenhado um papel decisivo. Apesar do fato de que, em termos tecnológicos, a carne sintética seja impossível sem a digitalização, esses produtos foram criados apenas em resposta à demanda vegana e vegetariana, bem como pelo fato de que seus desenvolvedores se preocupam com o impacto da agricultura sobre as mudanças climáticas e com o bem-estar animal.

O mesmo se aplica para as energias renováveis. Também nesse caso o movimento verde tem sido um ator vital para salientar a questão das mudanças climáticas para o público em geral. Mesmo que o fracasso político no nível internacional seja inegável, com os Estados-nação falhando em reduzir suficientemente as emissões de CO_2 nos últimos 25 anos, isso não significa que o legado do movimento seja de derrota. A crescente capacidade eólica e solar de atender às nossas necessidades energéticas resulta, novamente, de inovações tecnológicas que não teriam se materializado sem gerações de ativistas exigindo uma mudança para longe dos combustíveis fósseis. A proibição do fraturamento hidráulico em um número progressivamente maior de países, municípios e cidades é apenas o mais recente testemunho dessa tendência.

Em outros lugares, o impulso para a automação e a aplicação da curva de experiência são um produto da competição, a lógica prevalecente no capitalismo. Esse fato tem servido como presságio da incessante substituição da mão de obra por capital fixo, ao mesmo tempo que assistimos à queda dos custos de produção de praticamente qualquer coisa. Apesar de indiscutivelmente os níveis de automação terem desacelerado durante as últimas décadas, principalmente como resultado dos salários estarem sendo tão pressionados ao ponto de a substituição de trabalhadores não ser lucrativa, o contexto dentro do qual se desdobrarão as ondas de automação durante as próximas décadas é importante. Contradições internas ao capitalismo tornam inevitável uma crise de desemprego tecnológico, subconsumo terminal e desigualdade crescente.

Portanto, a tecnologia é de fundamental importância, mas também o são as ideias, as relações sociais e a política que a acompanham. Por conseguinte, para entendermos como chegamos ao presente, da IA à carne sintética, devemos olhar para os movimentos sociais – de movimentos pelos direitos às terras indígenas até os de proteção do bem-estar animal – tanto quanto para a dinâmica subjacente de oferta extrema.

Todavia, mais do que nos permitir compreender um presente cada vez mais complexo, situar a relação entre tecnologia e

História no interior de uma constelação de atores mais abrangente nos permite traçar o rumo para um futuro melhor. Isso nos ajuda a entender por que algumas coisas sucedem em certos momentos e não em outros e por que, até agora, o comunismo era impossível.

Futuros adiados

Alguns visionários têm tamanho poder de previsão que suas ideias não estão em consonância com a época em que vivem. John Wycliffe, um padre do século xiv que supervisionou uma tradução da Bíblia do latim para o inglês, foi uma dessas pessoas. O heterodoxo se opunha a dogmas fundamentais da Igreja, incluindo a veneração de santos, o monasticismo e até mesmo o papado. Ainda assim, Wycliffe, cuja Bíblia foi espalhada pela Inglaterra um século antes do nascimento de Martinho Lutero, permanece como uma figura periférica na história da Reforma Protestante.

A razão para isso é a tecnologia. Embora a Bíblia de Wycliffe tenha sido amplamente distribuída, não era um documento impresso no sentido moderno – o que significa que ela nunca seria capaz de encontrar um público tão grande quanto os panfletos e livros publicados na língua vernacular um século mais tarde. O fato de Martinho Lutero ter se tornado a figura seminal da Reforma foi, portanto, uma consequência da inovação tecnológica, e não do seu carisma pessoal ou de suas novas ideias. No início dos anos 1500, 200 milhões de livros impressos estavam em circulação em toda a Europa – uma revolução informática de impacto ainda mais sísmico do que a chegada da internet.

Entretanto, é um absurdo alegar que a tecnologia, em particular a imprensa, teria causado a Reforma Protestante – especialmente quando suas ideias centrais tinham uma genealogia que poderia ser rastreada por séculos. A tecnologia se mostrou decisiva ao fazer com que se desdobrassem certos eventos que antes pareciam impossíveis – até mesmo para os próprios protagonistas. Quando fixou suas 95 *Teses* na porta da igreja em Wittenberg em 31 de outubro de 1517, Lutero não tinha ideia do que aconteceria a seguir.

Em seis semanas, edições impressas apareceram simultaneamente em Leipzig, Nuremberg e na Basileia. Não muito depois, vieram as traduções para o alemão – o documento inicial estava em latim –, que podiam ser lidas por um público muito mais amplo. Friedrich Myconius, um amigo de Lutero, escreveria mais tarde: "Mal se passaram 14 dias quando essas proposições já eram conhecidas por toda a Alemanha, e em 4 semanas quase toda a cristandade estava familiarizada com elas."

O primeiro panfleto de Lutero a ser escrito em alemão, o *Sermão das Indulgências e da Graça*, seria reimpresso 14 vezes só em 1518. Dos 6.000 panfletos publicados em alemão entre 1520 e 1526, cerca de 1.700 eram edições das obras de Lutero. Ao todo, isso significou que cerca de 2 milhões de panfletos de seu trabalho foram publicados na década que se passou após ele pregar as suas teses originais naquela porta em Wittenberg – escritas à mão e em latim. Em suma, a tecnologia tornou aquilo que era impossível na época de Wycliffe algo aparentemente inevitável na de Lutero.

*

Em certo sentido, Marx carrega uma semelhança com Wycliffe. Como o padre inglês, as tecnologias necessárias para a adoção de suas ideias não estavam disponíveis durante sua própria época. Assim como uma Bíblia em vernáculo produzida em massa era impossível em um mundo sem tipos móveis de metal, também seria impossível qualquer tentativa de comunismo dentro dos limites da Segunda Ruptura. Dependendo dos escassos combustíveis fósseis, padrões de vida globais como os das pessoas mais ricas decretariam uma catástrofe ambiental, enquanto, sob condições de escassez tanto de mão de obra física quanto cognitiva, a busca de tempo livre para alguns necessariamente dependia de fazer outras pessoas trabalharem mais arduamente. Todavia, isso agora está mudando – na verdade, está mudando já faz algum tempo.

Mais de meio século se passaria entre a chegada da impressão moderna, tradicionalmente vista como a publicação da Bíblia de Gutenberg na década de 1450, e o tiro inicial da Reforma Protestante com as 95 *Teses* de Lutero. Embora a imprensa de Gutenberg fosse profundamente disruptiva por si só, ela só levou a transformações sociais quando se tornou algo tão mundano que um teólogo pouco conhecido poderia ter suas ideias publicadas por pessoas que ele nunca conhecera e, em questão de meses, descobrir um público de milhões de pessoas.

Agora, isso também é válido para as principais tecnologias da Terceira Ruptura. Elas estão agora tomando o centro do palco, após um progresso contínuo desde a década de 1950 – a década na qual as células fotovoltaicas foram desenvolvidas, o primeiro transistor de silício foi inventado e o DNA finalmente teve seu modelo identificado. No início da década de 1960 ocorreram os primeiros experimentos com LEDs, e, na década de 1970, também se deram os primeiros com baterias de lítio. Somente agora essas inovações estão começando a trazer a oferta extrema de informações, mão de obra e recursos. Ao fazê-lo, solapam duas premissas básicas sobre o capitalismo: em primeiro lugar, que a escassez sempre existirá; e em segundo, que os bens não serão produzidos se seu custo marginal for zero. Mas esses bens são produzidos, e a Economia convencional não é capaz de explicar isso.

Nenhuma das tecnologias no cerne da Terceira Ruptura é nova. Em vez disso, como no final do século XV, elas vêm silenciosamente se mudando das margens da vida social para o seu centro – tudo isso enquanto cavalgam os dividendos da curva de experiência e do crescimento exponencial. O que acontecerá a seguir, no entanto, e como essas tecnologias serão entrelaçadas no tecido da modernidade, é nossa responsabilidade. Não há nenhuma razão necessária para que elas nos libertem ou para que mantenham os ecossistemas de nosso planeta mais do que podem levar a uma desigualdade de renda cada vez maior e a um colapso generalizado. A direção que tomaremos a seguir não será o resultado de um algoritmo preditivo ou de uma *startup* "unicórnio"; será o resultado da política: as decisões vinculativas, sobre todos nós, que escolhemos tomar coletivamente.

O CLTA é um começo, e não um destino

As transformações delineadas como centrais para a Terceira Ruptura não são um destino, mas um começo. O CLTA não é um projeto para um Éden estacionário – este sempre se prova decepcionante, de qualquer maneira. Também não é um lugar que superou a tristeza ou dor, onde o conflito e a vulnerabilidade são relegados ao passado. Orgulho, ganância e inveja permanecerão conosco enquanto nós existirmos, e o gerenciamento da discórdia entre seres humanos – a essência da política – seguirá como uma característica inevitável de qualquer sociedade que compartilharmos uns com os outros. Em vez disso, o CLTA representa uma efígie de possibilidades na proa do nosso navio, forjada para um mundo mudando tão rapidamente que novas utopias são necessárias – porque as antigas não fazem mais sentido.

Isaac Deutscher escreveu certa vez que "o socialismo não é o último e perfeito produto da evolução ou o fim da História, mas, em certo sentido, é apenas o começo". Talvez essa seja a melhor maneira de conceber o Comunismo de Luxo Totalmente Automatizado. Trata-se de um mapa pelo qual escapamos do labirinto da escassez e de uma sociedade construída com base em empregos; a plataforma a partir da qual podemos começar a responder à pergunta mais difícil de todas – como Keynes certa vez colocou, o que significa viver "com sabedoria, de maneira agradável e boa".

Obviamente, qualquer mapa eficaz deve instruir seu usuário sobre os próximos passos imediatos, cuja clareza deve ser tão aparente quanto o destino pretendido. É por essa razão que o CLTA recusa o idealismo ou uma visão excessivamente otimista da natureza humana, oferecendo em seu lugar a ação imediata. Embora esteja situado no interior de uma transformação tão sísmica quanto a chegada da agricultura, a política concreta do CLTA consiste em demandas específicas e prontamente identificáveis: uma ruptura com o neoliberalismo, uma mudança na direção da produção sob propriedade dos trabalhadores, uma transição financiada pelo Estado para o uso de energias renováveis e serviços universais – corretamente identificados como direitos humanos – situados do outro lado das trocas de mercadorias e do lucro.

O Comunismo de Luxo Totalmente Automatizado não é um manifesto para os poetas ingênuos. Em vez disso, nasce do reconhecimento de uma verdade cada vez mais óbvia: que em meio às mudanças da Terceira Ruptura, o "fato" da escassez está se deslocando de uma certeza inevitável para uma imposição política.

Este não é um livro sobre o futuro, mas sobre um presente que passa despercebido. Os contornos de um mundo incomensuravelmente melhor que o nosso, mais igualitário, próspero e criativo, estão aí para serem vistos, se ousarmos olhar para eles. No entanto, a capacidade de ver adiante não é suficiente por si só. Devemos ter a coragem – pois isso é o que é necessário – para argumentar, persuadir e construir.

Temos um mundo a conquistar.

REFERÊNCIAS

Introdução

Amazon. "Introducing Amazon Go and the world's most advanced shopping technology". *YouTube.com*, 5 de dezembro de 2016.

Clifford, Catherine. "Mark Cuban: the world's first trillionaire will be an artificial intelligence entrepreneur". *CNBC*, 13 de março de 2017.

Golson, Jordan. "Tesla built a huge solar energy plant on the island of Kauai". *The Verge*, 8 de março de 2017.

Rosenblum, Andrew. "A biohacker's plan to upgrade dalmatians ends up in the doghouse". MIT *Technology Review*, 1 de fevereiro de 2017.

"Wisconsin board clears way for $3 billion Foxconn deal". *Reuters*, 8 de novembro de 2017.

1. A Grande Desordem

Fukuyama, Francis. *O fim da história e o último homem*. Rio de Janeiro: Rocco, 1992.

Realismo capitalista

Cox, Christoph; Whalen, Molly; Badiou, Alain. "On evil: an interview with Alain Badiou". *Cabinet Magazine* 2001-2002.

Fisher, Mark. *Realismo capitalista: é mais fácil imaginar o fim do mundo do que o fim do capitalismo?* São Paulo: Autonomia Literária, 2020.

Menand, Louis. "Francis Fukuyama postpones the end of history". *New Yorker*, 3 de setembro de 2018.

Crise à solta

"Depression looms as global crisis". *BBC News*, 2 de setembro de 2009.

Hertle, Hans-Hermann; Nooke, Maria. *The victims at the Berlin Wall 1961–1989: a biographical handbook*. Berlim: Ch. Links Verlag, 2011.

"IOM counts 3,771 migrant fatalities in the Mediterranean in 2015". *International Organization for Migration*, 1 de maio de 2016.

Jones, Owen. "Suicide and silence: why depressed men are dying for somebody to talk to". *Guardian*, 15 de agosto de 2014.

2008: O retorno da História

Allen, Katie; Elliott, Larry. "UK joins Greece at bottom of wage growth league". *Guardian*, 27 de julho de 2016.

Bastani, Aaron. "Property owning democracy". *LRB* Blog, 2 de março de 2017.

Boyce, Lee; Press Association. "How 17m adults have less than £100 saved for a rainy day". *ThisIsMoney.co.uk*, 29 de setembro de 2016.

Butler, Patrick. "Report reveals scale of food bank use in the UK". *Guardian*, 29 de maio de 2017.

Butler, Patrick. "Record 60% of Britons in poverty are in working families". *Guardian*, 22 de maio de 2017.

Evans, Judith. "Home ownership in England falls to 30-year low". *Financial Times*, 2 de março de 2017.

Gopal, Prashant. "Home ownership rate in the U.S. drops to lowest since 1965". *Bloomberg News*, 28 de julho de 2016.

McGrath, Maggie. "63% of Americans don't have enough savings to cover a $500 emergency". *Forbes*, 6 de janeiro de 2016.

Noack, Rick. "Here's how the Islamic State compares with real states". *Washington Post*, 12 de setembro de 2014.

Pflaum, Nadia. "Trump: 43 million Americans on food stamps". *Politifact*, 21 de julho de 2016.

Wark, McKenzie. *The beach beneath the street*. Londres e Nova Iorque: Verso Books, 2017.

Medindo a inércia

Allen, Katie. "Chinese growth slips to slowest pace for 26 years". *Guardian*, 20 de janeiro de 2017.

Burgen, Stephen. "Spain youth unemployment reaches record 56.1%". *Guardian*, 30 de agosto de 2013.

"Donald Trump's election victory speech: read the full transcript". *Sky News* 9 de novembro de 2016.

"Greece unemployment hits a record 25% in July". *BBC News*, 11 de outubro de 2012.

Jackson, Gavin; O'Connor, Sarah. "'Lost decade' for UK workers as productivity falls beneath 2007 level". *Financial Times*, 5 de julho de 2017.

Peck, Tom. "Nigel Farage's triumphalist Brexit speech crossed the borders of decency". *Independent*, 24 de junho de 2016.

Safi, Michael. "India's slowing growth blamed on 'big mistake' of demonetisation". *Guardian*, 1 de junho de 2017.

York, Stephen. "Greenspan says crisis left him in 'shocked disbelief'". *Independent*, 24 de outubro de 2008.

2. As Três Rupturas

Indústria: a segunda ruptura

Brynjolfsson, Erik; McAfee, Andrew. *A segunda era das máquinas: trabalho, progresso e prosperidade em uma época de tecnologias brilhantes*. Rio de Janeiro: Alta Books, 2014.

Hobsbawm, Eric. *A era das revoluções: 1789-1848*. 32ª ed. Rio de Janeiro: Paz e Terra, 2013

Críticos do capitalismo

Gawenda, Alex; Kumar, Ashok. "Made in post-China™". *Counterpunch*, 14 de junho de 2013.

Harvey, David. *Para entender O capital*. São Paulo: Boitempo, 2013.

Marx, Karl; Engels, Friedrich. *Manifesto comunista.* São Paulo: Boitempo, 1998, 2010. p. 42-43

Informação irrestrita: a terceira ruptura

Crew, Bec. "NASA just fast-tracked its mission to explore a $10,000 quadrillion metal asteroid". *Sciencealert.com*, 25 de maio de 2017.

Goodall, Chris. *The switch: how solar, storage and new tech means cheap power for all.* Londres: Profile Books, 2016.

Crescendo exponencialmente: de Ibn Khallikan à Kodak

Brynjolfsson, Erik; McAfee, Andrew. *A segunda era das máquinas: trabalho, progresso e prosperidade em uma época de tecnologias brilhantes.* Rio de Janeiro: Alta Books, 2014.

Chace, Calum. *The economic singularity: artificial intelligence and the death of capitalism.* Bradford: Three Cs Publishing, 2016.

Moore, G.E. "Cramming more components onto integrated circuits". *Proceedings of the IEEE*, 1998.

Pickover, Clifford. *The math book: from Pythagoras to the 57th dimension, 250 milestones in the history of mathematics.* Nova Iorque: Sterling, 2012.

A Lei de Moore pode continuar valendo?

L.S. "The end of Moore's Law". *Economist*, 19 de abril de 2015.

Mais que processamento

Coughlin, Tom. "Toshiba's 3D magnetic recording may increase hard disk drive capacity", *Forbes*, 9 de julho de 2015.

Komorowski, Matt. "A history of storage cost". *Mkomo.com*, 9 de março de 2014.

Service, Robert. "DNA could store all of the world's data in one room". *Science*, 2 de março de 2017.

A força da experiência

Goodall, Chris. *The switch: how solar, storage and new tech means cheap power for all*. Londres: Profile Books, 2016.

"The experience curve". *Economist*, 14 de setembro de 2009.

Da crise à utopia

Levy, Steven. "Hackers at 30: 'hackers' and 'information wants to be free'". *Wired*, 21 de novembro de 2014.

Marx, Karl. *Grundrisse: manuscritos econômicos de 1857-1858*. São Paulo: Boitempo; Rio de Janeiro: Ed. UFRJ, 2011. p. 589

3. O que é comunismo de luxo totalmente automatizado

Choque do futuro, 1858

Cyert, Richard M.; Mowery, David C. (eds.) *Technology and employment: innovation and growth in the US economy*. Washington: National Academy of Sciences, 1987.

Marx, Karl. *Grundrisse: manuscritos econômicos de 1857-1858*. São Paulo: Boitempo; Rio de Janeiro: Ed. UFRJ, 2011. p. 585.

Comunismo: um mundo para além da escassez

Marx, Karl. *Crítica do programa de Gotha*. São Paulo: Boitempo, 2012. p. 31.

Marx, Karl. *O capital: crítica da economia política: livro III: o processo global da produção capitalista*. São Paulo: Boitempo, 2017. p. 883

Pós-capitalismo sem comunismo: J. M. Keynes

Allen, Katie; Elliott, Larry. "UK joins Greece at bottom of wage growth league". *Guardian*, 27 de julho de 2016.

Corlett, Adam; Clarke, Stephen; Bell, Torsten. "Public and family finances squeezes extended well into the 2020s by grim budget forecasts". *Resolution Foundation*, 9 de março de 2017.

Keynes, John Maynard. *Ensaios em persuasão*. Lisboa: Imprensa da Universidade de Lisboa, 2019.

Taylor, Ciaren; Jowett, Andrew; Hardie, Michael. "An examination of falling real wages, 2010 – 2013". *Office for National Statistics*, 31 de janeiro de 2014.

Turchin, Peter. "The end of prosperity: why did real wages stop growing in the 1970s?" *Evolution Institute*, 4 de abril de 2013.

Pós-capitalismo e informação: Peter Drucker

Drucker, Peter. *Sociedade pós-capitalista*. Coimbra: Actual, 2015.

Marx, Karl. *Contribuição à crítica da economia política*; tradução e introdução de Florestan Fernandes, 2. ed. São Paulo: Expressão Popular, 2008. p.47-48.

Taylorismo e a revolução da produtividade

Drucker, Peter. *Sociedade pós-capitalista*. Coimbra: Actual, 2015.

Marx, Karl. *Grundrisse: manuscritos econômicos de 1857-1858*. São Paulo: Boitempo; Rio de Janeiro: Ed. UFRJ, 2011. p. 587-588

Os bens de informação querem ser livres - de verdade

DeLong, J. Bradford; Summers, Lawrence. "The 'new economy': background, historical perspective, questions, and speculations". *Economic Review Federal Reserve Bank of Kansas City*, 2001.

Romer, Paul. "Endogenous technological change". *Journal of Political Economy*, 1990.

4. Automação completa: pós-escassez em mão de obra

Quando o capital se torna mão de obra

"Ford factory workers get 40-hour week". *History.com*, 2009.

N. "V". "Difference engine: luddite legacy". *Economist*, 4 de Novembro de 2011.

Groom, Brian. "The wisdom of horse manure". *Financial Times*, 2 de setembro de 2013.

O pico humano

Bloodgate, Henry. "CEO of Apple partner Foxconn: 'managing one million animals gives me a headache'". *Business Insider*, 19 de janeiro de 2012.

Coco, Federica. "Most US manufacturing jobs lost to technology, not trade". *Financial Times*, 2 de dezembro de 2016.

Dasgupta, Skit; Singh, Ajith. "Will services be the new engine of Indian economic growth?" *Development and Change*, 2005.

"Industrial Metamorphosis". *Economist*, 29 de setembro de 2005.

Kilby, Emily R. "The Demographics of the US Equine Population". Em Salem, D.J.; Rowan, A.N. (eds.). *The state of the animals*. Washington: Humane Society Press, 2007. p. 175–205.

Markoff, John. "New wave of deft robots is changing global industry". *New York Times*, 19 de agosto de 2012.

National Research Council. *The long-term impact of technology on employment and unemployment*. Washington: National Academies Press, 1983.

Perez, Bien. "Annual robotics spending in China to reach US $59b by 2020". *South China Morning Post*, 4 de abril de 2017.

Rifkin, Jeremy. "Return of a conundrum". *Guardian*, 2 de março de 2004.

Rifkin, Jeremy. *Sociedade com custo marginal zero: a internet das coisas, os bens comuns colaborativos e o eclipse do capitalismo*. São Paulo: M.Books, 2016.

Taylor, Ciaren; Jowett, Andrew; Hardie, Michael. "An examination of falling real wages, 2010 – 2013". *Office for National Statistics*, 31 de janeiro de 2014.

Wallop, Harry. "Manufacturing jobs to fall to lowest level since 1841". *Telegraph* 6 de fevereiro de 2009.

Zoo, Mandy. "Rise of the robots: 60,000 workers culled from just one factory as China's struggling electronics hub turns to artificial intelligence". *South China Morning Post*, 21 de maio de 2016.

O fim da agricultura de massas

International Labour Organization. "Employment in industry (% of total employment) (modelled ILO estimate)". *World Bank*, November 2017.
    "Labor Force – by Occupation". *CIA World Factbook*, 2009.
    Riser, Max. "Employment in agriculture". *Our World in Data*, 2018.
    "Statistics from 2018". *UN Food and Agriculture Organization (FAO)*, 2018. Disponível em: fao.org/faostat/en/#data/countries_by_commodity/visualize

A ascensão dos robôs

Campbell, Murray; Hoane Jr, A. Joseph.; Hsu, Feng-Hsiung. "Deep blue". *Artificial Intelligence 134*: 1–2 (janeiro de 2002).
    Jennings, Ken. "My puny human brain". *Slate*, 16 de fevereiro de 2011.
    Moravec, Hans. *Homens e robots: o futuro da inteligência humana e robótica*. Lisboa: Gradiva, 1992.

Os saltos mortais de Atlas

Thomson, Iain. "Atlas unplugged! DARPA's unTerminator robot cuts the power cable". *Register*, 23 de janeiro de 2015.

Veículos autônomos

Balakrishnan, Anita. "Drivers could lose up to 25,000 jobs per month when self-driving cars hit, Goldman Sachs says". *CNBC*, 22 de maio de 2017.
    Bomey, Nathan. "US vehicle deaths topped 40,000 in 2017, national safety council estimates". *USA Today*, 15 de fevereiro de 2018.
    Darter, Michael. "DARPA's debacle in the desert". *Popular Science*, 4 de junho de 2004.

Dillow, Clay. "Revealed: Google's car fleet has been driving around unmanned for 140,000 miles already". *Popular Science*, 11 de outubro de 2010.

Ford, Martin. *Os robôs e o futuro do emprego*. Rio de Janeiro: Best Business, 2019.

Marshall, Aarian. "As Uber flails, its self-driving car research rolls on". *Wired*, 23 de junho de 2017.

Thrun, Sebastian. "What we're driving at". *Official Google Blog*, 9 de outubro de 2010.

O desemprego tecnológico está chegando

Ahmed, Kamal. "900,000 UK retail jobs could be lost by 2025, warns BRC". *BBC*, 29 de fevereiro de 2016.

Amazon. "Introducing Amazon Go and the world's most advanced shopping technology". *YouTube.com*, 5 de dezembro de 2016.

Armstrong, Ashley. "Chinese online retailer JD plans to open hundreds of unmanned shops, ahead of Amazon". *Telegraph*, 14 de dezembro de 2017.

Chace, Calum. *The economic singularity: artificial intelligence and the death of capitalism*. Bradford: Three Cs Publishing, 2016.

Clifford, Catherine. "Mark Cuban: 'the world's first trillionaire will be an artificial intelligence entrepreneur'". *CNBC*, 13 de março de 2017.

Elliott, Larry. "Robots threaten 15m UK jobs, says Bank of England's chief economist". *Guardian*, 12 de novembro de 2015.

"Future work/technology 2050". *Millennium Project*, 1 de dezembro de 2014.

Nasiripour, Shahien. "White House predicts robots may take over many jobs that pay $20 per hour". *Huffington Post*, 24 de fevereiro de 2016.

Statt, Nick. "Amazon's cashier-free Go stores may only need six human employees", *The Verge*, 6 de fevereiro de 2017.

Taylor, Ciaren; Jowett, Andrew; Hardie, Michael. "An examination of falling real wages, 2010 – 2013". *Office for National Statistics*, 31 de janeiro de 2014.

Thibodeau, Patrick. "One in three jobs will be taken by software or robots by 2025". *Computer World*. 6 de outubro de 2014.

Thompson, Alexandra. "'Robot Surgery' could save men from prostate cancer". *Daily Mail*, 24 de novembro de 2017.

Turner, Nick; Wang, Selina; Soper, Spencer. "Amazon to acquire Whole Foods for $13.7 billion". *Bloomberg*, 16 de junho de 2017.

Williams-Grut, Oscar. "Mark Carney: 'every technological revolution mercilessly destroys jobs well before the new ones emerge'". *Business Insider*, 6 de dezembro de 2016.

A automação realmente existente

Marr, Bernard. "First FDA approval for clinical cloud-based deep learning in healthcare". *Forbes*, 20 de janeiro de 2017.

Croft, Jane. "More than 100,000 legal roles to become automated". *Financial Times*, 15 de março de 2016.

Snow, Jackie. "A new algorithm can spot pneumonia better than a radiologist". MIT *Technology Review*, 16 de novembro de 2017.

O futuro do trabalho

Brynjolfsson, Erik; McAfee, Andrew. *A segunda era das máquinas: trabalho, progresso e prosperidade em uma época de tecnologias brilhantes*. Rio de Janeiro: Alta Books, 2014.

5. Força infinita: pós-escassez em energia

Energia e ruptura

Malm, Andreas. *Fossil capital: the rise of steam power and the roots of global warming*. Londres e Nova Iorque: Verso Books, 2016.

A chegada do antropoceno

Lynch, Patrick. "Secrets from the past point to rapid climate change in the future". *NASA*, 14 de dezembro de 2011.

Seremos capazes de sobreviver à catástrofe climática?

Klein, Naomi. *Tudo pode mudar: capitalismo vs. clima.* Queluz de Baixo: Editorial Presença, 2016.

Lynas, Mark. *Seis graus. O aquecimento global e o que você pode fazer para evitar uma catástrofe.* Rio de Janeiro: Zahar, 2008.

A energia quer ser gratuita

Goodall, Chris. *The switch: how solar, storage and new tech means cheap power for all.* Londres: Profile Books, 2016.

Watts, Jonathan. "We have 12 years to limit climate change catastrophe, warns UN". *Guardian*, 8 de outubro de 2018.

Energia solar: Ilimitada, limpa e gratuita

Diamandis, Peter; Kotler, Steven. *Abundância: o futuro é melhor do que você imagina.* Rio de Janeiro: Alta Books, 2019.

Uma revolução silenciosa

"Electricity generation mix by quarter and fuel source (GB)". *UK Office of Gas and Electricity Markets*, outubro de 2018.

Goodall, Chris. *The switch: how solar, storage and new tech means cheap power for all.* Londres: Profile Books, 2016.

Hanley, Steve. "New PPA in Arizona locks in lowest solar prices in US as demise of Navajo station looms". *Clean Technica*, 11 de junho de 2018.

McGreevy, Ronan. "Scotland 'on target' for 100% renewable energy by 2020". *Irish Times*, 4 de novembro de 2017.

"Onshore wind power now as affordable as any other source, solar to halve by 2020". *IRENA*, 13 de janeiro de 2018.

Vaughan, Adam. "Time to shine: solar power is fastest-growing source of new energy". *Guardian*, 4 de outubro de 2017.

Corrida para o futuro

Asthana, Anushka; Taylor, Matthew. "Britain to ban sale of all diesel and petrol cars and vans from 2040". *Guardian*, 25 de julho de 2017.

Dorrier, Jason. "Solar is now the cheapest energy there is in the sunniest parts of the world". *Singularity Hub*, 18 de maio de 2017.

Goodall, Chris. *The switch: how solar, storage and new tech means cheap power for all*. Londres: Profile Books, 2016.

Penn, Ivan. "Cheaper battery is unveiled as a step to a carbon-free grid". *New York Times*, 26 de setembro de 2018.

Energia solar e o Sul Global

Chao, Rebecca. "Libya uses world's first mobile voter registration system for parliament elections". *Tech President*, 25 de junho de 2014.

Goodall, Chris. *The switch: how solar, storage and new tech means cheap power for all*. Londres: Profile Books, 2016.

McKibben, Bill. "The race to solar-power Africa". *New Yorker*, 26 de junho de 2017.

Poushter, Jacob. "Cell phones in Africa: communication lifeline". *Pew Global Research*, 15 de abril de 2015.

"Reducing risks, promoting healthy life". *World Health Organization*, 2002.

T.S. "Why does Kenya lead the world in mobile money?" *Economist*, 2 de março de 2015.

Tricarico, Daniele. "Case study: Vodafone Turkey Farmers Club". *GSM Association*, junho de 2015.

Vaughan, Adam. "Time to shine: solar power is fastest-growing source of new energy". *Guardian*, 4 de outubro de 2017.

Energia eólica

Davies, Rob. "Wind turbines 'could supply most of the UK's electricity'". *Guardian*, 8 de novembro de 2016.

"The Guardian view of offshore wind: cheaper and greener". *Guardian*, 13 de setembro de 2017.

Harrabin, Roger. "Offshore wind power cheaper than new nuclear". *BBC News*, 11 de setembro de 2017.

Rifkin, Jeremy. *Sociedade com custo marginal zero: a internet das coisas, os bens comuns colaborativos e o eclipse do capitalismo*. São Paulo: M.Books, 2016.

Tamblyn, Thomas. "Amazingly, wind farms provided double the energy needed to power all of Scotland in October". *Huffington Post*, 7 de novembro de 2017.

Vaughan, Adam. "Nuclear plans should be rethought after fall in offshore windfarm costs". *Guardian*, 11 de setembro de 2017.

Vaughan, Adam. "UK wind power overtakes coal for first time". *Guardian*, 6 de janeiro de 2017.

Se mantendo aquecido

"Dramatic jump in excess winter deaths". *Age UK*, 22 de novembro de 2017.

Goodall, Chris. *The switch: how solar, storage and new tech means cheap power for all*. Londres: Profile Books, 2016.

Huck, Nichole. "'Passive home' movement a success in Germany, but not in Saskatchewan where it started". *CBC News*, 5 de agosto de 2015.

As soluções para as mudanças climáticas já estão aqui

Rifkin, Jeremy. "Capitalism is making way for the age of free". *Guardian*, 31 de março de 2014.

6. Minerando os céus: pós-escassez em recursos

Um mundo limitado

Ahmed, Nafeez. "Exhaustion of cheap mineral resources is terraforming Earth – scientific report". *Guardian*, 4 de junho de 2014.

Withnall, Adam. "Britain has only 100 harvests left in its farm soil as scientists warn of growing 'agricultural crisis'". *Independent*, 20 de outubro de 2014.

Mineração de asteróides

Ludacer, Rob; Orwig, Jessica. "SpaceX is about to launch its monster mars rocket for the first time – here's how it stacks up against other rockets". *Business Insider*, 4 de janeiro de 2018.

SpaceX. "SpaceX interplanetary transport system". *YouTube.com*, 27 de setembro de 2016.

O nascimento da indústria espacial privada

End, Rae Botsford. "Rocket Lab: the Electron, the Rutherford, and why Peter Beck started it in the first place". *Spaceflight Insider*, 2 de maio de 2015.

Spacevidcast. "SpaceX reaches orbit with Falcon 1 – flight 4 (full video including Elon Musk statement)". *YouTube.com*, 28 de setembro de 2008.

SpaceX. "Orbcomm-2 full launch webcast". *YouTube.com*, 21 de dezembro de 2015.

Vance, Ashlee. *Elon Musk: como o CEO bilionário da SpaceX e da Tesla está moldando nosso futuro*. Rio de Janeiro: Intrínseca, 2015.

Os custos caem, as ambições aumentam

"Apollo Program budget appropriations". *NASA*

Dorrier, Jason. "Risk takers are back in the space race – and that's a good thing". *Singularity Hub*, 17 de agosto de 2017.

Erwin, Sandra. "Rocket startup sees big future in military launch". *Space News*, 1 de julho de 2018.

Gush, Loren. "Rocket Lab will launch its small experimental rocket again this december". *The Verge*, 29 de novembro de 2017.

Knapp, Alex. "Rocket Lab becomes a space unicorn with a $75 million funding round". *Forbes*, 21 de março de 2017.

Lo, Bernie; Chandran, Nyshka. "Rocket Lab nears completion of world's first private orbital launch site in New Zealand". *CNBC*, 28 de agosto de 2016.

"Rocket Lab reveals first battery-powered rocket for commercial launches to space". *Rocket Lab USA*, 31 de maio de 2015.

Pielke, Roger, Jr.; Byerly, Radford, Jr. "The Space Shuttle program: performance versus promise". Em Byerly, Radford, Jr. (ed.), *Space policy alternatives*. Boulder: Westview Press, 1992.

Vance, Ashlee. "These giant printers are meant to make rockets". *Bloomberg News*, 18 de outubro de 2017.

Expresso lunar

"The Global Exploration Strategy: the framework for coordination". *NASA*, 31 de maio de 2007.

Grush, Loren. "To mine the moon, private company Moon Express plans to build a fleet of robotic landers". *The Verge*, 12 de julho de 2017.

MoonExpress.com

A província de toda a humanidade

Cookson, Clive. "Luxembourg launches plan to mine asteroids for minerals". *Financial Times*, 2 de fevereiro de 2016.

Dorrier, Jason. "Risk takers are back in the space race – and that's a good thing". *Singularity Hub*, 17 de agosto de 2017.

Fernholz, Tim. "Space is not a 'global commons', top Trump space official says". *Quartz*, 19 de dezembro de 2017.

Hennigan, W.J. "MoonEx aims to scour Moon for rare materials." *Los Angeles Times*, 8 de abril de 2011.

Marx, Karl. *O capital : crítica da economia política : livro III: o processo global da produção capitalista*; tradução Rubens Enderle; edição de Friedrich Engels. - 1. ed. - São Paulo: Boitempo, 2017. p. 805-806

Orphanides, K.G. "American companies could soon mine asteroids for profit". *Wired*, 12 de novembro de 2015.

"Outer Space Treaty". *US Department of State*

"Reopening the American frontier: exploring how the Outer Space Treaty will impact American commerce and settlement in space". *US Senate Committee on Commerce, Science and Transportation*, 23 de maio de 2017.

Além dos limites da Terra

Chamberlin, Alan B. "All known near earth asteroids (NEA), cumulative discoveries over time". *NASA Jet Propulsion Laboratory*, 15 de janeiro de 2013. Disponível em deepspaceindustries.com

Edwards, Jim. "Goldman Sachs: space-mining for platinum is 'more realistic than perceived'". *Business Insider*, 6 de abril de 2017.

Herridge, Linda. "Osiris-Rex prepared for mapping, sampling mission to asteroid Bennu". *NASA*, 6 de agosto de 2017.

Lewis, John. *Mining the sky: untold riches from the asteroids, comets, and planets*. Nova Iorque: Basic Books, 1997.

Malik, Tariq. "Asteroid dust successfully returned by Japanese space probe". *Space.com*, 16 de novembro de 2010.

Müller, T.G. et al. "Hayabusa-2 mission target asteroid 162173 Ryugu (1999 JU3): searching for the object's spin-axis orientation". *Astronomy & Astrophysics*, março de 2017.

Planetaryresources.com

Wall, Mike. "Asteroid mining may be a reality by 2025". Space.com, 11 de agosto de 2015.

Yongliao, Zou. "China's deep-space exploration to 2030". *Chinese Journal of Space Science*, 2014.

A briga pelo espaço

Brophy, John et al. "Asteroid retrieval feasibility study". *Keck Institute for Space Studies*, abril de 2012.

Edwards, Jim. "Goldman Sachs: space-mining for platinum is 'more realistic than perceived'". *Business Insider*, 6 de abril de 2017.

Abundância para além de qualquer valor

1974 NASA authorization hearings, Ninety-Third Congress, first session, on H.R. 4567 (superseded by H.R. 7528). Washington: US Government Printing Office, 1973.

Dorrier, Jason. "Risk takers are back in the space race – and that's a good thing". *Singularity Hub*, 17 de agosto de 2017.

Eisenhower, Dwight D. "Address before the 15th General Assembly of the United Nations, New York City". *The American Presidency Project*

"Protocol on environmental protection to the Antarctic Treaty". *Atlantic Treaty Secretariat*, 4 de outubro de 1991.

Scotti, Monique. "NASA plans mission to a metal-rich asteroid worth quadrillions". *Global News*, 12 de janeiro de 2017.

7. Editando o destino: envelhecimento e pós-escassez na saúde

Uma espécie em envelhecimento

"Are you ready? What you need to know about ageing". *World Health Organization*, 2012.

"Demographics and markets: the effects of ageing". *Financial Times*, 25 de outubro de 2016.

Lawrence, Mathew. "Future proof: Britain in the 2020s". *Institute for Public Policy Research*, dezembro de 2016.

Mrsnik, Marko. "Global aging 2013: rising to the challenge ". *Standard & Poor's*, 20 de março de 2013.

Mrsnik, Marko. "Global aging 2016: 58 shades of gray". *Standard & Poor's*, 28 de abril de 2016.

"People and possibilities in a world of 7 billion". *United Nations Population Fund*, 2011.

Pomeranz, Kenneth. *A Grande divergência: a China, a Europa e a construção da economia mundial moderna*. Coimbra: Edições 70, 2013.

Prentice, Thomson. "Health, history and hard choices: funding dilemmas in a fast-changing world". *World Health Organization*, agosto de 2006.

"World population projected to reach 9.6 billion by 2050". *UN News*, 13 de junho de 2013.

Envelhecimento na Grã-Bretanha: Austeridade sem fim

"Dementia now leading cause of death". *BBC News*, 14 de novembro de 2016.

Gallagher, James. "Dementia cases 'set to treble worldwide' by 2050". *BBC News*, 5 de dezembro de 2013.

Lain, Douglas. *Advancing conversations: Aubrey De Grey – advocate for an indefinite human lifespan*. Londres: Zero Books, 2016.

Marcus, Mary Brophy. "The top 10 leading causes of death in the US". *CBS News*, 30 de junho de 2016.

A informação (genética) quer ser livre

"An overview of the Human Genome project". *National Human Genome Research Institute*, 8 de Novembro de 2012.

Buhr, Sarah. "Illumina wants to sequence your whole genome for $100". *Tech Crunch*, 10 de janeiro de 2017.

Nowogrodzki, Anna. "Should babies have their genomes sequenced?" MIT *Technology Review*, 2 de julho de 2015.

Pennisi, Elizabeth. "Biologists propose to sequence the DNA of all life on earth". *Science*, 24 de fevereiro de 2017.

Sieh, W. "The role of genome sequencing in personalized breast cancer prevention". *Cancer Epidemiology, Biomarkers and Prevention*, November 2014.

Singularity University Summits. "The biotechnology century | Raymond McCauley | Singularity University global summit". *YouTube.com*, 21 de abril de 2017.

Venter, Craig. *Uma vida decodificada. O homem que decifrou o DNA*. Rio de Janeiro: Elsevier, 2007.

Yong, Ed. "Fighting ebola with a palm-sized DNA sequencer". *The Atlantic*, 16 de setembro de 2015.

Oferta extrema em assistência médica: Terapias genéticas

Beall, Abigail. 'Genetically-modified humans: what Is CRISPR and how does it work?' *Wired*, 5 de fevereiro de 2017.

"CRISPR reverses Huntington's disease in mice". *Genetic Engineering and Biotechnology News*, 20 de junho de 2017.

"CRISPR timeline". *Broad Institute*

Cyranoski, David. "CRISPR gene editing tested in a person". *Nature*, 24 de novembro de 2016. p. 479.

Molteni, Megan. "Everything you need to know about CRISPR gene editing". *Wired*, 5 de dezembro de 2017.

Regalado, Antonio. "First gene-edited dogs reported in China". MIT *Technology Review*, 19 de outubro de 2015.

Rosenblum, Andrew. "A biohacker's plan to upgrade dalmatians ends up in the doghouse". MIT *Technology Review*, 1 de fevereiro de 2017.

Singularity University Summits. "The biotechnology century | Raymond McCauley | Singularity University global summit". *YouTube.com*, 21 de abril de 2017.

Stapleton, Andrew. "Scientists have used CRISPR to slow the spread of cancer cells". *Science Alert*, 1 de junho de 2017.

Yu, Alan. "How a gene editing tool went from labs to a middle-school classroom". *NPR*, 27 de maio de 2017.

Bem-vindo a Elysium

"Alan Kurdi | 100 Photographs | The most influential images of all time". *Time*

de Selding, Peter B. "SpaceX's reusable Falcon 9: what are the real cost savings for customers?" *Space News*, 25 de abril de 2016.

8. Comida sem animais: pós-escassez na alimentação

Comida, excedente e rupturas
Pearce, Fred. "The sterile banana". *Conservation*, 26 de setembro de 2008.
Zohary, Daniel; Hopf, Maria; Weiss, Ehud. *Domestication of plants in the old world: the origin and spread of domesticated plants in Southwest Asia, Europe, and the Mediterranean Basin*. Oxford: Oxford University Press, 2012.

Um mundo forçado ao limite
Arsenault, Chris. "Only 60 years of farming left if soil degradation continues". *Scientific American*, 5 de dezembro de 2014.
Brown, Lester. *Plan B 4.0: mobilizing to save civilization*. Nova Iorque: W.W. Norton, 2009.
Carrington, Damian. "Earth's sixth mass extinction event under way, scientists warn". *Guardian*, 10 de julho de 2017.
Howard, Emma. "Humans have already used up 2015's supply of Earth's resources – analysis". *Guardian*, 12 de agosto de 2015.
Jevons, William. *The coal question: an inquiry concerning the progress of the nation, and the probable exhaustion of our coal mines*. Londres: Macmillan & Co.,1865.
Lynas, Mark. *Seis graus. O aquecimento global e o que você pode fazer para evitar uma catástrofe*. Rio de Janeiro: Zahar, 2008.
Malthus, Thomas. *Ensaio sobre a população*. São Paulo: LeBooks, 2017 (1798).
Myers, Ransom A.; Worm, Boris. "Rapid worldwide depletion of predatory fish communities". *Nature*, 15 de maio de 2003.
Nelson, Gerald C. et al. "Food security, farming, and climate change to 2050: scenarios, results, policy options". *International Food Policy Research Institute*, 2010.

"World must sustainably produce 70 percent more food by mid-century – UN report". *UN News*, 3 de dezembro de 2013.

Comida como informação: a revolução verde

"Agricultural land (% of land area)". *World Bank*, 28 de setembro de 2017.

Chambers, Ian; Humble, John. *Plan for the planet: a business plan for a sustainable world*. Aldershot: Gower, 2012.

De Datta, S.K. et al. "Effect of plant type and nitrogen level on the growth characteristics and grain yield of indica rice in the tropics". *Agronomy Journal*, 1968.

Ehrlich, Paul. *The population bomb*. San Francisco: Sierra Club/Ballantine Books, 1968.

"Prevalence of undernourishment (% of population)". *World Bank*, 28 de setembro de 2017.

Swaminathan, M.S. "Obituary: Norman E. Borlaug (1914–2009). Plant scientist who transformed global food production". *Nature*, 2009. p. 461.

Completando a Revolução Verde

Easterbrook, Gregg. "Forgotten benefactor of humanity". *Atlantic*, January 1997.

Carne sintética: Carne sem animais

Caughill, Patrick. "The future of protein: here's how lab-grown meat is transforming our future". *Futurism*, 19 de janeiro de 2017.

"Cow weight FAQ". *Pro B Farms*. Disponível em http://www.probfarms.com/layout_images/fs-cowweight.pdf.

Gold, Mark. "The global benefits of eating less meat". *Compassion in World Farming Trust*, 2004.

"Rearing cattle produces more greenhouse gases than driving cars, UN report warns". *UN News*, 29 de novembro de 2006.

Reijnders, Lucas; Soret, Sam. "Quantification of the environmental impact of different dietary protein choices". *The American Journal of Clinical Nutrition*, 1 de setembro de 2003. p. 664S–668S.

Vidal, John. "10 Ways Vegetarianism Can Help Save the Planet". *Guardian*, 18 de julho de 2010.

"Water". *Global Agriculture*

"WHO world water day report". *World Health Organization*, 2001.

"World agriculture: towards 2015/2030". *Food and Agriculture Organization of the United Nations*, 2003.

O Hambúrguer de 325 mil dólares

Card, Jon. "Lab-grown food: 'the goal is to remove the animal from meat production'". *Guardian*, 24 de julho de 2017.

Ceurstemont, Sandrine. "Make your own meat with open-source cells – no animals necessary". *New Scientist*, 11 de janeiro de 2017.

Coyne, Andy. "Just planning to launch lab-grown chicken product this year". *Just-Food*, 18 de outubro de 2018.

Heid, Markham. "You asked: should I be nervous about lab-grown meat?" *Time*, 14 de setembro de 2016.

"Indian-American scientist has discovered a way for us to eat meat without killing animals". *Huffington Post India*, 14 de março de 2016.

Jha, Alok. "First lab-grown hamburger gets full marks for 'mouth feel'". *Guardian*, 6 de agosto de 2013.

"Lab-grown meat would 'cut emissions and save energy'". *Phys Org*, 21 de junho de 2011.

Mandelbaum, Ryan F. "Behind the hype of 'lab-grown' meat". *Gizmodo*, 14 de agosto de 2017.

Memphis Meats. "The world's first cell-based meatball – Memphis Meats". *Youtube.com*, 31 de janeiro de 2016.

Schwartz, Ariel. "The $325,000 lab-grown hamburger now costs less than $12". *Fast Company*, 1 de abril de 2015.

Steinfeld, Henning et al. "Livestock's long shadow". *Food and Agriculture Organization of the United Nations*, 2006.

Watson, Elaine. "Cultured fish co. Finless Foods aims to achieve price parity with bluefin tuna by the end of 2019". *Food Navigator*, 21 de dezembro de 2017.

"What is cultured meat". *Cultured Beef*

Carne de vegetais

Chiorando, Maria. "Just vegan egg will be available to buy online next month". *Plant Based News*, 17 de julho de 2018.

Clarafoods.com.

Impossibleburger.com.

"Impossible Foods launches production at first large-scale plant". *Business Wire*, 7 de setembro de 2017.

Simon, Matt. "The impossible burger: inside the strange science of the fake meat that 'bleeds'". *Wired*, 20 de setembro de 2017.

Steinfeld, Henning et al. "Livestock's long shadow". *Food and Agriculture Organization of the United Nations*, 2006.

Tetrick, Josh. "Meat and seafood (but without the animal)". *LinkedIn*, 27 de junho de 2017.

Van Hemert, Kyle. "Inside look: the startup lab using plants to make next-gen super eggs". *Wired*, 10 de dezembro de 2013.

Watson, Elaine. "Perfect Day in talks with food industry partners to commercialize animal-free dairy ingredients". *Food Navigator*, 19 de dezembro de 2017.

O socialismo do champanhe

Diamandis, Peter; Kotler, Steven. *Abundância: o futuro é melhor do que você imagina*. Rio de Janeiro: Alta Books, 2019.

Dormehl, Luke. "No grapes necessary — Ava Winery makes fine wines molecule by molecule". *Digital Trends*, 8 de agosto de 2017.

"Globetrotting food will travel farther than ever this thanksgiving". *Worldwatch Institute*

Goldfarb, Alan. "The pivot to whiskey". *The Verge*, 23 de agosto de 2018.

Goldfield, Hannah. "An exclusive first taste of lab-made whiskey". *Wall Street Journal*, 1 de outubro de 2018.

Lawrence, Felicity. "The supermarket food gamble may be up". *Guardian*, 20 de fevereiro de 2017.

9. Apoio popular: o populismo de luxo

Contra a tecnocracia elitista

Marx, Karl. *Grundrisse: manuscritos econômicos de 1857-1858*. São Paulo: Boitempo; Rio de Janeiro: Ed. UFRJ, 2011.

Rancière, Jacques. "Attacks on 'populism' seek to enshrine the idea that there is no alternative". *Verso Books Blog*, 2 de maio de 2017.

Rancière, Jacques. "The people are not a brutal and ignorant mass". *Verso Books Blog*, 30 de janeiro de 2013.

Srincek, Nick; Williams, Alex. *Inventing the future: postcapitalism and a world without work*. Londres e Nova Iorque: Verso Books, 2016.

O vermelho e o verde

"Balcombe 'fracking' village in first solar panel scheme". *BBC News*, 28 de janeiro de 2015.

Brand, Stewart. "We are as gods". *Whole Earth Catalog*, 1968.

Contra o globalismo, pelo internacionalismo

Klein, Naomi. *Tudo pode mudar: capitalismo vs. clima* Queluz de Baixo: Editorial Presença, 2016.

Marx, Karl. *Contribuição à crítica da economia política*; tradução e introdução de Florestan Fernandes, 2. ed. São Paulo, Expressão Popular, 2008. p. 47-48

10. Princípios fundamentais: a ruptura com o neoliberalismo

O colapso da carillion e da linha da costa leste

Bastani, Aaron. "Britain isn't working". *The New York Times*, 23 de janeiro de 2018.

Boffey, Daniel. "East Coast Mainline: profitable and publicly owned – so why sell it?" *Guardian*, 23 de outubro de 2013.

Leach, Adam. "UK public sector is world's second-largest outsourcing market". *Chartered Institute of Procurement and Supply*, 22 de março de 2013.

Mason, Paul. "Ink it onto your knuckles – Carillion is how neoliberalism lives and breathes". *Novara Media*, 15 de janeiro de 2018.

McNulty, Roy. "Realising the potential of GB rail". *Department for Transport*, maio de 2011.

Topham, Gwyn. "East Coast Line bailout puts rail privatisation back in spotlight". *Guardian*, 10 de fevereiro de 2018.

O incêndio de Grenfell

Osborne, Samuel; Agerholm, Harriet. "Grenfell tower inquiry: refurbishment turned building into 'death trap using public funds'". *Independent*, 5 de junho de 2018.

Stone, Jon. "Britain could slash environmental and safety standards 'a very long way' after Brexit, tory MP Jacob Rees-Mogg says". *Independent*, 6 de dezembro de 2016.

Dando um fim ao neoliberalismo, parte 1: O modelo de Preston

Chakrabortty, Aditya. "In 2011 Preston 'hit rock bottom'. Then it took back control". *Guardian*, 31 de janeiro de 2018.

"The Cleveland model — how the Evergreen cooperatives are building community wealth". *Community Wealth*, fevereiro de 2013.

Hanna, Thomas M.; Guinan, Joe; Bilsborough, Joe. "The 'Preston Model' and the modern politics of municipal socialism". *Open Democracy*, 12 de junho de 2018.

Parveen, Nazia; Bunyan, Rachael. "Preston named best city to live and work in North-West England". *Guardian*, 8 de novembro de 2016.

Negócios do povo, bancos do povo
Barrott, Cheryl et al. "Alternative models of ownership". *UK Labour Party*, 11 de junho de 2017.

Clancy, John. "The secret wealth garden: re-wiring local government pension funds back into regional economies". *Lulu.com*, 2014.

O retorno do Estado: Serviços Básicos Universais
Moore, Henrietta L. "Social prosperity for the future: a proposal for universal basic services". *University College London Institute for Global Prosperity*, 2017.

"NHS statistics, facts and figures". *NHS Confederation* 14 de julho de 2017.

Descarbonização
Klein, Naomi. *Tudo pode mudar: capitalismo vs. clima* Queluz de Baixo: Editorial Presença, 2016.

"Softbank and Saudi Arabia announce new solar generation project". *CNBC*, 27 de março de 2018.

11. Reforjar o Estado Capitalista

Dinheiro a troco de nada
Martinelli, Luke. "Assessing the case for a universal basic income in the UK." *University of Bath Institute for Policy Research*, setembro de 2017.

Van Parijs, Philippe; Vanderborght, Yannick. *Renda básica. Uma proposta radical para uma sociedade livre e economia sã*. São Paulo: Cortez, 2017.

Zamora, Daniel. "The case against a basic income". *Jacobin*, 28 de dezembro de 2017.

Bancos centrais como planejadores centrais
Blakely, Grace. "On borrowed time: finance and the UK's current account deficit". *Institute for Public Policy Research*, 10 de julho de 2018.

Mason, J.W. "Socializando o sistema financeiro". *Jacobin Brasil*, fevereiro de 2021.

O Fim do PIB

Gibbons, Kevin. "Why Wikipedia is top on Google: the SEO truth no-one wants to hear". *Econsulting*, 14 de fevereiro de 2012.

Kennedy, Robert. "Remarks at the University of Kansas". Discurso em Lawrence, Kansas, 18 de março de 1968. *John F. Kennedy Presidential Library and Museum*

Kuznets, Simon. "Report to the Congress, 1934". Em Kohler, Gernot; Chaves, Emilio José (eds.), *Globalization: critical perspectives*. Hauppauge: Nova Science, 2003.

"We'd better watch out". *New York Times Book Review*, 12 de julho de 1987.

12. CLTA: um novo começo

Mims, Christopher. "The six laws of technology everyone should know". *Wall Street Journal*, 26 de novembro de 2017.

Novara Media. "Technology and post capitalism". *Youtube.com*, 25 de setembro de 2017.

Futuros adiados

"How Luther went viral". *Economist*, 17 de dezembro de 2011.

Este livro foi composto em Minion Pro e Titling GothicFB